Wohnungsgenossenschaften

Rolf G. Heinze · David Wilde

Wohnungsgenossen-
schaften

Soziale Sicherheit in unsicheren
Zeiten

 Springer VS

Rolf G. Heinze
Ruhr-Universität Bochum
Bochum, Deutschland

David Wilde
Hattinger Wohnungsgenossen-
schaft hwg eG
Hattingen, Deutschland

ISBN 978-3-658-47196-5   ISBN 978-3-658-47197-2 (eBook)
https://doi.org/10.1007/978-3-658-47197-2

Die Deutsche Nationalbibliothek verzeichnet diese Publikation in der Deutschen Nationalbiblio-grafie; detaillierte bibliografische Daten sind im Internet über https://portal.dnb.de abrufbar.

Springer VS ist ein Imprint der eingetragenen Gesellschaft Springer Fachmedien Wiesbaden GmbH und ist ein Teil von Springer Nature.
Die Anschrift der Gesellschaft ist: Abraham-Lincoln-Str. 46, 65189 Wiesbaden, Germany

Wenn Sie dieses Produkt entsorgen, geben Sie das Papier bitte zum Recycling.

Inhaltsverzeichnis

Abkürzungsverzeichnis

AG	Aktiengesellschaft
ARGE	Arbeitsgemeinschaft für zeitgemäßes Bauen e.V.
BEHG	Brennstoffemissionshandelsgesetz
BGBl	Bundesgesetzblatt
BMJ	Bundesministerium der Justiz
BMVBW	Bundesministerium für Verkehr, Bau- und Wohnungswesen
BMWK	Bundesministerium für Wirtschaft und Klimaschutz
DAO	Dezentrale Autonome Organisation
DGRV	Deutscher Genossenschafts- und Raiffeisenverband e.V.
eG	eingetragene Genossenschaft
ESG	Environmental, Social, Governance
EU	Europäische Union
GdW	Bundesverband deutscher Wohnungs- und Immobilienunternehmen e.V.
GenG	Genossenschaftsgesetz
GmbH	Gesellschaft mit beschränkter Haftung
gGmbH	gemeinnützige GmbH
InWIS	Institut für Wohnungswesen, Immobilienwirtschaft, Stadt- und Regionalentwicklung
KdU	Kosten der Unterkunft
KfW	Kreditanstalt für Wiederaufbau
SCE	Societas Cooperativa Europaea (Europäische Genossenschaft)

Abbildungsverzeichnis

Die „Wohnungsfrage" gehörte historisch zu den herausragenden gesellschafts-politischen Themen, wurde allerdings in Deutschland nach dem Zweiten Weltkrieg und parallel zum Ausbau wohlfahrtsstaatlicher Systeme schrittweise auf quantitativer Seite als gelöst betrachtet. Seit einigen Jahren zeichnet sich nun aber eine **Rückkehr** der Wohnungsfrage ab. Inzwischen hat sich Wohnen sogar zu einer zentralen sozialen Frage entwickelt und es wird in verschiedener Hinsicht von einer Krise auf dem Wohnungsmarkt gesprochen. Es fehlt insbesondere in den wachsenden Großstädten an **bezahlbarem Wohnraum** und immer mehr Menschen haben große Schwierigkeiten, dort eine Wohnung zu finden, die sie sich leisten können. Durch den sozialen Wandel (Individualisierung, Alterung der Bevölkerung etc.) fehlen in erster Linie kleinere Wohnungen im Preissegment von unter 10 € pro Quadratmeter. Ebenso haben Familien auf der Suche nach größeren Wohnungen zunehmend Probleme, passende und gleichzeitig erschwingliche Angebote zu finden. Angesichts unelastischer Marktstrukturen im Wohnungsbereich lassen sich diese Probleme auch nicht einfach durch kurzfristige Maßnahmen (Erhöhung der Neubauquote, Tauschsysteme etc.) in den angespannten Wohnungsmärkten lösen (vgl. SVR 2024, S. 218 sowie aus historisch-soziologischer Sicht die Beiträge in Eckardt und Meier 2021).

Wenn man bedenkt, dass bezahlbares Wohnen aus Sicht der Bevölkerung neben einer guten Gesundheits- und Pflegeversorgung eine zentrale Rolle für ihre Lebensqualität spielt, wird die Dimension der sich in letzter Zeit verschärfenden Wohnkrise für den gesellschaftlichen Zusammenhalt ersichtlich. Im Rahmen des „Gleichwertigkeitsbericht 2024" der Bundesregierung wurde repräsentativ gefragt, wie einfach oder schwierig es ist, vor Ort bezahlbaren Wohnraum zu finden: „Mehr als acht von zehn Befragten empfinden dies als sehr (42 %) oder eher (41 %)

R. G. Heinze, D. Wilde, *Wohnungsgenossenschaften*, https://doi.org/10.1007/978-3-658-47197-2_1

schwierig. In Großstädten wird die Lage erwartungsgemäß besonders kritisch bewertet – hier kommen 60 % der Befragten zu der Einschätzung, dass bezahlbarer Wohnraum sehr schwierig zu finden ist. In weniger dicht besiedelten Regionen wird die Situation etwas entspannter wahrgenommen als in den Metropolen, allerdings trotzdem noch als eher schwierig eingestuft. In strukturschwachen Regionen sind 75 % der Befragten der Auffassung, dass es schwierig ist, neuen Wohnraum zu finden" (BMWK 2024, S. 91).

Ein weiterer Faktor der Wohnkrise ist die hauptsächlich in wachsenden Regionen anzutreffende Überbelegung von Wohnungen. Es wird geschätzt, dass etwa 11 % der Bevölkerung in Deutschland im Jahr 2023 in „zu großen" Wohnungen lebt; beispielsweise, weil nach dem Auszug der Kinder oder dem Tod des Partners[1] weiter in der bisherigen Wohnung gelebt wird (sog. Remanenz-Effekt). Diese Wohnungen fehlen in der Folge auf dem Mietwohnungsmarkt, was zu einer zunehmenden **Unzufriedenheit** von Bevölkerungskreisen führt, die angesichts ihrer jeweiligen Haushaltssituation in zu beengten Wohnverhältnissen leben. Vor allem die Kombination von niedrigem Familienhaushaltseinkommen und angespannten Wohnungsmärkten erhöht das Risiko der Prekarisierung und stärkt das Gefühl des **sozialen Abgehängtseins**. In einer empirischen Studie aus dem Herbst 2024 zur Einkommensungleichheit und Zukunftssorgen wurde beispielsweise festgestellt: „So finden nicht nur etwa ein Viertel der Menschen in Armut, sondern auch knapp 20 % derjenigen in Prekarität und 15 % in der unteren Mitte ihre Wohnung zu klein für ihren Haushalt" (Spannagel und Brülle 2024, S. 10).

Vornehmlich in Großstädten sind die Mieten in den letzten Jahren drastisch angestiegen: „Während sie von 2010 bis 2022 im Durchschnitt um rund 55 % geklettert sind, betrug der Anstieg in Städten mit mehr als 500.000 Einwohner*innen circa 70 %" (Kholodilin und Baake 2024, S. 628). Primär Alleinerziehende und Einpersonenhaushalte im unteren Einkommensbereich sind von überproportionalen **Wohnkostenbelastungen** betroffen. Gerade junge Menschen belastet ein „Miseren-Mix": „Ob eigene vier Wände oder bezahlbare Mieten: Die persönliche Frustration und Not des Einzelnen sind zu einem der größten sozialen Probleme in unserem Land geworden" (Anger 2024). Der Mangel an Wohnungen ist aber nicht nur ein Thema der sozialen Gerechtigkeit, sondern hat auch Auswirkungen auf den Wirtschaftsstandort Deutschland, denn wenn für Fachkräfte keine adäquaten Wohnungen zur Verfügung stehen, erhöht sich die Gefahr, dass Unternehmen abwandern. Zusammenfassend wird zur aktuellen Lage auf dem Wohnungsmarkt

---

[1] Aus Gründen der besseren Lesbarkeit wird auf die gleichzeitige Verwendung der Sprachformen männlich, weiblich und divers (m/w/d) verzichtet. Sämtliche Personenbezeichnungen gelten gleichermaßen für alle Geschlechter.

konstatiert „Der Wohnungssektor ist durch den massiven Einbruch beim Neubau von Wohnungen strategisch weder auf die demographische und wanderungsbedingte Bevölkerungsentwicklung noch auf die (notwendige) Transformation des Wohngebäudebestands ausreichend eingestellt" (ARGE 2024, S. 7; vgl. auch die Beiträge in Egner et al. 2021 sowie GdW 2024).

Die verschiedenen Facetten der immer stärker zutage tretenden Krise auf dem Wohnungsmarkt und die dadurch entfachte Konkurrenz um bezahlbaren Wohnraum führt zu gesellschaftlichen Konflikten und fördert soziale Spaltungsprozesse. Vor diesem Hintergrund ist das Thema Wohnen inzwischen wieder ganz oben auf der politischen Agenda gelandet. Spielten wohnungspolitische Fragen über viele Jahre keine nennenswerte Rolle in der Politik, ist die Suche nach geeigneten Lösungsansätzen wieder als prominentes Thema in die politische Debatte zurückgekehrt. Dies hat seine Gründe auch darin, dass das Wohnen nicht nur ein **Grundbedürfnis** ist und den Lebensmittelpunkt definiert, sondern eine zentrale Säule der Daseinsvorsorge[2] und für den sozialen Zusammenhalt der Gesellschaft darstellt. Als eine anerkannte und in der Praxis bewährte Option zur Lösung der wiederkehrenden Probleme auf dem Wohnungsmarkt wird deshalb das Konzept des genossenschaftlichen Wohnens aktuell von verschiedenen Akteuren wiederentdeckt, denn es verknüpft die Bereitstellung von bezahlbarem und langfristig sicherem Wohnraum mit gesellschaftlicher Kohäsion in den Quartieren und Ortsteilen sowie sozialem Engagement. Wohnungsgenossenschaften stellen so gesehen nicht nur Wohnräume zur Verfügung, vielmehr können sie **Lebensräume** schaffen.

Der Druck gerade auf den **Mietwohnungsmarkt**, der in Deutschland im internationalen Vergleich stark ausgeprägt ist, nimmt auch deshalb zu, weil angesichts gestiegener Baukosten, anspruchsvollerer energetischer Anforderungen und erhöhter Hypothekenzinsen der Erwerb von Wohneigentum trotz des nach wie vor ausgeprägten Wunsches in Deutschland für immer mehr Haushalte unerreichbar bleibt und diese gezwungenermaßen in der angestammten Mietwohnung verharren. Dies führt zu einem weiteren Einfrieren der Angebotsseite, sodass weniger frei verfügbare Wohnungsangebote dem Mietwohnungsmarkt zur Verfügung stehen. Paradoxerweise melden andererseits schrumpfende Regionen (nicht nur in Ostdeutschland) zunehmende Problemlagen durch strukturellen und flächendeckenden

---

[2] „Die auch in vielen Wohnraumfördergesetzen der Länder verankerte Erkenntnis, dass ein Teil der Haushalte nicht in der Lage ist, sich selbst am Markt angemessen mit Wohnraum zu versorgen, verdeutlicht den dualen Charakter von Wohnungen als Markt- und als Sozialgut. Diese Tatsache erfordert in einer sozialen Marktwirtschaft zwingend die politische Definition von Versorgungszielen durch den Staat. Stellt der Abgleich der Versorgungsziele mit dem Ist-Stand der Versorgung eine Unterversorgung fest, so ist wohnungspolitisches Handeln angezeigt" (ARGE 2022, S. 8).

Leerstand. Schätzungen zufolge stehen mehr als 1,9 Mio. Wohnungen leer, für die es angesichts rückläufiger Bevölkerungszahlen und wirtschaftlicher Strukturschwächen auf lokaler Ebene an einer positiven Perspektive fehlt (DESTATIS: wwww.zensus2022.de).

Die politische Debatte zur Wohnungsnot schließt das Leerstandproblem in vielen Kommunen allerdings nur bedingt ein; als zentrales Thema steht weiterhin vor allem die in vielen Ballungsräumen zunehmende **Knappheit** an bezahlbaren Wohnungen im Fokus. Dies liegt auch darin begründet, dass sich die Aussicht auf wachsende Neubauzahlen, wie die von der letzten Bundesregierung („Ampelkoalition") als Ziel ausgegebenen 400.000 Fertigstellungen pro Jahr, in der Realität nicht erfüllten. „Wohnen ist eines der drängendsten sozialen Themen in Deutschland. Jeder Mensch ist unweigerlich von dieser Thematik betroffen und auch auf die allgemeine Lebensqualität kann die Wohnsituation einen starken Effekt haben. Diskussionen über mangelnden Wohnraum, steigende Wohnkosten und Baupreise haben daher in den vergangenen Jahren zunehmend an Relevanz gewonnen und prägen immer häufiger den öffentlichen Diskurs rund um das Thema Wohnen in Deutschland" (Statistisches Bundesamt et al. und Sozialbericht 2024, S. 237) (Abb. 1.1).

Ein nachhaltiger Grundpfeiler der öffentlichen Versorgung mit Wohnraum waren historisch die Wohnungsgenossenschaften und ihr Leistungspotenzial wurde insbesondere in Krisenzeiten aktiviert. Generell haben sich **Genossenschaften** als

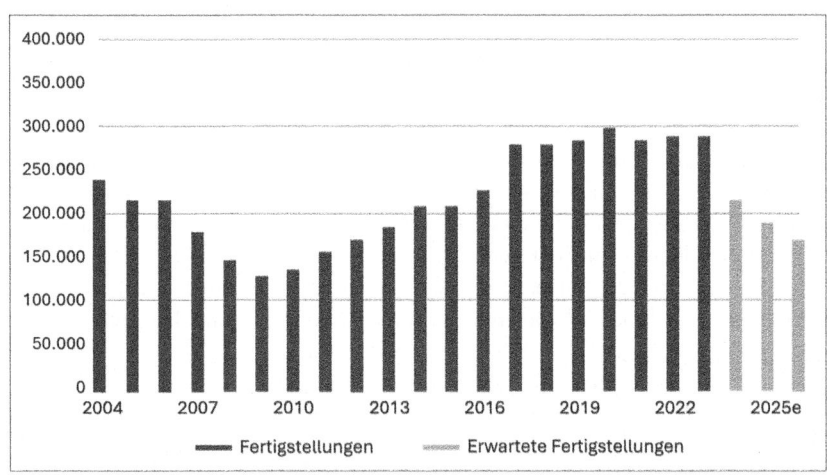

Abb. 1.1 Wohnungsfertigstellungen in Deutschland (und Prognose). (Quelle: DZ HYP 2024, S. 23)

selbstverwaltete Organisationen der gegenseitigen Hilfe in mehr als 150 Jahren zur mitgliederstärksten Unternehmensform weltweit entwickelt und können besonders in Deutschland auf eine lange Erfolgsgeschichte zurückblicken. Die genossenschaftliche Idee erlebt seit einigen Jahren eine Renaissance und wird etwa im Bereich der Erneuerbaren Energien oder der Nahversorgung wieder zunehmend als Rechtsform gewählt, nachdem das Organisationsmodell über einige Jahrzehnte in Deutschland im Schatten stand. Inzwischen hat sich das Spektrum der Genossenschaften über die traditionellen Säulen des Genossenschaftswesens (Banken, Handel, Wohnungswesen) **erweitert** und reicht von genossenschaftlichen Brauereien und Bäckereien über Dorfkneipen bis hin zu Solar- und Windparks und den ersten Genossenschaften im deutschen Profi-Fußball (FC St. Pauli, FC Schalke 04). Die Revitalisierung des Genossenschaftsgedankens wird auch in der Öffentlichkeit und der Politik registriert und vor dem Hintergrund multipler Krisen und wachsender infrastruktureller Defizite sind Politik und Verwaltung an solchen gemeinwohlorientierten Strukturen auch im Feld des Wohnens stärker interessiert. Dies gilt explizit für die drängende Nachfrage nach bezahlbarem Wohnraum, der in der Öffentlichkeit stark in den Vordergrund gerückt ist.

Und es gibt auch vorzeigbare genossenschaftliche Wohnprojekte, die aktuell die doppelte Zielsetzung (kostengünstige und sichere Wohnungen verbunden mit einer Stabilisierung des Sozialraums) produktiv nutzen. So entsteht ein **gemeinsames Genossenschaftsprojekt** der Vereine Haus & Grund Bonn-Bad Godesberg und dem Deutschen Mieterbund Bonn/Rhein-Sieg/Ahr – realisiert von der Genossenschaft Zusammenstehen eG in Bonn: „Durch diesen Neubau will die Genossenschaft nicht nur den akuten Mangel an bezahlbarem Wohnraum lindern, sondern auch den sozialen Zusammenhalt in der Region stärken. Zusammen mit unseren starken sozialen Partnern vor Ort von Caritas und Diakonie haben wir in Bonn ein Wohnungsbauprojekt umgesetzt, das bundesweiten Vorbildcharakter besitzt" (so der Aufsichtsratsvorsitzende der Genossenschaft Bernhard von Grünberg in einer PM v. 04.11.2024).[3]

---

[3] In der aktuellen Forschung wird die generelle Bedeutung der Wohnungsgenossenschaften für soziale Innovationen hervorgehoben: „Genossenschaftliche Wohnquartiere (zeigen), dass größere Projekte umfangreiche Infrastrukturen des Gemeinsamen anbieten können, da sich die größere Gemeinschaft auch mehr gemeinsam nutzbare Räume leisten kann, die auch für einen erweiterten Nutzerkreis wie dem Quartier oder der Öffentlichkeit geöffnet werden. Grundsätzlich zeigen diese Experimente, dass Kooperation und Gemeinsinn möglich und von vielen Menschen gewollt sind. Sie zeigen, dass neben dem vorherrschenden Bild des homo oeconomicus, auch kooperative und gemeinwohlfördernde Verhaltensweisen präsent und aktivierbar sind. Zugleich zeigen diese Experimente, dass Kooperation und Gemeinschaften auch Regeln und Strukturen brauchen" (Prytula et al. 2023, S. 20).

Hier wird eine neu ausbalancierte Architektur der Daseinsvorsorge in Deutschland erprobt, ohne die bewährten Ressourcen der Wohlfahrtsproduktion zu verdrängen. Es geht um die **Komplementarität und Rekombination** der bisher zumeist nebeneinanderstehenden Unterstützungs- und Hilfesysteme sowie öffentlicher Einrichtungen. Vor dem Hintergrund des Dauerkrisenmodus sowie struktureller Herausforderungen (etwa beim Thema Wohnen) müssen sie neu vernetzt werden, um Leistungspotenziale zu bündeln. „Die Sicherung der Daseinsvorsorge kann nur im Zusammenspiel von öffentlicher Hand, Privatwirtschaft und Zivilgesellschaft gelingen. Koproduktionen von Akteuren aus unterschiedlichen Sektoren zielen darauf ab, die jeweiligen Stärken aller Akteure für die Daseinsvorsorge nutzbar zu machen. Je nach Zweig der Daseinsvorsorge und je nach lokalen und regionalen Gegebenheiten sind unterschiedliche Arbeitsteilungen möglich" (Stielike 2018, S. 604).

Dass gemeinnützige Organisationen wie Genossenschaften, aber auch die freigemeinnützigen Wohlfahrtsverbände, wieder verstärkt in den Debatten um eine zukunftsfähige Versorgungsinfrastruktur thematisiert werden, liegt auch daran, dass insbesondere nach der Corona-Pandemie und angesichts der nicht nur durch den Ukrainekrieg ausgelösten Flüchtlingsströme und Zuwanderungen die lokale Ebene und soziale Fragen allgemein an Bedeutung gewonnen haben. Resilientere Wertschöpfungsketten sowie nachhaltige Wohn-, Energie- und Mobilitätsformen werden gesucht. Die aktuelle Fokussierung auf **gemeinwohlwirksame Organisationen** darf nicht den Blick dafür verstellen, dass der Staat schon immer auf die selbstverantwortliche Koproduktion gesellschaftlicher Akteure angewiesen war. Insbesondere in Deutschland hat sich auf Basis des Subsidiaritätsprinzips eine vielschichtige Soziallandschaft gemeinnütziger Organisationen etabliert – allen voran die gemeinnützigen Wohlfahrtsverbände. Sozial- und Gesundheits-, aber auch die Energie- und Wasserversorgung sind ohne die gemeinwirtschaftlichen Organisationen nicht denkbar. Als korporative Akteure verfügen sie wie die Genossenschaften über ein nicht zu unterschätzendes Selbstgestaltungspotenzial, dass die Steuerungsmöglichkeiten des Staates ergänzt (vgl. Heinze 2020 sowie die Beiträge in Heinze et al. 2018). Die Wohlfahrtsverbände haben einen privilegierten Status als Anbieter sozialer Dienstleistungen: in den Sozialgesetzbüchern ist fixiert, dass öffentliche Träger auf eigene Angebote verzichten sollen, sofern diese durch freie Träger erbracht werden können. Die Koproduktion im Feld sozialer Dienste ist also rechtlich und auch in der Praxis festgeschrieben. Diese hervorgehobene Stellung machte die Verbände zu inkorporierten Institutionen des deutschen Wohlfahrtsstaates und gleichzeitig zu großen Arbeitgebern, was allerdings oft nicht bekannt ist. Insgesamt arbeiten bei den Spitzenverbänden der Wohlfahrtspflege gegenwärtig fast 2,5 Mio. Menschen. Die Zahl der Einrichtungen und Betten/Plätze bei den Wohlfahrtsverbänden ist seit 2000 jeweils um rund ein Drittel, die der Beschäftigten noch deutlich stärker angestiegen.

Genossenschaften als Organisationen der Selbsthilfe und als Wertegemeinschaft können neben einer sicheren Wohnung auch sozialen Zusammenhalt bieten, da sie sich von anderen Rechtsformen darin unterscheiden, dass die Mitglieder sowohl Kunden als auch Miteigentümer sind und dadurch bspw. lebenslanges Wohnrecht und Mitsprachemöglichkeiten besitzen. Generell schwingt das Pendel von einer radikalen Marktorientierung wieder um in Richtung einer Renaissance öffentlicher oder gemischtwirtschaftlicher Regulierungen. Dabei richtet sich der Blick explizit auf die **lokale Infrastruktur**, den Nahbereich der Versorgung und es geht um die aktive Gestaltung assoziativer Sozialräume. Bezahlbares und sicheres Wohnen ist dabei die zentrale Säule für den gesellschaftlichen Zusammenhalt, worauf der Gesamtverband der sozial orientierten Wohnungswirtschaft GdW in einem Positionspapier zur Bundestagswahl 2025 hingewiesen hat und dabei auch explizit das Problem anspricht, dass die soziale Kohäsion in Deutschland gegenwärtig in Gefahr ist. „In einem zentralen Lebensbereich kristallisieren sich die Ängste und Sorgen der Menschen dabei ganz besonders: beim Wohnen. Wenn die Leistbarkeit der Wohnung auf dem Spiel steht und wenn kaum noch neuer Wohnraum entsteht, dann sind tiefe Verunsicherung und politischer Vertrauensverlust die unausweichliche Folge. Der dringende Handlungsbedarf bei der häufig als ‚soziale Frage unserer Zeit' bezeichneten Wohnkrise ist seit Jahren klar – doch durchgreifende politische Lösungen bleiben Fehlanzeige" (GdW 2024, S. 1).

Die Versorgungssicherheit spielt bei vielen Bevölkerungsgruppen gerade in der aktuellen Situation eine zentrale Rolle und es scheint im Zeitgefühl eine Sehnsucht nach Kontinuität angesichts der multiplen Krisen zu geben. Unterstützt wird dieses Bedürfnis nach Sicherheit durch veränderte Gefühlslagen; bspw. haben sich Ängste vor einer ökologischen Transformation oder verstärkter Zuwanderung ausgeweitet und sozioökonomische Wandlungsprozesse werden eher als Bedrohung, denn als Zukunftschance wahrgenommen. Eine **Veränderungserschöpfung**, die schon seit einigen Jahren zu beobachten ist, erreicht immer mehr Bevölkerungsgruppen und erhöht die Anfälligkeit für populistische Strömungen.

Dieser gewachsenen Orientierungslosigkeit und Kontrollverlusten entspricht die Suche nach Sicherheit und Stabilität. Nach Befragungen des Instituts für Demoskopie Allensbach ist das **Sicherheitsgefühl** der Menschen in den vergangenen Jahren deutlich zurückgegangen: „Während sich vor zwei Jahren noch 76 % der Bevölkerung sicher oder sehr sicher fühlten, sind es aktuell nur noch 61 %. Im Osten Deutschlands liegt der Anteil sogar nur bei 45 %, genauso viele fühlen sich hier weniger oder gar nicht sicher" (Frankfurter Allgemeine Sonntagszeitung v. 25.02.2024, S. 17; vgl. auch Rheingold 2021). Und in diesem Kontext spielt auch das Wohnen (konkret die Sicherheit, am Ort zu bleiben, in dem man oft schon über Jahrzehnte beheimatet ist) eine wichtige Rolle.

Wenngleich die Gefahr der Instrumentalisierung der veränderten Zeitgefühle durch populistische Ideologien und Bewegungen besteht, müssen diese Gefühlslagen produktiv für neue lokal orientierte Lösungen in Fragen einer zukunftsfähigen Daseinsvorsorge genutzt werden. Die neue Aufmerksamkeit für sozialräumliche Nahbeziehungen (die auch in den wiederentfachten Diskursen zur Heimat zum Ausdruck kommt) geht über den Kontext rechtspopulistischer Bewegungen weit hinaus; so berufen sich auch viele Bürgerinitiativen, Klimaprotest- und Naturschutzgruppen auf diese Projektionsfläche. Dies irritiert manche Beobachter, denn die Gegenwart wird eher durch das Internet – eine ortlose Sphäre – immer stärker geprägt. Durch die **multiplen Krisen** und vielfältigen Schocks (von der Corona-Krise bis hin zu den Kriegen in der Ukraine und dem Nahen Osten und der Energiekrise) haben sich jedoch Unsicherheiten und Ängste in der Bevölkerung ausgebreitet. Die Besinnung auf einen „festen Grund" kann in diesem Kontext als Antwort auf die neuen Ungewissheiten verstanden werden. Sie ist aber nicht nur ein Zeitgefühl und Wunschvorstellung, um wieder Sicherheiten zu gewinnen, sondern hat Eingang in die öffentlichen Debatten gefunden.

Auch die Politik sucht nach neuen Antworten im Feld des Wohnens und der allgemeinen Daseinsvorsorge, denn die Verunsicherungsgefühle schlagen sich massiv in **Legitimationsverlusten** der etablierten politischen Parteien nieder. Dies zeigt sich bspw. im Herbst 2024 bei den Landtagswahlen in drei ostdeutschen Ländern in einem deutlich angewachsenen Vertrauensverlust der traditionellen Volksparteien (und auch der Grünen). Die Verunsicherungen machen auch vor der kommunalen Politik und Verwaltung nicht halt, denn hier werden die Versprechungen der Bundes- und Landespolitik in vielen Fällen eingelöst oder auch nicht bzw. nur begrenzt. Und dies gilt explizit für verschiedene Felder der Daseinsvorsorge: „Digitale Infrastruktur, Schulen und Verkehrswege sind in erbarmungswürdigem Zustand. Behörden sind mit bürokratischen Anforderungen so schnell, wie sie mit digitalen Leistungen langsam sind – wie die Gesundheitsämter, die dem tödlichen Corona-Virus hinterherfaxten" (Hagelüken 2023, S. 12). Diese Sichtweise mag zugespitzt sein, aber sie verdeutlicht die Problemlage und erklärt auch die zum Teil eklatanten Vertrauensverluste in staatliches Handeln, denn „soziales Vertrauen (hängt) vom Vertrauen in die Qualität der staatlichen Institutionen ab" (Jann 2022, S. 541).

Gefordert sind deshalb jetzt nicht nur symbolische Bekundungen, wie wichtig der Abbau dysfunktionaler Bürokratieelemente und die öffentliche Daseinsvorsorge für den sozialen Zusammenhalt der Gesellschaft sind. Erwartet werden konkrete Umsetzungen der vielen Politikversprechungen (etwa hinsichtlich der Schaffung von Wohnungen) und hier können Wohnungsgenossenschaften eine interessante Option sein. Genossenschaften gelten auch in wissenschaftlichen Diskursen als klassische Beispiele für **soziale Innovationen,** die historisch eine bedeutsame

Rolle gespielt haben und auch für gegenwärtige Probleme im Bereich des Wohnens eine vielversprechende Option darstellen können. „Durch ihre Fähigkeit, Dienstleistungen an neue soziale Bedürfnisse anzupassen und innovative Lösungen für die Herausforderungen ihrer jeweiligen Zeit zu entwickeln, sind hybride Organisationen wie Genossenschaften und Wohlfahrtsverbände nicht nur von historischem Interesse. Auch in der heutigen Situation, die durch das Zusammentreffen mehrerer sich wechselseitig verstärkender Krisen – die sogenannte Polykrise – gekennzeichnet ist, können sie eine wichtige Rolle bei der Bewältigung gesellschaftlicher Herausforderungen spielen und dazu beitragen, die Gesellschaft resilienter zu gestalten"[4] (Klenk 2024; vgl. auch Lang und Novy 2014 sowie Reyes et al. 2022).

Ein traditioneller Pfeiler des Genossenschaftswesens ist neben den Banken, dem Handel und der Landwirtschaft die gemeinwohlorientierte Wohnungswirtschaft mit rund 2,1 Mio. genossenschaftlichen Wohnungen in Deutschland. In den circa **1800 Wohnungsgenossenschaften** wohnen über das gesamte Bundesgebiet verteilt aktuell rund 5 Mio. Menschen. Sie haben über viele Jahrzehnte und durch diverse Krisen hinweg immer wieder bewiesen, dass sie für sicheres und günstiges Wohnen stehen und zudem identitätsstiftend in den Wohnquartieren wirken. Sie haben durch ihre Orientierung an den Mitgliederbedürfnissen und an der Gestaltung der Sozialräume zahlreiche positive Effekte auf das Gemeinwohl und die Demokratie (Abb. 1.2).

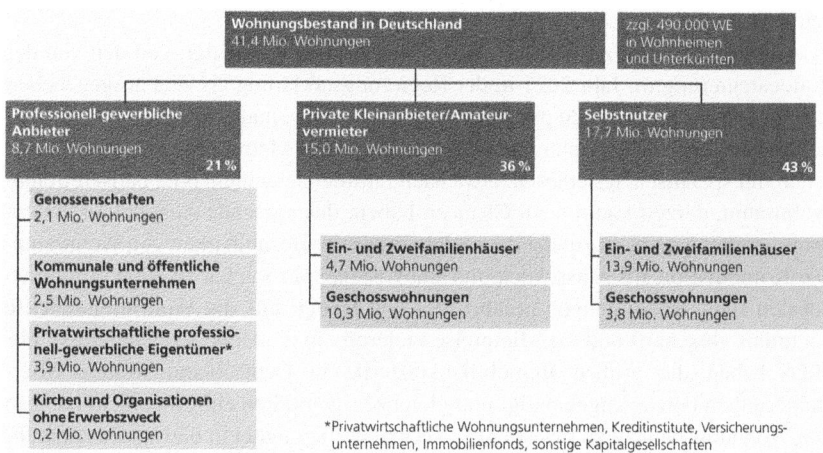

Abb. 1.2 Anbieterstruktur auf dem deutschen Wohnungsmarkt. (Quelle: GdW 2023, S. 24)

---

[4] https://www.aktive-buergerschaft.de/soziale_innovationen_gestern_und_heute_genossenschaften_und_wohlfahrtsverbaende/ (abgerufen am 02.11.2024).

Gemessen an anderen Unternehmensformen wie der GmbH fristet die eingetragene Genossenschaft allerdings sowohl in der öffentlichen Wahrnehmung als auch gemessen an der Zahl der Neugründungen noch immer eher ein **Nischendasein**. Auch muss festgestellt werden, dass die Rechtsform allein noch kein Selbstläufer und Garant für wirtschaftlichen Erfolg ist. Diesen gilt es vielmehr durch kontinuierliche Anpassung an sich immer dynamischer wandelnde Rahmenbedingungen permanent neu zu erarbeiten und in die Zukunft zu übertragen. Viele Bestandsgenossenschaften sehen sich heute angesichts komplexer werdender Anforderungen mit Identitätsfragen und tiefgreifenden Transformationsprozessen konfrontiert. Das krisenfeste Geschäftsmodell der Wohnungsgenossenschaften wird durch externe **Schockwellen** auf die Probe gestellt. Gerade das Wohnen stellt einen Raum dar, in dem viele der aktuellen Herausforderungen zusammenkommen und sich gegenseitig verstärken. Der Weg zur Dekarbonisierung erfordert von Gebäudeeigentümern in den kommenden Jahren Investitionen in bislang kaum absehbarer Höhe. Technische Anforderungen, die bislang als weder technisch noch wirtschaftlich darstellbar galten, werden nunmehr zum Mindeststandard erhoben und bringen immobilienwirtschaftliche Entscheidungsträger an ihre Grenzen. Der Fokus liegt dabei insbesondere auf der energetischen Ertüchtigung des Gebäudebestandes, während der Wohnungsneubau mit Hinweis auf Flächenversiegelung und graue Energie zunehmend als umweltschädlich und damit nicht nachhaltig betrachtet wird.

Andererseits wird zusätzlicher Wohnraum dringend benötigt; von den von der Bundesregierung im Jahr 2021 in der Regierungserklärung als Ziel ausgegebenen 400.000 neuen Wohnungen pro Jahr werden derzeit weitaus weniger auch tatsächlich gebaut. Dies trifft Wohnungssuchende gerade in Metropolregionen, wo Menschen mit spezifischen Bedarfen, etwa nach familiengerechtem oder barrierefreiem Wohnraum, derzeit kaum noch Chancen haben, das passende Angebot zu finden. Damit einher geht nicht zuletzt die soziale Frage der Bezahlbarkeit von Wohnraum. Die Kombination aus Zinsschock und Baukostenexplosion hat zu einem Einbruch bei den Baugenehmigungen geführt, der den **Druck auf die Wohnungsmärkte** nochmals verschärft und die Mietpreise vielerorts in die Höhe schnellen lässt. Für 2025 haben die großen Immobilienkonzerne in Deutschland weitere Mietsteigerungen bereits angekündigt und gleichzeitig erklären einzelne, nicht mehr in den Wohnungsneubau zu investieren.[5] Verwunderlich mutet in diesem Zusammenhang an, dass es in Deutschland durchaus auch Regionen gibt, die von strukturel-

---

[5] „Wenn wir selbst neu bauen würden, müssten wir das für 5000 bis 6000 € den Quadratmeter tun und dafür 20 € den Quadratmeter Miete verlangen. Das können unsere Mieter nicht bezahlen" (von Lackum, Vorstandschef der LEG Immobilien, in: Handelsblatt v. 28.11.2024).

lem Leerstand betroffen sind und Wohnungsunternehmen von gänzlich anderen Herausforderungen wie Rückbauzwängen und Liquiditätsengpässen betroffen sind.

Auch die rund 1800 Wohnungsgenossenschaften in Deutschland stehen vor der Aufgabe, wirtschaftliche, regulatorische und technische Zwänge mit ihrem eigenen Anspruch, ausreichend bezahlbaren und an den Mitgliederbedarfen ausgerichteten Wohnraum anzubieten, in Einklang zu bringen. Dass sie dazu grundsätzlich in der Lage sind, haben sie über viele Jahrzehnte und durch diverse Krisen hinweg immer wieder bewiesen. Schließlich wurden sie ursprünglich genau zu diesem Zweck „erfunden". Als so genannter Dritter Weg schaffen sie seit ihrer Gründung genau da Lösungen, wo weder der Markt noch der Staat allein in der Lage sind, das Grundbedürfnis nach Wohnen in angemessener Weise zu erfüllen. Zahlreiche Untersuchungen belegen, dass Genossenschaften nachweislich einen **preisdämpfenden Effekt** auf die Wohnungsmärkte haben (vgl. exemplarisch Baumann 2023). Zudem wirken sie identitätsstiftend, folgen in der Regel einem hohen sozialen Anspruch und haben durch ihre Orientierung an den Mitgliederbedürfnissen direkt oder indirekt auch zahlreiche positive Effekte auf das Gemeinwohl. „Wohnungsgenossenschaften können zu stabilen Verhältnissen in Problemkommunen beitragen, weil die gemeinsamen Belange und Interessen einer genossenschaftlich organisierten Gemeinschaft unter dem Fokus des guten Zusammenlebens sich auch auf viele Bereiche erstrecken, die die kommunale bzw. Stadtentwicklung berühren (z. B. Schulen, Verkehrsentwicklung etc.)" (Walk 2019, S. 135).

Das genossenschaftliche Prinzip der Mitgliederförderung als bewusster Gegenentwurf zur reinen Gewinnmaximierung kann damit als Erfolgsmodell bezeichnet werden. Mehr noch: Hatten genossenschaftliche Grundsätze im wirtschaftlichen Umfeld lange Zeit ein eher angestaubtes Image, so stehen sie heute wieder voll im Trend. Im Kontext von Social Entrepreneurship, Sharing Economy und Nachhaltigkeitsbewegungen stellen Genossenschaften ein ebenso attraktives wie **etabliertes Wirtschaftsmodell** dar, dessen Vorteile von vielen Akteuren aktuell wieder neu entdeckt werden.

Selbst in hoch innovativen Feldern wie Blockchain und Distributed Ledger Technologien werden genossenschaftliche Prinzipien inzwischen aufgegriffen, indem sie gemeinschaftliches Eigentum und demokratische Entscheidungsstrukturen nach dem „Ein Mitglied, eine Stimme" Prinzip in den Mittelpunkt ihrer Initiativen stellen. So genannte Dezentrale Autonome Organisationen (DAO) werden in diesem Zusammenhang bereits als Unternehmensmodell der Zukunft gehandelt. Bei ihnen geht es darum, ein gemeinsam verwaltetes Vermögen mittels Smart Contracts für unterschiedliche jeweils gemeinsam beschlossene Zwecke einzusetzen, wobei alle Mitglieder grundsätzlich gleichgestellt sind und Entscheidungen basisdemokratisch getroffen werden (vgl. Mienert 2022). Die genossenschaftlichen Grundprinzipien Selbsthilfe, Selbstverwaltung und Selbstorganisation werden damit in die digitale Welt übertragen, was einmal mehr zeigt, dass sie in vielerlei Hinsicht den Puls der Zeit treffen.

Es spricht also einiges dafür, dass Genossenschaften nicht nur trotz, sondern gerade wegen ihrer besonderen Eigenschaften für die Herausforderungen der aktuellen Poly- oder Multikrise gut gerüstet sind. Die große Aufgabe für Wohnungsgenossenschaften wird zukünftig darin bestehen, die Chancen des genossenschaftlichen Modells als Antwort auf veränderte Rahmenbedingungen kontinuierlich herauszuarbeiten, den abstrakten Begriff der Mitgliederförderung zeitgemäß sowie praxistauglich zu interpretieren und dabei gleichzeitig vorhandene Defizite, rechtsforminhärente Limitationen sowie lokale, regulatorische oder organisatorische Problemlagen zu überwinden.

Ein maßgeblicher Faktor werden dabei die **strukturellen Gegebenheiten** der Wohnungsgenossenschaften sein, die sich teilweise grundlegend von denen anderer Anbietergruppen auf dem Wohnungsmarkt unterscheiden. Dazu zählen einerseits juristische Aspekte, die sich aus dem Genossenschaftsgesetz ableiten und maßgeblich für die wirtschaftlichen Tätigkeitsfelder, Beteiligungen, Gremienstrukturen und Entscheidungsprozesse in den Genossenschaften sind. Aber auch historisch gewachsene Strukturen, wie etwa die lokale Verbreitung sowie die relativ kleinen Betriebsgrößen spielen bei der zukünftigen Ausrichtung der Genossenschaften eine wesentliche Rolle.

Laut GdW Jahresstatistik 2022/2023 verfügt die durchschnittliche Wohnungsgenossenschaft in Deutschland über rund 1100 eigene Wohnungen sowie 14 Mitarbeitende. Von den rund 3900 Genossenschaftsvorständen sind mehr als die Hälfte ehren- bzw. nebenamtlich tätig. Mit dieser eher kleinteiligen Struktur gehen von dieser großen Vermietergruppe auf dem deutschen Wohnungsmarkt zahlreiche positive Aspekte, wie die ausgeprägte Mitgliedernähe und eine starke lokale Verankerung einher.

Vor dem Hintergrund der finanziellen Notlage vieler **Kommunen** in Deutschland bei gleichzeitigem Anstieg sozialer Problemlagen bietet sich deshalb das Genossenschaftsmodell in verschiedenen Feldern der öffentlichen Daseinsvorsorge an und wird auch von den Kommunalakteuren aufgegriffen. Und dies gilt nicht nur für die immer wichtiger werdende Wohnungsfrage. „Von der Nahversorgung über Pflege und Kinderbetreuung bis hin zur Schaffung medizinischer und sozialer Infrastrukturen oder altersgerechter Wohnformen lassen sich Ziele gemeinsam umsetzen, die ansonsten von der öffentlichen Hand allein organisiert würden. Genossenschaften können hier als Steuerungsinstrument für die Bereitstellung öffentlicher Dienstleistungen effizienzsteigernd wirken. Davon profitieren auch die Städte und

Gemeinden, wenn sie mit Genossenschaften zusammenarbeiten oder selbst Mitglied sind" (Ott und Landsberg 2018, S. 3; vgl. auch die Beiträge in Abt et al. 2022). Diese neue Aufmerksamkeit für gemeinwohlorientierte Organisationsformen trifft auch die Wohnungsgenossenschaften, die oft „im Schatten" agieren und führt zu einer **Revitalisierung** der Genossenschaftsidee, die den lang anhaltenden Schrumpfungsprozess in Deutschland ablöste. „Seit Beginn des 21. Jahrhunderts kommt es allgemein nun wieder vermehrt zu Genossenschaftsneugründungen und diese betreffen – neben den verschiedenen Formen der Energiegenossenschaften – häufig auch solche Genossenschaften, die innerhalb und im Umfeld der Sozialwirtschaft bzw. der lokalen Daseinsvorsorge zu verorten sind. Besonders zahlreich waren dabei zunächst die Genossenschaftsgründungen im Gesundheitssektor, später kamen Dorfläden und genossenschaftlich organisierte Wohnformen, aber auch Kino-, Gaststätten-, Schwimmbadgenossenschaften u. ä. hinzu" (Schmale 2017, S. 12 f., vgl. auch die Beiträge in Blome-Drees et al. 2023 sowie Blome-Drees und Thimm 2024). Dieser Trend hat sich in den letzten Jahren fortgesetzt und 2024 hat sich das Neugründungsgeschehen sogar noch dynamisiert.

Literatur

Abt, J./ Blecken, L./Bock, S./Diringer, J./Fahrenkrug, K. (Hg.), 2022: Von Beteiligung zur Koproduktion. Wege der Zusammenarbeit von Kommune und Bürgerschaft für eine zukunftsfähige kommunale Entwicklung, Wiesbaden

Anger, H., 2024: Der geplatzte Traum vom „schöner Wohnen", in: Handelsblatt v. 29. 11. 2024

ARGE eV (Hg.), 2022: Wohnungsbau: Die Zukunft des Bestandes. Bauforschungsbericht Nr. 82, Kiel

ARGE eV (Hg.), 2024: Wohnungsbau 2024 in Deutschland: Kosten – Bedarf – Standards. Bauforschungsbericht Nr. 88, Kiel

Baumann, K., 2023: Der Einfluss genossenschaftlicher Anbieterstrukturen auf Wohnungspreise und Qualität – Ergebnisse einer empirischen Analyse, Münster

Blome-Drees, J./Thimm, P./Wieg, A., 2023: Genossenschaftliche Geschäftsmodelle – Semantik, Morphologie und Typologie, in: Blome-Drees et al. (Hg.), Handbuch Genossenschaftswesen, a.a.O., S. 363ff

Blome-Drees, J./Thimm, P., 2024: Mia san mia – Wie ein Dorf im Spessart den Bäckereibetrieb selbst in die Hand genommen hat, in: Sozialer Fortschritt, 73. Jhg., H. 10, S. 745ff

BMWK (Bundesministerium für Wirtschaft und Klimaschutz) (Hg.), 2024: Gleichwertigkeitsbericht 2024, Berlin

DZ HYP (Hg.) 2024: Wohnimmobilienmarkt Deutschland 2024 I 2025, Hamburg/Münster

Eckardt, F./Meier, S. (Hg.) 2021: Handbuch Wohnsoziologie, Wiesbaden

Egner, B./Grohs, S./Robischon, T. (Hg.), 2021: Die Rückkehr der Wohnungsfrage, Wiesbaden

GdW (Hg.), 2024: Gesellschaftlichen Zusammenhalt langfristig sichern – Bezahlbares Wohnen und Transformation ermöglichen!, Berlin

GdW (Hg.) 2023: Wohnungswirtschaftliche Daten und Trends 2023/2024. Zahlen und Analysen aus der Jahresstatistik des GdW, Berlin

Hagelüken, A., 2023: Schock-Zeiten. Wie Deutschland den wirtschaftlichen Abstieg verhindert, München

Heinze, R. G., 2020: Gesellschaftsgestaltung als Neujustierung von Zivilgesellschaft, Staat und Markt, Wiesbaden

Heinze, R. G./Lange, J./Sesselmeier, W. (Hg.), 2018: Neue Governancestrukturen in der Wohlfahrtspflege, Baden-Baden

Jann, W., 2022: Legitimität, Wohlfahrtsstaat und Verwaltung, in: M. Nonhoff/S. Haunss/ T. Klenk/T. Pritzlaff-Scheele (Hg.), Gesellschaft und Politik verstehen. Frank Nullmeier zum 65. Geburtstag, Frankfurt a.M., S. 529ff

Kholodilin, K. A./Baake, P., 2024: Mietbealstung in Deutschland: In den letzten Jahren nciht gestiegen, aber ungleich verteilt, in: DIW-Wochenbericht 41, S. 627ff

Klenk, T., 2024: Soziale Innovationen gestern und heute: Genossenschaften und Wohlfahrtsverbände, in: Fokus Soziale Innovationen gestern, heute und morgen (Nachrichten für Engagierte der Stiftung Aktive Bürgerschaft/Ausgabe 260 v. Oktober 2024)

Lang, R./Novy, A., 2014: Cooperative Housing and Social Cohesion: The Role of Linking Social Capital, in: European Planning Studies, H. 8, S. 1744ff

Mienert, B.; 2022: Dezentrale autonome Organisationen (DAOs) und Gesellschaftsrecht. Zum Spannungsverhältnis Blockchain-basierter und juristischer Regeln, Tübingen

Ott, E./Landsberg, G., 2018: Vorwort, in: Deutscher Städte- und Gemeindebund/Deutscher Genossenschafts- und Raiffeisenverband (Hg.), Genossenschaften und Kommunen. Erfolgreiche Partnerschaften, Berlin, S. 3

Prytula, M./Lutz, M./Helfrich, S./Kleemann, M./Bölting, T./Katny, M./Ortiz, A., 2023: Infrastrukturen des Gemeinsamen in der gemeinwohlorientierten Quartiersentwicklung, Bonn (BBSR)

Reyes, A./Novoa, A.M./Borrell, C./Carrere, J./Pérez, K./Gamboa, C./Daví, L./Fernández, A., 2022: Living Together for a Better Life: The Impact of Cooperative Housing on Health and Quality of Life. Buildings 2022, 12, 2099. https://doi.org/10.3390/buildings12122099

Rheingold Institut, 2021: Psychologische Grundlagenstudie zum Stimmungs- und Zukunftsbild in Deutschland, Köln (Forschungsbericht)

Schmale, I., 2017: Sozialgenossenschaften: eine wieder entdeckte Rechts- und Wirtschaftsform in der Sozialwirtschaft, in: I. Schmale/J. Blome-Drees (Hg.), Genossenschaft innovativ, a.a.O., S. 11ff

Spannagel, D./Brülle, J., 2024: Ungleiche Teilhabe: Marginalisierte Arme - Verunsicherte Mitte. WSI-Verteilungsbericht 2024, Düsseldorf (WSI-Report 98/November 2024)

Statistisches Bundesamt (Destatis)/Wissenschaftszentrum Berlin für Sozialforschung (WZB)/Bundesinstitut für Bevölkerungsforschung (BiB), 2024: Sozialbericht 2024. Ein Datenreport für Deutschland, Bonn (bpb)

Stielike, J. M., 2018: Sozialstaatliche Verpflichtungen und raumordnerische Möglichkeiten zur Sicherung der Daseinsvorsorge, Baden-Baden

SVR (Sachverständigenrat zur Begutachtung der gesamtwirtschaftlichen Entwicklung), 2024: Versäumnisse angehen, entschlossen modernisieren, Jahresgutachten 2024/2025, Wiesbaden

Walk, H., 2019: Genossenschaften als alte und neue Player, in: M. Freise/A. Zimmer (Hg.), Zivilgesellschaft und Wohlfahrtsstaat im Wandel, Wiesbaden, S. 123ff

Wohnungsgenossenschaften als Problemlöser der Wohnkrise?

Die Wohnungsnot in manchen deutschen Großstädten ist nicht nur für Betroffene zu einem existenziellen Thema geworden, sondern wird zunehmend in der Öffentlichkeit und Politik problematisiert; manche sehen das Wohnen als die neue soziale Frage. Verschiedene Studien sprechen von knapp 2 Mio. günstiger Wohnungen, die in deutschen Großstädten fehlen (insbesondere gilt dies für kleinere Wohnungen für Singles sowie größere für Familien mit mehreren Kündern). Da durch den **demografischen Wandel** unabweislich die Gruppe der Älteren wächst, werden in diesem Segment ebenfalls bedarfsgerechte Wohnungen benötigt, die es erlauben, auch bei Beeinträchtigungen möglichst lange in der Wohnung zu verweilen. Allerdings müssen die regionalen Unterschiede berücksichtigt werden; einerseits fehlen insbesondere in boomenden Großstädten wie München, Hamburg oder Berlin und auch in einigen „Schwarmstädten" Wohnungen, andererseits gibt es außerhalb der Ballungsräume in schrumpfenden Regionen erhebliche Leerstände.

Die Lage hat sich durch die gestiegenen Zinsen und Baukosten sowie die Zuwanderung in den letzten Jahren verschärft und noch ist **keine Trendwende** zu erkennen, obgleich einige Länder und Kommunen spezielle Förderprogramme zur Stimulierung des Neubaus aufgelegt haben. Ein früher abgesichertes Wohnraumsegment schrumpft zudem weiter: es mangelt an über 900.000 Sozialwohnungen, was insbesondere Menschen mit niedrigem Einkommen trifft und dieses Wohnungsdefizit dürfte sich sogar ausweiten, denn in den nächsten Jahren fallen rd. 40.000 jedes Jahr aus der Sozialbindung (Abb. 2.1).

Die soziale Frage zeigt sich beim Wohnen nicht nur in den Defiziten an ausreichend und räumlich noch zumutbaren Wohnungen, sondern auch bei den **Mietbelastungen**, die zur Verschärfung sozialer Ungleichheiten führte. 2022 verwendeten die Mieterhaushalte in Deutschland durchschnittlich knapp 28 %

© Der/die Autor(en), exklusiv lizenziert an Springer Fachmedien Wiesbaden GmbH, ein Teil von Springer Nature 2025
R. G. Heinze, D. Wilde, *Wohnungsgenossenschaften*,
https://doi.org/10.1007/978-3-658-47197-2_2

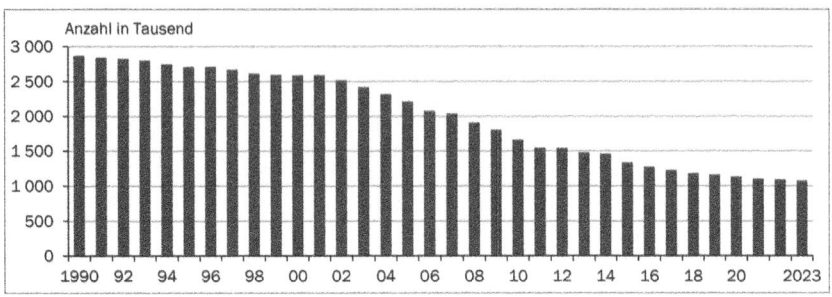

Abb. 2.1 Entwicklung des Bestandes an Sozialwohnungen. (Quelle: SVR 2024, S. 234)

ihres Einkommens für die Miete (in Großstädten knapp 29 %), während der Anteil in Kleinstädten und Dörfern nur 25,9 % des Einkommens betrug. Bei Personen aus unteren sozialen Schichten müssen rund 40 % des Budgets für die Miete verwendet wurden. Die aktuelle Situation kann man so pointiert zusammenfassen: „Weniger Wohnungsbau bei weiter steigenden Einwohnerzahlen stellen das gesellschaftliche Zusammenleben in Deutschland auf die Probe. Gegenwärtig ist nicht erkennbar, dass die regionalen Wohnungsdefizite durch mehr Wohnungsbau abgebaut werden könnten. Eine Vorstellung der Bundesregierung, wie sie die Defizite auf anderem Wege abbauen will, liegt aber auch nicht vor" (Verbändebündnis „Soziales Wohnen" und Pestel Institut 2023, S. 21). Die Bundesregierung hat im November 2024 auf eine Anfrage einer Bundestagsabgeordneten verlautbaren lassen, dass in den letzten 10 Jahren in den 14 größten Städten in Deutschland Jahren **starke Mietanstiege** zu verzeichnen waren. In Berlin haben sich bspw. die Neuvertragsmieten im Verlauf von neun Jahren verdoppelt; die höchsten Mieten werden weiterhin in München verlangt (2023 bei Neuvermietungen durchschnittlich 20,59 €). Insgesamt lagen die Quadratmeterpreise (Nettokaltmiete) in 8 der 14 erfassten Großstädte bei mehr als 10 € (bundesweit liegt sie bei durchschnittlich 7,28 €).

Wenngleich sich die Wohnkrise sowohl räumlich als auch sozial unterschiedlich darstellt, steht sie exemplarisch für soziale Verunsicherungen und löst **Ängste** um den Statuserhalt aus. Diese prägen immer stärker die soziale Atmosphäre, wobei viele Menschen gerade hinsichtlich des existenziellen Gutes des Wohnens das Gefühl von Machtlosigkeit haben, was die politische Stimmung aufheizt. Der Traum eines prosperierenden und schützenden Wohlfahrtsstaates hat nicht nur angesichts der Defizite auf dem Wohnungsmarkt Risse bekommen und es wird für viele Gruppen immer schwerer, eine autonome Lebensführung (und dazu gehört zentral das Wohnen) zu realisieren. In den letzten Jahren hat sich diese Entwicklung auf dem Wohnungsmarkt weiter verschärft; bspw. sank im Jahr 2024 die Zahl der

Baugenehmigungen drastisch: „Dahinter verbirgt sich eine dramatische Entwicklung: In Deutschland können nur noch wenige Familien bauen. Dabei gehört der Traum vom Eigenheim in Umfragen stets zu den Top-Wünschen der Bürger. Doch für viele ist er in weite Ferne gerückt" (Anger 2024).

Obgleich diese Verlusterfahrungen nicht kurzfristig zu korrigieren sind, gibt es innerhalb der Strategien zur Wohneigentumsförderung gewisse Alternativlösungen, die zwar nicht direkt den Traum vom eigenen Haus erfüllen, aber durchaus Sicherheit für ein langes Leben in einer (fast) eigenen Wohnimmobilie bieten: **Wohnungsgenossenschaften**. Sie haben sich historisch als erfolgreiches Modell erwiesen und stehen nachhaltig für Sicherheit und moderate Wohnkosten. „Die Anreize zu nachhaltigem Wirtschaften sind ein prägendes Wesensmerkmal von Wohnungsgenossenschaften. Es korrespondiert nicht nur damit, dass die Genossenschaft auf eine langfristige Existenz ausgelegt ist, sondern dass das Verhältnis zwischen Genossenschaft und Mitgliedern eine Dauerbeziehung ist, die Voraussetzungen für Wohnen über die einzelnen Lebensphasen mit den entsprechenden Standards sicherzustellen sind. Wohnungsgenossenschaften sind sowohl in Ballungszentren als auch in ländlichen Räumen verankert und tragen an ihren Standorten zur preiswerten, sicheren und langfristigen Wohnraumversorgung, damit zu Stabilität und Sicherheit bei" (Theurl 2023, S. 15).

Da sowohl der Markt als auch die traditionelle Politik derzeit die Nachfrage nach Wohnungen zu einem sozialverträglichen Preis nicht befriedigen können, kommen gemeinwohlorientierte wirtschaftlich-soziale Organisationsformen wie Genossenschaften wieder verstärkt auf die politische Tagesordnung. Schon seit der **Finanzkrise** vor einigen Jahren haben ihre Grundwerte wie Selbstverantwortung und Nachhaltigkeit an Aktualität gewonnen und werden in vielen Ländern als ein Lösungsweg aus der Wohnkrise (wieder)entdeckt. Diese Werthaltung liegt an ihren Organisationsprinzipen (die Mitgliederfokussierung und das auf Nachhaltigkeit ausgerichtete Geschäftsmodell). „In some countries reviewed, the cooperative housing sector took root during the early 20th century, while in others it did not consolidate until the 1970s. Both periods stand out as phases of a general expansion of cooperative housing practices and policy-making. Since 2000, and particularly after the financial crisis of 2007–2008, a third period of expansion can be identified in most of the countries featured in this study and internationally. In short, we are now witnessing a new wave of public initiatives in the housing sector" (Baiges et al. 2019, S. 12; vgl. auch Lipej und Torel 2018).

Generell bietet genossenschaftliches Wohnen insbesondere Sicherheit, aber auch soziale Zugehörigkeit und damit wirkt es positiv auf den gesellschaftlichen Zusammenhalt, der gerade in Zeiten multipler Verunsicherungen brüchig geworden ist. „Der nachhaltige MemberValue bringt neben der Nachhaltigkeit Stabilität und

Sicherheit zum Ausdruck. Die heute eingeforderten gesellschaftlichen Werte sind also genau jene Werte, die dem genossenschaftlichen Geschäftsmodell seit seiner Entstehung inhärent sind. Das genossenschaftliche Wertegerüst passt ausgezeichnet zu den aktuellen Erwartungen der Menschen an Unternehmen. Zum geforderten Verantwortungseigentum im Rahmen einer Purpose-Economy, in der die Unternehmenswerte in das Zentrum allen Handelns gestellt werden und dem Unternehmen Sinn verleihen, passen Wohnungsgenossenschaften ausgezeichnet" (Theurl 2020, S. 37).

Vor diesem Hintergrund könnten sie zukünftig eine noch stärkere Rolle nicht nur in der Versorgung mit günstigen und gesicherten Wohnungen einnehmen, was sie schon in der **Geschichte** und auch aktuell in vielen Ländern bewiesen haben. An der Thematisierung der Wohnungsfrage werden auch subjektive Verunsicherungen und ein weitverbreiteter Frust in der Gesellschaft deutlich. Es deutet sich die Krise eines Gesellschaftsmodells an, das über Jahrzehnte als aufstiegsorientierte Wohlstandsgesellschaft mit einer ausgebauten sozialen Sicherung erfolgreich war. Nun beginnen die Säulen dieses Modells zunehmend zu bröckeln und dies wirft Fragen nicht nur hinsichtlich eines sicheren und bezahlbaren Wohnens auf, sondern auch nach einer nachhaltigen sozialen Grundsicherung.[1] In diesem Kontext wird die Architektur des deutschen Sozialstaates einerseits kritisch betrachtet, andererseits werden aber auch kollektiv-solidarische Institutionen wie Genossenschaften neu bewertet. Solche Institutionen können als **Gegenmittel** zur ausgeprägten Individualisierung und die gesellschaftliche Zersplitterung in verschiedene sich abschottende Milieus beitragen. „Es geht um neue Formen der Organisation und Verteilung von Erwerbsarbeit sowie die Förderung lokaler Wertschöpfung durch die Verbindung von lokaler Produktion und lokalem Konsum, um die systematische Verknüpfung von Bedürfnissen und Potenzialen, lokal-regionale Netzwerke oder Primär- und Sekundärgenossenschaften zur Sicherung und Bewirtschaftung von Gemeingütern" (Elsen 2017, S. 137; vgl. auch die Beiträge in Jaeger-Erben et al. 2017 sowie Blokland 2024).

Genossenschaften können gerade in Feldern wie dem Wohnen eine **institutionelle Einbettung** bieten und wenngleich der Genossenschaftsgedanke und auch die vielen Realgenossenschaften oft im Schatten stehen, besitzen sie dennoch ein Innovations- und Erfahrungspotenzial, das gerade in Krisenzeiten aufblühen kann. Auch in wirtschaftswissenschaftlichen Debatten wird zunehmend von einer Pluralität der Ökonomik und unterschiedlichen Wirtschaftsstilen und -formen gesprochen. Gefragt ist eine neue Balance von Staat, Markt und zivilgesellschaftlichen Organisationen (wie bspw. Genossenschaften). Es geht vor dem Hintergrund

---

[1] Vgl. zu den Diskursen um eine soziale Grundsicherung Heinze und Schupp 2022.

ökonomischer und sozialökologischer Risiken immer stärker um den Aufbau von resilienten (widerstandsfähigen) Strukturen, die für den Bereich des Wohnens durch Wohnungsgenossenschaften repräsentiert werden. Die Genossenschaftsorganisation bietet zukunftsfähige sozialintegrative Lösungen, indem sie die unterschiedlichen Handlungslogiken der sozialen Institutionen integriert: „die Logik sozialer Netzwerke im Sinne unspezifischer Reziprozitätserwartungen, die Marktlogik spezifischer Reziprozität und individueller Nutzenmaximierung, die Normen von Berufsehre und -ethos, die Organisationslogik spezifischer und begrenzter Normen, Loyalität und Reziprozität sowie die generalisierte Normen- und Regelorientierung staatlich-öffentlicher Regime" (Pries 2021, S. 377).

Attraktivität bekommt das genossenschaftliche Wohnen primär durch die Wiederkehr der Wohnungsnot in einigen Regionen, aber auch dadurch, dass einzelne Unternehmen (zunehmend auch mittelständische) aufgrund der Fachkräfteknappheit eigene Wohnungsgenossenschaften gründen, um so ein attraktiver Arbeitgeber zu sein. Das spezifisch neue besteht darin, dass in diesen Organisationsstrukturen nicht die zukünftigen Bewohner, sondern die Unternehmen Genossenschaftsmitglieder sind (geplant ist auch, dass Mitarbeitende Genossenschaftsmitglied werden können). Da das Mitarbeiterwohnen wohl zukünftig als Anreizinstrument für Unternehmen interessant ist, könnten sich solche Lösungen ausbreiten (bislang werden vornehmlich in Metropolen solche Projekte angedacht).

Die besondere Förderung von gemeinwesenorientierten Wohn- und Stadtentwicklungsprojekten wird auch von der **Europäischen Kommission** verstärkt angestrebt. Neben den klima- und umweltbezogenen Aspekten soll die Immobilien- und Bauwirtschaft mehr bezahlbare Wohnungen zur Verfügung stellen und gegenüber den Mietern und Mitarbeitenden soziale Verantwortung übernehmen (vgl. Haimann 2023). In verschiedenen Ländern wird seit einigen Jahren in diesem Zusammenhang von „universal basic services" (universelle Grundversorgung) gesprochen, zu denen Wohnen, Verkehr, Kinderbetreuung sowie soziale Betreuung von Hilfs- und Pflegebedürftigen gehört. Wohnungsgenossenschaften sind in vielen europäischen Ländern ohnehin eine starke Säule im Wohnungswesen. „In countries such as Germany, Austria, Switzerland, Sweden, Norway and Italy, housing cooperatives and other types of not-for-profit businesses play an important role in the provision of affordable housing beyond the traditional instruments of housing policy described above. Typical characteristics of housing cooperatives are joint ownership of the housing units, lack of profit motive, equal voting rights for members and secured long-term rights of use. Federal and lower-level governments support housing cooperatives, for example by exempting them from corporation tax and by giving them preferential access to building land" (Wrede 2024, S. 1).

Genossenschaften erfüllen idealtypisch die Anforderungen für solche Versorgungsformen, weil sie die Selbstorganisation unterstützen, Sicherheit bieten und in geeigneter Weise ein öffentliches Gut produzieren. Wenngleich die erwirtschafteten Vorteile nur für die Mitglieder nutzbar sind, bilden sie ein Gegengewicht zu dem Ökonomisierungsdruck, der durch die angespannte Finanzsituation in den Kommunen entstanden ist. Allerdings sind ihre Leistungspotenziale in der breiten Öffentlichkeit oft **nicht bekannt**. Obwohl sie bspw. beim Wohnen in einigen Regionen eine bedeutsame Rolle spielen, sind sie nur wenigen jungen Erwachsenen überhaupt bekannt. In einer InWIS-Befragung unter rund 2400 Studenten an der Ruhr-Universität Bochum im Jahr 2014 hatten 80 % keine Erfahrungen mit Wohnungsgenossenschaften, 40 % kannten sie überhaupt nicht (Bölting et al. 2015). Hier gilt es nach den Ursachen zu fahnden und gleichzeitig nach Möglichkeiten zu suchen, um genossenschaftliches Wohnen für verschiedene Zielgruppen attraktiv zu machen. Es zeigte sich in der Studentenbefragung auch, dass genossenschaftliche Prinzipien durchaus beliebt sind, allerdings ist nicht bekannt, dass sie mit Genossenschaften zu tun haben. Teilweise war sogar Gleichgültigkeit oder Abneigung zu spüren – Genossenschaften wurden im Wohnungswesen wie normale Anbieter wahrgenommen.

Allerdings zeigt sich auch, dass die Prinzipien, wenn „die Genossenschaft" einmal verstanden ist, positiv bewertet werden. Dies zeigen auch empirische Untersuchungen bei jungen Mitgliedern von Wohngenossenschaften. „Da die jungen Genossenschaften als Wohnprojekte konzipiert wurden, besteht hier unter den Befragten ein engeres Nachbarschaftsverhältnis und die Zufriedenheit mit der Nachbarschaft im Haus bzw. in der unmittelbaren Umgebung wird positiver bewertet als in den Traditionsgenossenschaften. Während für die Bewohner/innen traditioneller Genossenschaften die Wahl der Wohnung und die Mitgliedschaft in einer Genossenschaft überwiegend aus ökonomischen Gründen erfolgte, war für die Bewohner/innen der jungen Genossenschaften insbesondere das gemeinschaftliche, das barrierefreie und das ökologische Wohnen relevant" (Spellerberg 2018, S. 186). Die Ideen des gemeinschaftlichen Wohnens und der Selbstorganisation stehen also, wenngleich sozial selektiv, noch immer relativ hoch im Kurs und bekommen angesichts der fehlenden Wohnungen sogar wieder Auftrieb. Allerdings muss der strategische Stellenwert des genossenschaftlichen Wohnens in der Öffentlichkeit und der Politik noch stärker **kommuniziert** werden.

Da die Misere auf dem Wohnungsmarkt nicht kurzfristig zu beheben ist, wird manchmal sogar von einer potenziellen „Sternstunde" für Wohnungsgenossenschaften gesprochen. Bisherige Strategien sind an Belastungsgrenzen gestoßen, der Frust vieler Menschen äußert sich auch in vielfältigen Protesten und in diesem Kontext gewinnen auch genossenschaftliche Ideen an Überzeugungskraft. Dabei geht es neben einer nachhaltigen Wohnversorgung um die aktive **Gestaltung der Sozialräume** und die Mobilisierung von Eigenproduktivität. Genossenschaften sind somit ein Baustein für eine öko-soziale Transformationen und können als „Schutzmacht" gerade in verunsicherten Zeiten die Sehnsucht nach Sicherheit wenigstens ein Stück weit befriedigen.

Gerade weil in Deutschland ein ausgeprägtes **Sicherheitsdenken** herrscht, können vorzeigbare Alternativbeispiele wie Wohnungsgenossenschaften helfen, die durch Ängste geprägte Stimmung konstruktiv zu wenden. Sie können Zukunftsnarrative darstellen, die die geringe Toleranz gegenüber Ungewissheiten und Innovationen positiv wandeln. Der Diskurs um angemessene und zukunftsfähige soziale Infrastrukturen hat auch nicht nur beim Wohnen in den letzten Jahren durch den Dauerkrisenmodus Auftrieb bekommen. Zugleich wird hervorgehoben, dass eine Strategie des „Weiter-so" nicht mehr ausreicht, vielmehr neue Lösungsansätze entwickelt und erprobt werden müssen. Ein Beispiel hierfür ist das vom Deutschen Städte- und Gemeindebund, dem Deutschen Institut für Urbanistik und dem Bundesministerium für Bildung und Forschung gemeinsame Projekt „Kommunen innovativ": „So unter-schiedlich die Anpassungs- und Veränderungsbedarfe in den verschiedenen Handlungsfeldern wie Wohnen, Daseinsvorsorge oder Mobilität in den Regionen sind, so ist ihnen doch eines gemeinsam: bisherige Handlungsprinzipen, Strategien, Konzepte und Instrumente greifen vielerorts nicht mehr. Um die räumlichen Auswirkungen des demografischen Wandels mit einer auf Nachhaltigkeit ausgerichteten Stadt- und Regionalentwicklung in Deutschland zu gestalten und die Funktionsfähigkeit und Lebensqualität in den Städten, Gemeinden und Regionen zu erhalten, müssen neue Wege gefunden werden" (DStGB et al. 2020, S. 7).

Die Übertragung öffentlicher Aufgaben in verschiedenen Feldern der Daseinsvorsorge auf gemeinwohlorientierte Organisationsformen wie Genossenschaften steht deshalb auf der Tagesordnung. Organisationen aus diesem Sektor wird von der Bevölkerung ein besonders hoher Beitrag zum Gemeinwohl zugeschrieben. Nach den Ergebnissen der letzten Gemeinwohlstudie liegen die sozialen Hilfsorganisationen unter allen Institutionen vorn.[2] An der Spitze der auf einer repräsentativen Umfrage basierenden Rangliste liegen die Feuerwehr, das Technische Hilfswerk und das Deutsche Rote Kreuz. Die großen Wohlfahrtsverbände wie die Diakonie, die Arbeiterwohlfahrt und die Caritas liegen alle unter den ersten 15 Institutionen und belegen damit ihre Wertschätzung in der Bevölkerung.

Genossenschaften als Organisationen der Selbsthilfe und als Wertegemeinschaft können bspw. neben einer sicheren Wohnung auch **sozialen Zusammen-**

---

[2] Vgl. https://www.gemeinwohlatlas.de/atlas/ (abgerufen am 05.11.2024).

hang bieten, da sie sich von anderen Rechtsformen durch ihre explizite Mitgliederorientierung unterscheiden und dadurch neben nachhaltigen Wohnverhältnissen
auch demokratische Partizipationsmöglichkeiten bieten. Dies passt in besonderer
Weise zur immer stärker geforderten Abkehr von einer reinen Marktorientierung
im Wohnungssektor, hin zu mehr öffentlich oder gemischtwirtschaftlich her-
gestellten Regulierungen. Dabei richtet sich der Blick explizit auf die lokale Infrastruktur, den Nahbereich der Versorgung und es geht um die aktive Gestaltung
gemeinschaftlich gestalteter Sozialräume.

Viele Beobachter in den Medien und der Wissenschaft sehen deshalb Wohnungs-
genossenschaften sogar als Zukunftsmodell gegen die Wohnungsnot, das darüber
hinaus auch **sozialintegrativ** wirkt. „Das Modell macht aus bloßen Mietern
Anteilseigner, macht aus bloßen Nutzern von Wohnraum Menschen, die in ihrer
Genossenschaft mitgestalten können. Es führt Miete und Eigentum auf elegante
Art zusammen. Es ist ein Stück Wirtschaftsdemokratie und Gemeinnützigkeit
dort, wo sie dringend nötig ist: beim Grundbedürfnis Wohnen. Die vergangenen
Jahre haben gezeigt, wie wichtig es ist, dieses Grundbedürfnis zu bedienen. Die
Versäumnisse in der Wohnungspolitik lassen Familien auf viel zu engem Raum
hausen, verdrängen angestammte Bewohner aus ihren Vierteln, erschweren es
Unternehmen, Mitarbeiter anzuwerben, weil diese keine Unterkunft finden. Diese
Erfahrung unterstreicht: Wohnen darf nicht nur kurzfristigen Prognosen und der
Logik des maximalen Gewinns unterliegen. Und eben hier setzen Genossen-
schaften an. Sie bieten ihren Mitgliedern die Sicherheit, langfristig wohnen bleiben
zu dürfen – und das zu dauerhaft günstigen Mieten. Sie befreien Menschen von der
Last der Unsicherheit des freien Mietmarkts" (Preuß 2022).

Vor dem Hintergrund gravierender Probleme bei der Bereitstellung bezahlbaren
Wohnraums (insbesondere in den boomenden Städten) erlebt deshalb das ge-
nossenschaftliche Wohnen eine Wiederentdeckung. So haben bspw. verschiedene
Kommunen inzwischen begonnen (etwa München) **Baugrundstücke explizit für
Genossenschaften** zur Verfügung zu stellen. Zugleich breiten sich seit Beginn des
21. Jahrhunderts die Bereiche aus, in denen Genossenschaften gegründet werden.
Man kann von einer Neugründungswelle sprechen, bei der sich das Spektrum ge-
nossenschaftlicher Aktivitäten in neue Felder der Infrastruktur ausdehnt (etwa
Windkraft- und Bioenergiegenossenschaften oder Dorfläden, Ärztegenossen-
schaften etc.).

Ein Beispiel kann verdeutlichen, wie sich die Gründung von Wohnungsgenossenschaften in der derzeitigen schwierigen Lage auf den Wohnungsmärkten
als praktikable Lösung erweisen kann und von Kommunen auch real genutzt wird.
Die niedersächsische Stadt Lingen hat 2018 eine Wohnungsgenossenschaft gegründet, um bezahlbaren Wohnraum bereitzustellen (bis 2021 fielen in der Stadt

über 90 % der geförderten Wohnungen aus der Belegungsbindung). „Die Entscheidung für die Gründung einer Wohnbau-Genossenschaft wurde sehr bewusst getroffen. In dieser Rechtsform können wir mit geringem Personaleinsatz und einer deutlich geringeren Belastung des kommunalen Haushalts bezahlbaren Wohnraum schaffen, über den wir in der Stadt dann dauerhaft verfügen. Der Lingener Oberbürgermeister ist qua Satzung ‚geborenes Mitglied‘ im Aufsichtsrat, so sichert sich die Stadt dauerhaft Einflussmöglichkeiten auch nach dem Auslaufen der Förderbindung. Ebenso tragen wir mit dieser Rechtsform unserer Überzeugung Rechnung, dass Wohnraum ein gesellschaftliches Produkt und kein Finanzprodukt ist. Zum einen können gewichtige Institutionen aus Lingen, Lingener Firmen und auch die Lingener Bevölkerung die Schaffung von bezahlbarem Wohnraum aktiv unterstützen, zum anderen wird einer Gewinnmaximierung entgegengewirkt" (Schwegmann und Schreinemacher 2023, S. 46; vgl. zur kommunalen Boden- und Wohnpolitik Löhr 2022 und Wietschorke 2022).

Der Diskurs um Wohnungsgenossenschaften ist aber nicht nur eine Modewelle, denn die Wohnungsnot dürfte in manchen Regionen **nicht kurzfristig** zu beheben sein. Damit wächst die Gewissheit, dass die von der Politik in Statements gern hervorgehobenen Wohnungsgenossenschaften wieder stärker als Lösungsweg real unterstützt werden. Konzeptionell wurde die Idee genossenschaftlichen Wohnens in der Politik in den letzten 25 Jahren immer wieder aufgegriffen. So setzte beispielsweise die Bundesregierung in den Jahren 2002 bis 2004 eine „Expertenkommission Wohnungsgenossenschaften" ein, um die Perspektiven insbesondere im Hinblick auf ihre Rolle in der Zivilgesellschaft und auf ihre Leistungspotenziale im Rahmen von Stadtentwicklung herauszuarbeiten. Wohnungsgenossenschaften erfüllen demnach „idealtypisch, von ihrem Anspruch und von ihren Potenzialen her, die Anforderungen, die ein moderner Staat an Organisationen der Bürgergesellschaft stellt. Sie unterstützen die Eigenorganisation und produzieren langfristige Sicherheit. Wohnungsgenossenschaften können positive Funktionen für eine bürgergesellschaftliche Entwicklung haben, wenn sie in geeigneter Weise ein ‚öffentliches Gut‘ produzieren, das heißt wenn sie nachweislich einen integrativen Beitrag leisten, der über die individuellen Interessen der einzelnen Mitglieder hinausgeht" (BMVBW 2004, S. 4).

Literatur

Anger, H., 2024: Der geplatzte Traum vom „schöner Wohnen", in: Handelsblatt v. 29.11.2024
Baiges, C./Ferreri, M./Vidal, L., 2019: International policies to promote cooperative housing, Barcelona

Blokland, T., 2024: Gemeinschaft als urbane Praxis, Bielefeld

Bölting, T./ Heinze, R. G./Schewerda, A./Vogelsang, E., 2015: Bezahlbarer Wohnraum für Starterhaushalte – Wohnen in Genossenschaften, Bochum (InWIS)

BMVBW (Bundesministerium für Verkehr, Bau- und Wohnungswesen) (Hg.), 2004: Wohnungsgenossenschaften: Potenziale und Perspektiven, Berlin

Deutscher Städte und Gemeindebund/Deutsches Institut für Urbanistik (Hg.), 2020: Kommunen innovativ. Ansätze für eine zukunftsorientierte Entwicklung von Städten und Gemeinden, Berlin

Elsen, S., 2017: Das innovative Potenzial genossenschaftlichen Wirtschaftens, in: I. Schmale./J. Blome-Drees, J. (Hg.), Genossenschaft innovativ, a.a.O., S. 135ff

Haimann, R. 2023: Auf der Suche nach dem S, in: Immobilienwirtschaft H. 05/2023, S. 86ff

Heinze, R. G./Schupp, J., 2022: Grundeinkommen – Von der Vision zur schleichenden sozialstaatlichen Transformation, Wiesbaden

Jaeger-Erben, M./Rückert-John, J./Schäfer, M. (Hg.), 2017: Soziale Innovationen für nachhaltigen Konsum, Wiesbaden

Lipej, B. /Torel, G., 2018: Housing cooperatives as an opportunity for solving the housing issue, in: International Journal of Real Estate and Land Planning, Vol. 1, S. 225ff

Löhr, D., 2022: Bezahlbares Wohnen. Der steinige Weg über das kommunale Bodeneigentum, in: APuZ 51-52/22, S. 43ff

Preuß, R., 2022: Wohnungspolitik. Ein Modell mit Zukunft gegen die Wohnungsnot, in: Süddeutsche Zeitung v. 5.10. 2022

Pries, L., 2021: Verstehende Kooperation. Herausforderungen für Soziologie und Evolutionsforschung im Anthropozän, Frankfurt/M.

Schwegmann/Schreinemacher, 2023: Interview: „Wohnraum ist kein Finanzprojekt", in: NBank (Hg.), Zeit umzudenken. Kostentreibern begegnen, Wohnen bezahlbar halten, Hannover, S. 46f

Spellerberg, A. (Hg.), 2018: Neue Wohnformen – gemeinschaftlich und genossenschaftlich. Erfolgsfaktoren im Entstehungsprozess gemeinschaftlichen Wohnens, Wiesbaden

SVR (Sachverständigenrat zur Begutachtung der gesamtwirtschaftlichen Entwicklung), 2024: Versäumnisse angehen, entschlossen modernisieren, Jahresgutachten 2024/2025, Wiesbaden

Theurl, T., 2020: Genossenschaften und Wohneigentum, in: Aus Politik und Zeitgeschichte (APuZ), H. 41, S. 33ff

Theurl, T., 2023: Wohnungsgenossenschaften in herausfordernden Zeiten, in: Wirtschaftsdienst H. 1/2023, S. 12ff

Verbändebündnis „Soziales Wohnen"/Pestel Institut/AG für zeitgemäßes Bauen, 2023: Bauen und Wohnen in der Krise. Aktuelle Entwicklungen und Rückwirkungen auf Wohnungsbau und Wohnungsmärkte, Hannover

Wietschorke, J., 2022: Wien ist anders?, In: APuZ 51-52/2022, S. 49ff

Wrede, M., 2024: Housing Cooperatives, Housing Affordability, and Rent Control, in: CESifo Working Papers, 11452, October 2024, Munich

Genossenschaften als Säulen der lokalen Daseinsvorsorge

Genossenschaften sind in Deutschland ein relevanter Faktor im Wirtschaftsleben und in der lokalen Infrastruktur; mit 23,4 Mio. Mitgliedern sind sie auch gegenwärtig die größte Wirtschaftsorganisation. In 7000 Genossenschaften, die im Deutschen Genossenschafts- und Raiffeisenverband (DGRV) organisiert sind, waren Ende 2022 über eine Million Mitarbeitende beschäftigt. Der weitaus größte Teil der Beschäftigten ist bei gewerblichen Waren- und Dienstleistungsgenossenschaften tätig (über 700.000), gefolgt von den Genossenschaftsbanken und den Raiffeisengenossenschaften. Jeder vierte Bundesbürger ist somit Mitglied in einer Kredit-, Energie,- Konsum- oder Wohnungsgenossenschaft (vgl. DGRV 2023).[1] „Die Gesamtzahl der Genossenschaftsneugründungen hielt auch im ersten Halbjahr 2023 ein hohes Niveau. Insgesamt wurden in diesem Zeitraum 153 neue Genossenschaften gegründet. Im Vergleich zur Vor-Corona-Zeit wäre es sogar ein Anstieg von rund 50 %. Erneut entfiel ein Großteil der Gründungen mit 86 auf „sonstige Dienstleistungsgenossenschaften" (Stappel 2023).

Aufgrund der **Neugründungen** wird die Gesamtzahl der Genossenschaften in Deutschland im Jahr 2024 auf rund 7800 leicht steigen, wobei die Wachstumsbranche wie in den letzten Jahren die Energiegenossenschaften sind. Durch den Strukturwandel in Landwirtschaft und Handwerk sowie den Fusionen bei Kreditgenossenschaften schrumpften diese Sektoren, bei den Wohnungsgenossen-

---

[1] Für einen umfassenden Überblick über die historische Entwicklung der Genossenschaften, theoretisch-konzeptionelle Zugänge und die internationale Ausbreitung siehe die Beiträge in dem 2023 von Blome-Drees et al. herausgegebenen Handbuch Genossenschaftswesen.

schaften gab es nur einen kleinen Rückgang.[2] Ende 2023 betrug die Zahl der Wohnungsgenossenschaften in Deutschland fast 2000, bei denen 3,2 Mio. Mitglieder organsiert sind und die rund 24.500 Mitarbeitende beschäftigen (vgl. Stappel 2024). Zusammenfassend zeigt sich 2023/24 ein **stabiler** Genossenschaftssektor, der in einzelnen Sparten Wachstum aufweist (auch ein leichter Zugewinn bei den Wohnungsgenossenschaften). Insbesondere trifft dies im Feld der erneuerbaren Energien zu, wo sich ein breites Spektrum von Bürger-Energiegenossenschaften gegründet hat. Das genossenschaftliche Wohnvolumen wird sich aufgrund der Krise im Wohnungsbau kaum verändern, geplante neue Wohnungen werden teilweise nicht gebaut, wobei als Gründe zumeist die unzureichende und nicht verlässliche Förderung durch die Bundesregierung sowie deutlich gestiegene Baukosten und Bauvorschriften angegeben werden.

Genossenschaften verstehen sich als selbstverwaltete Unternehmensorganisationen, bei denen nicht die Gewinnerzielung, sondern die Mitglieder und die gemeinsame Zweckverfolgung im Vordergrund stehen (etwa die Bereitstellung von günstigem Wohnraum oder die Energie- und Wasserversorgung). Sie haben eine demokratische Verfassung (eine Person, eine Stimme) und können als solidarische Leistungsgemeinschaft verstanden werden, die ein Stück weit marktunabhängig agieren und so zur sozialen Gestaltung von Wirtschaftsprozessen (etwa Einkaufsgenossenschaften im Handel oder Kreditgenossenschaften) und zur kollektiven Versorgung beitragen. Folgende Definition sei vorausgestellt: „Genossenschaften sind im Kern Zusammenschlüsse gleichberechtigter Personen oder Unternehmen mit dem Ziel, durch den Aufbau einer Kooperationsbeziehung einen Mehrwert (wirtschaftlich, sozial oder kulturell) für alle Mitglieder hervorzubringen. Durch die doppelte Identität von Eigentümer und Nutzer der genossenschaftlichen Leistung lassen sich in der Gemeinschaft Kostenvorteile erlangen, die der Einzelne für sich allein nicht realisieren kann. Das ist in der Regel das Hauptmotiv für die Gründung einer Genossenschaft. Genossenschaften sind nicht per se die besseren Unternehmen und auch kein ‚Wert an sich‘, sondern für bestimmte Zielsetzungen geeignete Instrumente, so wie andere Unternehmens- und Organisationsformen ebenfalls" (Philipps 2014, S. 1; vgl. auch Schulz-Nieswandt 2023).

In den letzten Jahrzehnten hat sich der Genossenschaftssektor in Deutschland **strukturell verändert**. In den 1990er-Jahren und bis 2008 ist ein Schrumpfungsprozess festzustellen, der aber bereits vor 15 Jahren von einer Gründungsdynamik

---

[2] Da unterschiedliche Genossenschaftsverbände tätig sind, variieren auch die Zahlen in den Statistiken (vgl. Schmale 2023). Für Wohnungsgenossenschaften werden im Folgenden die Zahlen des Gesamtverbandes der Wohnungswirtschaft (GdW) verwandt.

abgelöst wurde. „Wurden in der Spitze der jüngsten Neugründungswelle noch über 350 neue Genossenschaften in einem Jahr (2011) errichtet, ebbten die Gründungen bis 2016 auf unter 200 ab, um sich in den Folgejahren tatsächlich auf diesem Niveau zu stabilisieren. Ein Vergleich der Entwicklung mit und ohne Energie- und Ärztegenossenschaften verdeutlicht, dass die „Welle" vor allem von diesen Genossenschaften hervorgerufen wurde. Das Abebben der Neugründungen bis 2016 ist insbesondere auf veränderte Rahmenbedingungen bei der Förderung erneuerbarer Energien und eine „Marktsättigung" bei den Ärztegenossenschaften zurückzuführen. Die gleichzeitig kräftige Wiederbelebung des Neugründungsgeschehens bei den übrigen Genossenschaften ab 2007 kann dagegen als stabil gewertet werden. Wurden in den 90er-Jahren durchschnittlich nur noch rund 30 neue Genossenschaften gegründet, lösten insbesondere die Reform des Genossenschaftsgesetzes von 2006 sowie eine Neugründungsinitiative der Verbände einen Anstieg des Gründungsgeschehens auf rund 160 eGs (ohne Ärzte- und Energiegenossenschaften) im Jahr aus, ein Niveau, das bis zum Ausbruch der Corona-Pandemie gehalten werden konnte" (Stappel 2023, S. 159; vgl. auch die Beiträge in Blome-Drees et al. 2023)

Die im Folgenden näher betrachteten Wohnungsgenossenschaften blicken auf eine lange Tradition zurück, die sich auf den Grundprinzipien der Selbsthilfe, Selbstverwaltung und Selbstverantwortung entfaltet haben. Dadurch konnten die Mitglieder gegenüber Mietern auf dem „normalen" Wohnungsmarkt dauerhaft wirtschaftliche, soziale und demokratische Vorteile erlangen. So werden erzielte Überschüsse beispielsweise nicht als wirtschaftlicher Gewinn aus dem Unternehmen herausgezogen, sondern unter anderem in die Pflege und den Ausbau von Wohn- und Lebensraum investiert, sodass diese praktisch den Mitgliedern selbst wieder zugutekommen. In der Forschung hierzu wird vom „**Member-Value**" gesprochen: „Das Member-Value-Konzept ist inhaltlich von dem auf die Eigentümerinteressen bei Aktiengesellschaften ausgerichteten Shareholder-Value Konzept abgeleitet. Die zentrale These des Member-Value-Ansatzes besagt, dass Mitglieder einer (Wohnungs-)Genossenschaft ein besonderes Interesse an den vom genossenschaftlichen Geschäftsbetrieb erzeugten Werten und Leistungen haben. Umgekehrt stehen die Entscheidungsträger sowie die Mitarbeiter von Genossenschaften in der Verantwortung, diese Leistungen und Werte langfristig und in angemessener Weise gegenüber ihren Mitgliedern zu erbringen" (Wilde 2014, S. 91; vgl. auch Beuerle 2014).

Basierend auf diesem Strukturmerkmal der Genossenschaften ergeben sich spezifische Sozialbeziehungen der Gruppenmitglieder, die über eine ursprünglich primär wirtschaftliche Interessenverfolgung hinausgehen können, aber nicht müssen. Eine solidarisch ausgerichtete Genossenschaftsgesinnung ist demnach nicht in allen Genossenschaften aufzufinden und deshalb wird auch in der soziologischen Forschung zwischen gesellschafts- und gemeinschaftsstrukturierten Genossenschaften unterschieden (vgl. den Überblick bei Micken 2023 sowie die Beiträge in Eckardt und Meier 2021). Insbesondere in großen Genossenschaften kommt hier der Führung eine zentrale Bedeutung zu, um diese „Doppelnatur" der Genossenschaften (einerseits Personenvereinigung, andererseits Geschäftsbetrieb) zu managen.

Versucht man den Genossenschaftstypus ordnungstheoretisch einzuordnen, stößt man aufgrund dieser Doppelnatur (oder Hybridität) auf Definitionsschwierigkeiten, die in der Genossenschaftsliteratur ausführlich behandelt werden. Sie sind von ihrem Charakter und der historischen Ursprünge her Selbsthilfeorganisationen mit einem Geschäftsbetrieb. Durch ihre häufig formulierte Gemeinwohlorientierung lassen sie sich vom Markt und dem Staat abgrenzen und werden oft dem „Dritten Sektor" zugewiesen. Piorkowsky (2023, S. 171 ff.) zählt die Genossenschaften zu den Non-Profit-Organisationen, stellt aber die **Hybridität** in den Mittelpunkt („unternehmenszentrierte Mischsysteme"). Prägend ist für ihn die Doppelnatur: „Die formgerechte Genossenschaft ist eine Unternehmens- und Rechtsform, die Merkmale des Vereins und des Unternehmens vereint" (ders. 2023, S. 197).

Die **Gemeinwohlorientierung** wird zumeist abstrakt mit „öffentlichem" oder „allgemeinem Interesse" umschrieben (vgl. Strünck 2011 sowie die Beiträge in Hiebaum 2022). Es geht um die Berücksichtigung von Interessen, die über die unmittelbaren Interessen einzelner Bevölkerungsgruppen hinausgehen und die Belange der Öffentlichkeit sowie der zukünftigen Generationen und der Nachhaltigkeit betreffen. Die Abgrenzung gegenüber egoistischen oder partikularistischen Nutzenorientierungen ist ein wichtiger Ausgangspunkt für die Verwendung des Gemeinwohlbegriffs in einzelnen Handlungsarenen wie dem Wohnen. In den letzten Jahren haben sich Forderungen nach einer stärkeren Berücksichtigung des Gemeinwohls und der Nachhaltigkeit in mehreren Politikfeldern mehr Gehör verschafft (etwa im Rahmen der integrierten Stadtentwicklung im Sinne der Neuen Leipzig-Charta oder der Klimapolitik). In diesem Rahmen wurde zumeist auch das Gemeinwohl als Narrativ wieder stärker hervorgehoben, was auch auf die Corona-Pandemie zurückzuführen ist, die den Debatten um Daseinsvorsorge und den Ausbau öffentlicher Infrastrukturen nicht nur in Deutschland eine neue Qualität schaffte (vgl. u. a. Beckert 2024 und Heinze und Schupp 2024).

Der Non-Profit-Charakter und die Gemeinwohlorientierung ist in der Bevölkerung und auch bei sozialen Organisationen, Verbänden und Vereinen **verankert**, was in einer Organisationsbefragung bestätigt wurde. „Danach sieht eine große Mehrheit von 92 % der Genossenschaften die ‚Gemeinwohlorientierung' als eine sehr wichtige oder wichtige Leitlinie ihrer Arbeit an. In dieser Hinsicht verorten sich Genossenschaften deutlich im Dritten Sektor und unterscheiden sich kaum von anderen Dritte-Sektor-Organisationen (Verein mit 95 %, gGmbH und Stiftung mit je 97 %). Allerdings sind Genossenschaften in weitaus stärkerem Maße als andere Organisationen des Dritten Sektors an wirtschaftlichen Grundsätzen orientiert. Insgesamt 91 % der befragten Genossenschaften gaben an, sich in ihrer Arbeit an wirtschaftlichen Grundsätzen zu orientieren, während dieser hohe Zustimmungswert bei den anderen Dritte-Sektor Organisationen nicht erreicht wurde" (Zimmer und Priller 2023, S. 1041).

Diese sowohl gemeinwohl- und mitgliedschaftsorientierte als auch betriebswirtschaftliche Logik macht Genossenschaften gerade vor dem Hintergrund der Finanzkrise öffentlicher Haushalte zu einem interessanten Kooperationspartner und erklärt auch die verstärkte Aufmerksamkeit auf diesen hybriden Organisationstypus. Allerdings sorgt er auch für innerorganisatorische Spannungen und zudem werden Genossenschaften in ihrer Funktion als Mitgliederorganisation von den sozioökonomischen und sozialen Wandlungsprozessen in der Gesellschaft getroffen. Kollektive Vereinbarungen können zwar die soziale Architektur der Genossenschaften strukturieren, allerdings wird es vor dem Hintergrund der sich ausgedehnten Individualisierung und einer heraufkommenden „Gesellschaft der Singularitäten" (Reckwitz 2017) für die Genossenschaftsführungen immer schwerer, diese sowohl gemeinwohlorientierte als auch betriebswirtschaftlich effiziente Steuerung in der Praxis zu realisieren. Insbesondere die neuen sozialen Medien verstärken den Wunsch nach **individueller Einzigartigkeit,** das Persönliche wird immer stärker zur gesellschaftsgestaltenden Kraft. Diese Orientierungen verschärfen die Steuerungsprobleme von großen Organisationen, seien es Genossenschaften, Interessenverbände oder politische Parteien, die alle bereits seit längerem mit Rekrutierungsproblemen zu kämpfen haben. Es ist Konsens in der Verbändeforschung: „Der „Stammkunde" stirbt aus – sowohl als Mitglied, als Ehrenamtlicher und als Klient" (Schmid 2018, S. 44 f.).

Wenn sich die These der wachsenden Singularitäten und angestrebten Einzigartigkeiten nur ansatzweise bestätigt, hat dies immense Folgewirkungen auf die Handlungsfähigkeit kollektiver Organisationen und der Politik, denn es bedeutet, dass selbstgewählte Kollektive (geprägt durch Lebensstile) zur zentralen Vergesellschaftungsform werden. Die Logik des Besonderen stellt damit die Organisationsidentität und -praxis auch der Wohnungsgenossenschaften vor erhebliche Probleme und erfordert ein kreatives und flexibles Schnittstellenmanagement, denn es geht um mehr als eine Optimierung der Organisationsabläufe und die Bearbeitung von Risiken. In der aktuellen Genossenschaftsforschung wird dieses Spannungsverhältnis auch explizit thematisiert. „Durch die bürgerschaftliche

Selbstverwaltung der Erfüllung der Aufgabe der Leistungserstellung (von Caring Communitys) wird der Clubcharakter einer (Genossenschaft als Mitgliederförderorganisation) geöffnet. In Anlehnung an die Ostrom Theorie der Commons jenseits von Staat und Markt wird zugleich deutlich, dass es sich nicht um eine anarchistische Selbststeuerung aus reiner Sittlichkeit der Akteure handelt, sondern ein komplexes Regulierungsregime benötigt" (Schulz-Nieswandt 2023, 1131).

Trotz des Aufschwungs verschiedener Formen gemeinwohlorientierter Ansätze und generell zivilgesellschaftlicher Aktivitäten darf jedoch nicht vergessen werden, dass sich in den letzten Jahrzehnten die Narrative in Richtung einer Ökonomisierung auch öffentlicher Dienste bewegten. Gerade im Feld der Infrastrukturen und des Wohnens setzte sich eine breite Privatisierungswelle durch, die derzeit aber kritisch hinterfragt wird. Nach der markteuphorischen Phase wird insbesondere seit der Finanzmarktkrise das Steuerungsparadigma des Marktes in vielen Fällen als eine Ursache der Defizite in der Infrastrukturausstattung gesehen. Dies betrifft sowohl die materielle Infrastruktur (etwa die Verkehrswege und Mobilitätsangebote) als auch die soziale Infrastruktur und explizit das Wohnen. Anstelle von „einfachen" Marktlösungen kommen nun öffentliche und gemeinwohlorientierte Organisationsformen als Alternativen wieder zur Geltung, was sich auch in der wieder aufblühenden und vielfältiger gewordenen Landschaft der Genossenschaften zeigt, die sich als **soziale Stabilisatoren** vor Ort erweisen. Der Stärkung der Selbstorganisationsfähigkeit und Eigenverantwortung auf dezentraler Ebene wird inzwischen auch in der Politik eine größere Bedeutung beigemessen. Bei der Erledigung und Erstellung von Leistungen ist der Staat vermehrt auf die Koproduktion und selbstverantwortliche Eigenleistung kollektiver Akteure angewiesen, die sich nicht am Profit, sondern am Gemeinwohl orientieren.

Die Revitalisierung genossenschaftlicher Ordnungsprinzipien als eine Antwort auf die neuen Krisenmomente (von der Finanzkrise, der Corona-Pandemie bis hin zum aktuellen Krieg in Europa und den massiven Klimaveränderungen) wird bereits seit einigen Jahren konstatiert und gewinnt im Kontext der Debatte um Resilienz und eines hohen Transformationsdrucks an Relevanz. Genossenschaften als Orte der Identitätsstiftung können in diesem Kontext Orientierungen und nachhaltige Werte vermitteln. Von daher überrascht es nicht, wenn nicht nur seit der Corona-Krise besser balancierte und nachhaltige Marktwirtschaften und die Aufwertung lokaler und regionaler Strukturen gefordert werden, wobei das breite politische Spektrum in Deutschland hervorsticht, das sich für eine Öffnung gegenüber genossenschaftlich-solidarischen Strategien ausspricht. Diese Wertschätzung liegt wohl darin begründet, dass sie schon seit ihrer Gründung einen **sozialintegrativen** Beitrag geleistet haben. Sie bieten Leistungspotenziale, die ein moderner Staat von Organisationen der Zivilgesellschaft erwartet, weil sie die Selbstorganisation unterstützen, Sicherheit bieten und in geeigneter Weise ein öffentliches Gut produzieren. „In theoretisierender Absicht, so wird hier argumentiert, können Neugründungen von Genossenschaften im sozialen Bereich als eine Antwort auf den Ökonomisierungsdruck in der sozialen Daseinsvorsorge verstanden werden. Angesichts angespannter kommunaler Kassenlage und zunehmend wettbewerblich organisierter Steuerung, stellen Genossenschaften eine unternehmerische Rahmung, die es ermöglicht, soziale, kulturelle und gesellschaftliche Belange zu verfolgen und zugleich wirtschaftlichen Aspekten Beachtung zu schenken. Morphologisch dem Verein ähnlich, bieten sie das Potenzial autonomieerhaltend und partizipationsorientiert soziale Ziele zu verfolgen" (Ahles 2017, S. 130; vgl. auch Heinze et al. 2019 sowie Menges und Thiede 2023, S. 481 ff.).

Obwohl rund jeder Vierte in Deutschland Mitglied in einer Genossenschaft ist und diese zu den größten Arbeitgebern im Land zählen und ein breites Spektrum von Aufgaben abdecken, wurden sie allerdings in der zweiten Hälfte des letzten Jahrhunderts immer weniger in der Öffentlichkeit und der Politik beachtet. Und auch in der Wissenschaft geriet die Genossenschaftsforschung schrittweise in die Defensive und wurde zugunsten anderer Themen zurückgedrängt. Die Zahl der genossenschaftlichen Institute an den Universitäten verringerte sich und konzentrierte sich eher auf allgemeine Fragen: das genossenschaftliche Bankenwesen (was auch am hohen Bekanntheitsgrad der Kreditgenossenschaften liegen mag) oder agrarisch geprägte Genossenschaften (auch im globalen Kontext). Einzelne Fachhochschulen (Universities of Applied Science) bieten inzwischen aber wohnungswirtschaftliche Studiengänge an, von einer explizit auf Wohnungsgenossenschaften ausgerichteten Forschung ist jedoch nur vereinzelt zu sprechen.

Da sich der gesamtgesellschaftliche Kontext verändert hat, muss sich auch die genossenschaftliche Forschung neu ausrichten und Impulse aus verwandten Bereichen (etwa zum „Nonprofit- und „Dritten Sektor", der Zivilgesellschaft, der Alternativökonomie oder Social Entrepreneurship) aufnehmen (vgl. Blome-Drees 2018 sowie Göler von Ravensburg 2020). Nach den oft abstrakt geführten Debatten um den „Dritten Sektor" als Alternative zu Markt und Staat wurde in den letzten Jahren das zivilgesellschaftliche Terrain in verschiedenen Studien neu **vermessen**. Neben der verbandlichen Wohlfahrtspflege, den Vereinen und Stiftungen gehören dazu auch explizit Genossenschaften (vgl. die Beiträge in Zimmer und Simsa 2014, Freise und Zimmer 2019, Kamphausen 2022 sowie Heinze 2020). Zu den Kernbereichen der Genossenschaftsbewegung wiederum zählten immer die Wohnungsgenossenschaften. Obwohl sie historisch eine wichtige Rolle hatten und haben, konnte dieser Status jedoch bis vor einigen Jahren kaum große Begeisterung auslösen, da das Wohnen nicht mehr als soziales Problem galt. Diese Situation hat sich auf dem deutschen Wohnungsmarkt aber nun grundlegend verändert; vor dem Hintergrund der

Wohnungsnot in vielen Kommunen und finanzieller Engpässe bei den öffentlichen Institutionen sowie der sozialen Selektivität bei privaten Wohnungsanbietern genießen Wohnungsgenossenschaften wieder verstärkte Aufmerksamkeit.

Gerade die Debatten zu den Grenzen von Shareholder-Value-Prinzipien und die Bedeutung von Nachhaltigkeit als Wirtschaftsstil haben den Blick auf die grundlegenden Merkmale der Genossenschaften geschärft, allerdings bislang in der Praxis nur begrenzt Wirkung entfaltet. Trotz symbolischer Bekundungen zur Bedeutung der Wohnungsgenossenschaften bewegt sich auf Bundes- und Länderebene wenig in dieser Richtung, allerdings nutzen verstärkt einige Kommunen diese Leistungspotenziale, um der Wohnkrise aktiv zu begegnen. Die **mediale Revitalisierung** der Genossenschaftsidee ist auch historischen Ereignissen geschuldet. 2012 beging der deutsche Genossenschaftsverband sein 150-jähriges Jubiläum, zugleich wurde das Jahr 2012 von den Vereinten Nationen zum „Internationalen Jahr der Genossenschaften" ausgerufen und sie gehören inzwischen zum immateriellen Kulturerbe. 2018 wurde der 200. Geburtstag von Friedrich Wilhelm Raiffeisen öffentlich gefeiert. Die historischen Rückblicke fielen auf „fruchtbaren" Boden und bewirkten ein gesteigertes öffentliches Interesse an den Grundwerten der Genossenschaften wie Selbsthilfe, Selbstverwaltung und Selbstverantwortung. Bedingt durch die aktuelle Polykrise und die Verunsicherungen im gesellschaftlichen Umfeld hat sich das Bedürfnis nach Sicherheit und Vertrauen weiter erhöht und verschaffen genossenschaftlichen Organisationsmodellen Auftrieb. Das Wirtschaften nach genossenschaftlichen Werten bietet den Menschen Sicherheit in einer unsicher gewordenen Umwelt – und dies gilt vor allem für den zentralen Bereich des Wohnens.

Durch ihre **lokale Verbundenheit** sind Genossenschaften eine adäquate Organisationsform, da sie sich generell „mit ihren Geschäftsfeldern in der Regel an lokalen Bedürfnissen (orientieren) und finden lokale Lösungen für lokale Probleme: Was in Zeiten globalisierter Märkte zunächst ein Nachteil war, erweist sich aktuell durchaus wieder als Vorteil, da Genossenschaften sehr viel einfacher in einen Dialog mit ihren Mitgliedern treten und dadurch auch Identität vor Ort befördern können. Dies kann auch für Klimaschutzaktivitäten von Vorteil sein, wenn Genossenschaften zum Beispiel lokale Vorbildfunktionen für die Umsetzung technischer Maßnahmen vor Ort übernehmen, wenn sie direkt und gemeinsam mit ihren Mitgliedern Wissen vor Ort bündeln: Große Potenziale im Kontext Klimaschutz bestehen hier vor allem in den Bereichen Wohnen, Ressourcennutzung sowie der Schaffung lokaler bzw. regionaler Wertschöpfungsketten, zum Beispiel für regional produzierte Lebensmittel: In infrastrukturschwachen Gegenden beleben zum Beispiel kleine Konsumgenossenschaften in Gestalt von Lebensmittelläden aktuell wieder Dörfer" (Schröder und Walk 2014, S. 305; vgl. auch die Beiträge in Allgeier 2011 und Blome-Drees et al. 2023).

Und auch der Wandel zu einer Wissensgesellschaft, die immer stärker digital geprägt ist und zunehmend professionalisierte Arbeitsmärkte aufweist, führt zur Gründung von Genossenschaften unter **Solo-Selbstständigen**. „Diese Genossenschaftsform lässt sich insbesondere im Bereich der IT-Dienstleistungen, in der Medizin, aber auch in kreativen Berufen finden" (Apitzsch und Ruiner 2022, S. 9). In den neuen Genossenschaftsgründungen bildet sich allerdings auch das bekannte Merkmal der sozialen Selektivität ab, das schon aus historischer Sicht dominiert: „Wie in den genossenschaftlichen Gründerzeiten des 19. Jahrhunderts sind es eher die (Aus-) Gebildeten, die die Gründungen vorantreiben, um neue, nachhaltige Formen der Versorgung zu installieren, und weniger die tatsächlich bedürftigen Senioren*innen, Kranken, auf dem Land oder in der Stadt Unversorgten" (Schmale 2023, 1115).

Trotz manch euphorischer Kommentare sollten die vermehrten Genossenschaftsgründungen in jüngerer Zeit nicht immer als Ausdruck einer „Graswurzelrevolution" aufgefasst werden. Der Entscheidung für die betreffende Rechtsform liegen nicht selten weniger genossenschaftlichen Wertüberzeugungen, denn vielmehr **ökonomisches Kalkül** zugrunde. Dies kann anhand der Energiegenossenschaften belegt werden, die aufgrund günstiger Rahmenbedingungen einige Jahre einen regelrechten Gründungsboom verzeichneten, dann aber auch wieder etwas an Bedeutung verloren und nun durch neue gesetzliche Vorgaben reüssieren. Wenn auch der Genossenschaftssektor nun wieder stärker in den öffentlichen Fokus gerät und Genossenschaften weiterhin die mitgliederstärkste Wirtschaftsorganisation in Deutschland sind, bleibt er eher ein randständiges wirtschaftliches Phänomen, das allerdings zukunftsweisende Ordnungsprinzipien aufweist und an Popularität gewinnen kann.

Ein Grund für das relative Schattendasein des Genossenschaftswesens liegt darin begründet, dass die meisten Unternehmensgründungen und Fusionen in den letzten Jahrzehnten kapitalgesellschaftliche Formen präferierten. „Grund hierfür war jedoch nur teilweise die „Flucht aus der Rechtsform eG", etwa die Umwandlung von großen Handelsgenossenschaften in Aktiengesellschaften. Vielmehr fusionierten überwiegend regionale Genossenschaften miteinander – und trugen so den allgemeinen Konzentrationsprozessen in der Wirtschaft Rechnung. Zudem sind neuerdings wieder mehr Genossenschaftsneugründungen zu beobachten – gerade in innovativen und zukunftsträchtigen Märkten wie der Energie- und Gesundheitsversorgung. Seit 2011 steigt so die Zahl der genossenschaftlich organisierten Unternehmen wieder" (Picker 2023, S. 5). Die **Neugründungsdynamik** gilt insbesondere für gemeinnützige Kapitalgesellschaften sowie gemeinwohlorientierte

Genossenschaften. „Dazu zählen laut Auslese des Genossenschaftsregisters 284 Genossenschaften mit anerkanntem Gemeinnützigkeitsstatus, 966 Energiegenossenschaften und weitere 647 gemeinwesenorientierte Genossenschaften (wie zum Beispiel Dorfläden, Kinos, Brauereien, Bürgerhäuser oder Mehrgenerationenhäuser). In den vergangenen Jahren ist zu beobachten, dass der Anteil von gemeinwohlorientierten Genossenschaften, die vermehrt Aufgaben der lokalen Daseinsvorsorge übernehmen, im Vergleich zu Genossenschaften mit primär wirtschaftlicher Orientierung steigt" (Schubert et al. 2023, S. 7).

Auch wenn die genossenschaftliche Unternehmensform in Deutschland nicht dominiert (global ist sie ein Exportschlager), hat sie in einzelnen Feldern eine große Bedeutung und wird vor dem Hintergrund der Kritik an einer zu einseitigen Ökonomisierung in den Medien als Erfolgsmodell diskutiert, das auch nach 150 Jahren noch eine Wertegemeinschaft darstellt und zukünftig aufgrund der Gemeinwohlorientierung wieder eine stärkere Rolle einnehmen könnte. „Die Wahrnehmung gesellschaftlicher Verantwortung ist ein anreizkompatibles Element der genossenschaftlichen Governance: Das Streben nach einzelwirtschaftlichem Erfolg durch die genossenschaftliche Zusammenarbeit induziert gleichzeitig positive Wirkungen, die darüber hinausgehen. Gesellschaftliche Verantwortung ist also der genossenschaftlichen Kooperation inhärent und bedeutet nicht eine Korrektur ihrer Strategie oder ihrer einzelwirtschaftlichen Zielsetzungen. Einzelwirtschaftliche Effizienzziele und die Übernahme gesellschaftlicher Verantwortung sind nicht widersprüchlich, sondern sie harmonieren" (Theurl 2013, S. 93; vgl. zum Verhältnis von genossenschaftlichen Ordnungsprinzipien und dem Gemeinwohl auch Reichel 2022).

Das Wirtschaften nach genossenschaftlichen Werten ist gerade in Zeiten multipler Krisen ein stabiler gesamtwirtschaftlicher Faktor und bietet den Menschen **Sicherheit**. Wenngleich nicht immer der Begriff „Genossenschaft" gewählt wird, gewinnt die Idee der hybriden Verknüpfung von Kapital-Mitgliedschaftslogik an Aufmerksamkeit. „Es geht um neue Formen der Organisation und Verteilung von Erwerbsarbeit sowie die Förderung lokaler Wertschöpfung durch die Verbindung von lokaler Produktion und lokalem Konsum, um die systematische Verknüpfung von Bedürfnissen und Potenzialen, lokal-regionale Netzwerke oder Primär- und Sekundärgenossenschaften zur Sicherung und Bewirtschaftung von Gemeingütern" (Elsen 2017, S. 137). Genossenschaften sind jedoch nicht nur als lokale Selbstorganisationsmodelle zu verstehen, sondern können auch Großunternehmen sein (bspw. die EDEKA-Gruppe mit über 400.000 Mitarbeitenden).

International gibt es sowohl Großunternehmen in der Organisationsform der Genossenschaft als auch Genossenschaften in der **Internetwirtschaft** (bspw. die Wikimedia Foundation, die das Enzyklopädieportal Wikipedia betreibt) sowie im Mediensektor (bspw. die Tageszeitung taz in Deutschland). Man kann durchaus von einer

„Cooperativism- oder Commons-Bewegung" sprechen, in der sich oft genossen-schaftliche Formen der Kooperation finden, die im ersten Blick wenig mit den traditionellen Genossenschaften gemein haben, allerdings sich in den Strukturprinzipien gleichen und deshalb auch in der etablierten Genossenschaftsszene ernst genommen werden sollten. „Entgegen weitverbreiteten Annahmen basieren viele zivilgesellschaftliche Projekte im Netz nicht auf den kommerziellen Social-Media-Plattformen Facebook und Twitter, sondern auf selbstprogrammierten Anwendungen wie owncloud, Typo3, telegram, mumble u. a., um einen ethischen und transparenten Umgang mit persönlichen Daten wie gemeinsam geschaffenen Werten sicherzustellen. Zivilgesellschaftliche online-kollaborative Plattformen sind oft wegweisende Praxisfelder der Entstehung einer auch offline realisierten Kultur der ‚Commons'. Gemeint ist die Verbreitung einer Engagementkultur des gemeinschaftlichen Produzierens und Teilens von Gemeingütern wie vor allem auch des gemeinschaftlichen Wissens" (Baringhorst 2022, S. 578). Man kann diese selbstorganisierten Netzwerke auch als neuen Bestandteil einer partizipativen Demokratie kennzeichnen, in denen komplementär zur repräsentativen Demokratie gemeinwohlorientierte Projekte und Organisationen treten. Deren Ziel ist es, „eine Gemeinschaft zu definieren, deren Organisation sich nach den Regeln der Verteilungsgerechtigkeit, den Prinzipien erweiterter Chancengleichheit und klar vereinbarten Normen des Umgangs zwischen Individuum und Kollektiv richtet" (Rosanvallon 2017, S. 282).

Global betrachtet beschäftigen **Genossenschaften mehr Menschen** als alle internationalen Konzerne zusammengenommen. „Aufgrund der positiven Wirkung für Menschen, Wirtschaft und Gesellschaft haben sich Genossenschaften in der ganzen Welt verbreitet. Heute gibt es weltweit rund drei Millionen Genossenschaften mit über eine Milliarde Mitgliedern und 280 Mio. Mitarbeitern. In Deutschland sind es rund 7700 Genossenschaften mit 22,7 Mio. Mitgliedern und 980.000 Mitarbeitern. Das genossenschaftliche Ökosystem wächst, weil die ‚Follower' steigen und die ‚Community' größer wird. Genossenschaftliche Unternehmen zählen zu den größten Wirtschaftsorganisationen und Arbeitgebern. Jedoch werden sie fälschlicherweise so gar nicht wahrgenommen, weil sie – im Unterschied zu den Tech-Giganten und börsennotierten Unternehmen – ein so vielfältiges Erscheinungsbild haben: von kleinen Dorfläden und -gasthäusern über mittelständische Unternehmen wie Energie- und Wohnungsgenossenschaften bis zu den größten genossenschaftlichen Finanzunternehmen – wie DZ BANK, R+V Versicherung, Schwäbisch Hall und Union Investment, welche zu den führenden Unternehmen ihrer Branchen in Deutschland zählen" (Dörfler 2021, S. 304; vgl. auch Pries 2019 und Wright 2017). Derzeit (Ende 2024) existieren in Deutschland rd. 7800 Genossenschaften mit rund 22,3 Mio. Mitgliedern; fast ein Viertel der Bevölkerung ist damit Mitglied einer oder mehrere Genossenschaften (vgl. Stappel 2024).

Begünstigend wirkte sich in Deutschland für Genossenschaftsgründungen der Abbau bürokratischer Vorschriften aus; 2017 wurde ein weiteres Gesetz zur Erleichterung unternehmerischer Initiativen aus bürgerschaftlichem Engagement und zum Bürokratieabbau bei Genossenschaften in Kraft gesetzt. Damit sollen Genossenschaften noch stärker in das öffentliche Bewusstsein gerückt und zugleich Erleichterungen bei der Pflichtprüfung für kleine Genossenschaften und die Möglichkeit von Mieterdarlehen umgesetzt werden. Zwar haben diese Regelungen das Genossenschaftsmodell etwas an Dynamik freigesetzt, aber es gibt noch erhebliche Potenziale, die noch nicht genutzt wurden: „in Bereichen wie der Nahversorgung, wo Bürger*innen durch genossenschaftliche Zusammenarbeit regionale Strukturen erhalten, beim Wohnen, wo genossenschaftliche Trägerschaft von Wohnraum als Gegenmodell zur Immobilienspekulation erneut an Momentum gewinnt, im sozialen Bereich, der sowohl nachfrage- als auch anbieterseitig aktuell eine Vielzahl neuer Gründungen erlebt, im Bereich mittelständischer Unternehmenskooperationen, wo sich die Erkenntnis der Vorteile organisierter Netzwerke langsam aber sicher herumspricht, in der sogenannten Sharing Economy, die sich gegenwärtig schwerlich durch ‚Sharing' auszeichnet, bei Unternehmensnachfolgen, wo erhebliche produktive Ressourcen durch Belegschaftsübernahmen erhalten und ausgebaut werden könnten und darüber hinaus sicherlich in vielen anderen Bereichen, an die bislang noch kaum jemand gedacht hat. Sollte es einst gelingen, die geringe Kenntnis von der Genossenschaft zu erhöhen und sie als viable Option im Wettbewerb der Rechtsformen noch fester zu etablieren, dann wäre eine Renaissance möglich, gegen die sich der letzte Neugründungsboom geradezu bescheiden ausnimmt" (Degens und Schimmele 2023, S. 592).

Ein Plädoyer für eine Renaissance der Genossenschaftsidee im Bereich der **öffentlichen Infrastruktur** wie auch in struktur- und regionalpolitischen Kontexten wird inzwischen auch in verschiedenen politischen Kreisen abgegeben. Bezogen auf eine gemeinsame Aufgabenbewältigung werden genossenschaftliche Organisationsprinzipien – von Infrastruktur- über Nahverkehrs- bis hin zu Smart-City-Genossenschaften – bspw. für das Ruhrgebiet als zukunftsweisend angesehen. „Neue oder wiederentdeckte Organisationsformen wie Genossenschaften können erheblich dazu beitragen, die Integration des Reviers voranzutreiben. Sie bündeln neudeutsch Stakeholder unterschiedlicher Bereiche, die ein gemeinsames Interesse haben: eine funktionierende Infrastruktur zu erhalten beziehungsweise zu errichten, und dies nicht als Selbstzweck, sondern dank eines Zwangs zum Konsens und schnellen Entscheidungen als Grundlage für dauerhaften wirtschaftlichen Erfolg" (Paetzel und Knickmeier 2023).

Wohnungsgenossenschaften können auch aus der international rege geführten Debatte zu „Platform-Cooperativism" etwas lernen. Die neuen technologischen

Optionen können gut für dezentrale Organisationen genutzt werden, die auch in der Wohnungs- und Immobilienwirtschaft zukünftig eine größere Rolle spielen können (bspw. Immobilienportale, die ohne die zwischengeschalteten Banken oder Makler funktionieren). Organisationen, die auf der Blockchain-Technologie und „smart contracts" beruhen, sind derzeit noch im Finanzsektor konzentriert, können aber auf andere Gesellschaftsbereiche übertragen werden. Für die Revitalisierung der Genossenschaftsidee hätte die Verbindung zu dem Hype um Künstliche Intelligenz und neue „Commons orientierte" Wirtschafts- und Sozialmodelle eine positive Wirkung dadurch, dass man in den Medien nicht primär als etwas veraltete Organisationsform gesehen wird.

Durch die umfassenden Digitalisierungsprozesse ist das Thema der **digital-basierten Genossenschaften** ohnehin auf der Tagesordnung: etwa die Gründung von Plattformgenossenschaften (vgl. als Überblick Kaiser et al. 2023). An der in Deutschland ebenfalls stark frequentierten Wikipedia-Plattform zeigt sich, wie das Genossenschaftswesen durchaus im digitalen Zeitalter nicht nur bestehen, sondern auch nachhaltige und solidarische Infrastrukturen realisieren können. Deshalb werden gemeinwohlorientierte Unternehmen als eine zukunftsfähige Organisationsform für das 21. Jahrhundert angesehen. In Deutschland sind bislang gemeinnützige Digitalgenossenschaften und auch genossenschaftlich organisierte „Crowd-Economy-Projekte" kaum aufzufinden, da die Mehrzahl der Crowdworker soloselbstständig ist. Die Gründung von neuen (auch genossenschaftlichen) Organisationsformen ist derzeit allerdings beschränkt, denn die Gründungsszene hat (auch bedingt durch die Corona-Pandemie und die die weiteren multiplen Krisen) allgemein einen Dämpfer bekommen. Wenn sich auch aktuell die Gründungsbereitschaft abgeschwächt hat, dürfte der Trend zur Plattformarbeit und Soloselbstständigkeit aber nicht erloschen sein (vgl. Beckmann und Spohr 2022, S. 285 ff.). Genossenschaften könnten in diesem Transformationsprozess eine wichtige Rolle spielen und es zeigen sich auch Experimente mit neuen kollektiven Eigentumsformen, die auf die gewandelten Produktions- und Arbeitsstrukturen stabilisierend wirken. „Genossenschaften und Kooperativen sind auch in modernen Wirtschaftsbereichen wie digitalen Medien und Dienstleistungen von Bedeutung. Crowdworking ist zu einem wichtigen Schlagwort geworden, und die damit verbundenen neuen Arbeitsformen bewegen sich zwischen solidarischer Gemeinwirtschaft und prekärer (Selbst-)Ausbeutung im Netzwerk globaler Konzerne" (Pries 2021, S. 379).

Trotz dieser wieder erwachten Diskussion um eine **Gemeinwohlökonomie** wird die Spezifik der gemeinnützigen sozialen Infrastruktur in Deutschland (bspw. das Subsidiaritätsprinzip mit den großen Wohlfahrtsverbänden oder auch Genossenschaften) bislang nicht hinreichend wahrgenommen. Wenn auch vereinzelt

von einem neu zu gestaltenden Gemeinwesen die Rede ist, werden die real existie-
renden dezentralen Selbstorganisationsformen jenseits von Markt und Staat kaum
reflektiert. Insofern schließen wir uns der Einschätzung von Weyer an, der den
Rückzug vieler Soziologen auf die individuelle Mikroebene problematisiert und
den Fokus auf die „Mesoebene des koordinierten Handelns in Organisationen"
(ders. 2019, S. 163) richtet. In den letzten Jahren hat der Diskurs um ein soziales
Unternehmertun programmatisch Rückenwind durch die Regierungspolitik bekommen. So wurde im Koalitionsvertrag der „Ampelkoalition" die Förderung solcher Unternehmensstrukturen als wichtiges Ziel definiert: „Zu einer modernen
Unternehmenskultur gehören auch neue Formen wie Sozialunternehmen, oder Gesellschaften mit gebundenem Vermögen. Wir erarbeiten eine nationale Strategie für
Sozialunternehmen, um gemeinwohlorientierte Unternehmen und soziale Innovationen stärker zu unterstützen. Wir verbessern die rechtlichen Rahmenbedingungen
für gemeinwohlorientiertes Wirtschaften, wie zum Beispiel für Genossenschaften,
Sozialunternehmen, Integrationsunternehmen. Für Unternehmen mit gebundenem
Vermögen wollen wir eine neue geeignete Rechtsgrundlage schaffen, die Steuer-
sparkonstruktionen ausschließt. Hemmnisse beim Zugang zu Finanzierung und
Förderung bauen wir ab" (Koalitionsvertrag 2021, S. 30). Wenn auch gute Ent-
wicklungschancen für kooperative gemeinwirtschaftliche Organisationsformen in
verschiedenen Branchen bestehen, so müssen sie doch viele Hürden überwinden –
von dem geringen Bekanntheitsgrad bis hin zur zentralen Lösung des Finanzierungs-
problems und Marktzugängen. Hier ist auch der Staat gefordert, denn die privatwirtschaftlichen Plattformen gefährden zum Teil lokale Unternehmen und wirken
sich dann negativ auf die Infrastruktur vor Ort aus. „Eine strengere Regulierung der
marktbeherrschenden Plattformen könnte sich auch positiv auf den Erfolg digitaler
Genossenschaften auswirken, da die Wettbewerbsbedingung klarer wäre und der
Marktzugang erleichtert würde" (Thäter und Gegenhuber 2020, S. 8).

Trotz des Aufblühens genossenschaftlicher Organisationsformen in verschiedenen Sektoren (von der Nahversorgung mit zentralen Existenzgütern über die
Energieerzeugung bis hin zu Soloselbstständigen) führen sie in der Öffentlichkeit
noch immer eher ein **Schattendasein**. Deshalb sollten Genossenschaften intensiver
daran arbeiten, sich als eigenständige Akteure zu präsentieren, die gerade auf die aktuellen Herausforderungen (etwa im Feld des Wohnens) Lösungen anbieten können.
Vorteile und Wirkungen ihrer am Gemeinwohl orientierten Prinzipien sollten plaka-
tiv und mehrwertbezogen dargestellt werden. „Für die breite Diffusion der Kenntnis
über die Genossenschaft spielt Bildung eine besondere Rolle. Interaktive Projekte
wie Schülergenossenschaften helfen, ein Bewusstsein für kooperatives Wirtschaften
zu schaffen, das in diesem Umfang unmöglich per Lehrplan vermittelt werden kann.
[…] Ein großes Problem stellt gegenwärtig die mangelnde Präsenz der Genossen-

schaft in der Bildung derer dar, aus denen sich der Nachwuchs für spätere Berater und andere Multiplikatoren rekrutiert, also vor allem in der Hochschulbildung. Man kann heutzutage einen Master in Betriebswirtschaftslehre abschließen, ohne einmal von der Rechtsform der Genossenschaft gehört zu haben" (Blome-Drees et al. 2015, S. 320). Folglich muss sich das gesamte Bildungssystem stärker mit dem Genossenschaftsthema beschäftigen, zugleich müssen diese sich aber ebenfalls stärker dem Nachwuchs widmen.

Angesichts der neuen Herausforderungen muss neben einer verstärkten Aus- und Weiterbildung der Mitarbeitenden auch über einen **Wandel** der genossenschaftlichen Organisations- und Führungsstrukturen nachgedacht werden. „Mit der Verbreiterung der Anwendungsfelder und Funktionsbereiche hat sich einhergehend der Bedarf an einschlägigen und häufig äußerst spezifischen Kompetenzen und Expertisen deutlich erweitert. Diese knappen Ressourcen benötigen Genossenschaften selbst z. B. bei der sachkundigen Besetzung von Gremienpositionen (Vorstand, Aufsichtsrat, Beiräte, Vertreter). Aber auch genossenschaftliche Bundes- und Regionalverbände weisen Defizite bei der Verfügbarkeit hoch spezifischer Expertise und Erfahrung auf. Angesichts bestehender oder sich auftuender Defizite und unzureichender Expertise muss empfohlen werden, in einer Aus- und Weiterbildungsinitiative kompetente Humanressourcen zu schaffen bzw. diese von außen zuzukaufen. Angesichts der Dimension der aufgezeigten Spektrumserweiterung kann die bisher bewährte Spartengliederung von Genossenschaften in die Gruppen Konsum-, Wohnungsbau-, Kredit-, ländliche und gewerbliche Genossenschaften nicht mehr standhalten und es ist eine Neuordnung und Verlagerung von Schwerpunkten, als auch eine stärkere horizontale Vernetzung der einzelnen Sparten untereinander zu empfehlen" (Doluschitz 2021, S. 3 f.).

Literatur

Ahles, L., 2017: Konkurrenz oder Kooperation? Genossenschaften und Perspektiven der Wohlfahrtsverbände, in: I. Schmale/J. Blome-Drees (Hg.), Genossenschaft innovativ, a.a.O., S. 111ff

Allgeier, M. (Hg.), 2011: Solidarität, Flexibilität, Selbsthilfe. Zur Modernität der Genossenschaftsidee, Wiesbaden

Apitzsch, B./Ruiner, C. 2022: Genossenschaften von Solo-Selbstständigen als neue Arbeitsmarktorganisationen, in: Zeitschrift für Soziologie H. 1, S. 6ff

Baringhorst, S., 2022: Digitalisierung, Gemeinsinn und zivilgesellschaftliches Engagement, in: C. Hiebaum (Hg.), Handbuch Gemeinwohl, a.a.O., S. 573ff

Beckert, J., 2024: Verkaufte Zukunft. Warum der Kampf gegen den Klimawandel zu scheitern droht, Berlin

Beckmann, F./Spohr, F., 2022: Arbeitsmarkt und Arbeitsmarktpolitik. Grundlagen, Wandel, Zukunftsperspektiven, München

Beuerle, I., 2014: Wohnungsgenossenschaften im gesellschaftlichen Wandel, Berlin

Blome-Drees, J., 2018: Genossenschaften - Zivilgesellschaft – Gemeinwohlorientierung, in: Zeitschrift für das gesamte Genossenschaftswesen 68. Jhg., H.4, S. 235ff

Blome-Drees, J./Boggild, N./Degens, P./Michels, J./Schimmele, C./Werner, J., 2015: Potenziale und Hemmnisse von unternehmerischen Aktivitäten in der Rechtsform der Genossenschaft, Düsseldorf/Köln

Blome-Drees, J./Thimm, P./Wieg, A., 2023: Genossenschaftliche Geschäftsmodelle – Semantik, Morphologie und Typologie, in: Blome-Drees et al. (Hg.), Handbuch Genossenschaftswesen, a.a.O., S. 363ff

Degens, P./Schimmele, C., 2023: Genossenschaftliche Gründungsprozesse. Anforderungen und Gestaltungsoptionen, in: J. Blome-Drees et al. (Hg.), Handbuch Genossenschaftswesen, a.a.O., S. 573ff

DGRV (Deutscher Genossenschafts- und Raiffeisenverband), 2023 oder auch 2022(?): Zahlen und Fakten der Genossenschaften in Deutschland, Berlin

Doluschitz, R., 2021: Krisen und Engpässe – Genossenschaften als Gewinner?, in: Zeitschrift für das gesamte Genossenschaftswesen, H. 1, S. 1ff

Dörfler, A., 2021: Wohlstand durch Genossenschaften mit Purpose, Values und Impact, in: H.-J. Naumer (Hg.), Vermögensbildungspolitik, Wiesbaden, S. 303ff

Eckardt, F./Meier, S. (Hg.) 2021: Handbuch Wohnsoziologie, Wiesbaden

Elsen, S., 2017: Das innovative Potenzial genossenschaftlichen Wirtschaftens, in: I. Schmale./J. Blome-Drees, J. (Hg.), Genossenschaft innovativ, a.a.O., S. 135ff

Freise, M./Zimmer, A. (Hg.), 2019: Zivilgesellschaft und Wohlfahrtsstaat im Wandel, Wiesbaden

Heinze, R. G., 2020: Gesellschaftsgestaltung als Neujustierung von Zivilgesellschaft, Staat und Markt, Wiesbaden

Heinze, R. G./Paetzel, U./Bölting, T. (Hg.), 2019: Wasser, Wohnen, Werte. Genossenschaften stiften Mehrwert, Essen/Bochum

Heinze, R. G./Schupp, J., 2024: Klimasozialpolitik als Pfeiler der Nachhaltigkeitswende, in: Sozialer Fortschritt H. 6/7 (73. Jhg.), S. 443ff

Hiebaum, C. (Hg.), 2022: Handbuch Gemeinwohl, Wiesbaden

Kaiser, P./Balk, A./Schaffhauser-Linzatti, M, 2023: Plattformgenossenschaften: Konzeption und Diskurs im Kontext der Plattformökonomie, in: Zeitschrift für das gesamte Genossenschaftswesen, H. 1, S. 14ff

Kamphausen, G. (Hg.), 2022: Genossenschaften in Vergangenheit, Gegenwart und Zukunft, Weilerswist

Koalitionsvertrag zwischen SPD, BÜNDNIS 90-DIE GRÜNEN/FDP, 2021: Mehr Fortschritt wagen, Berlin

Menges, R./Thiede, M., 2023: Die Ökonomie des Gemeinwohls. Vom Nutzen des Individuums zum Wohl der Gesellschaft, Wiesbaden

Micken, S., 2023: Soziologie und Genossenschaftswesen, in: J. Blome-Drees et al. (Hg.), Handbuch Genossenschaftswesen, a.a.O., S. 111ff

Paetzel, U./Knickmeier, A., 2023: Zusammen ist man weniger allein, in: FAZ v. 11.04. 2023

Philipps, R., 2014: Möglichkeiten und Grenzen zur Stärkung der genossenschaftlichen Unternehmensform, WISO direkt, Bonn (FES)

Picker, C., 2023: Cooperative Governance, in: J. Blome-Drees et al. (eds), Handbuch Genossenschaftswesen, a.a.O., S. 679–705

Piorkowsky, M.-B., 2023: Hybride ökonomische Akteure und Organisationen, Wiesbaden

Pries, L., 2019: Die Genossenschaftsidee im Institutionengeflecht des 21. Jahrhunderts, in: Heinze, R. G./Paetzel, U./Bölting, T. (Hg.), Wasser, Wohnen, Werte, a.a.O., S. 84ff

Pries, L., 2021: Verstehende Kooperation. Herausforderungen für Soziologie und Evolutionsforschung im Anthropozän, Frankfurt/M.

Ravensburg, N. G. von, 2020: Genossenschaften im Spannungsfeld von Wirtschaft und Gesellschaft, in: J. Blome-Drees et al. (Hg.), Handbuch Genossenschaftswesen, a.a.O., S. 2ff

Reckwitz, A., 2017: Die Gesellschaft der Singularitäten, Berlin

Reichel, R., 2022: Gemeinwohlorientierung als Erweiterung des genossenschaftlichen Geschäftsmodells? Einige theoretische Überlegungen, in: Zeitschrift für das gesamte Genossenschaftswesen, Band 72, Heft 3, S. 177ff

Rosanvallon, P., 2017: Die Gegen-Demokratie. Politik im Zeitalter des Misstrauens, Hamburg

Schmale, I., 2023: Nachhaltigkeit von und durch Genossenschaften, in: J. Blome-Drees et al. (Hg.), Handbuch Genossenschaftswesen, a.a.O., S. 1099ff

Schmid, J., 2018: Schwankende Riesen? Riesige Schwankungen? Die unklare Stellung der Wohlfahrtsverbände im deutschen Modell, in: Heinze, R.G./Lange, J./Sesselmeier, W. (Hg.), Neue Governancestrukturen in der Wohlfahrtspflege, a.a.O., S. 39ff

Schröder, C./Walk, H. (Hg.), 2014: Genossenschaften und Klimaschutz, Wiesbaden

Schubert, P./Tahmaz, B./Krimmer, H., 2023: Zivilgesellschaft in Krisenzeiten: Politisch aktiv mit geschwächten Fundamenten, Essen

Schulz-Nieswandt, F., 2023: Morphologie und Kulturgeschichte. Was sind Genossenschaften und wie erforscht man sie?, in: Blome-Drees et al. (Hg.), Handbuch Genossenschaftswesen, a.a.O., S. 9ff

Schulz-Nieswandt, F., 2023: Genossenschaften: Ausblick auf die Zukunft, in: Blome-Drees et al. (Hg.), Handbuch Genossenschaftswesen, a.a.O., S. 1123ff

Stappel, M., 2023: Die deutschen Genossenschaften 2023. Entwicklungen – Meinungen – Zahlen, Wiesbaden

Stappel, M., 2024: Die deutschen Genossenschaften 2023. Entwicklungen – Meinungen – Zahlen, Wiesbaden

Strünck, C., 2011: Gibt es ein Recht auf Gemeinwohl? Öffentliche Interessen im Blickwinkel von Rechts- und Politikwissenschaften. Wiesbaden

Thäter, L./Gegenhuber, T., 2020: Plattformgenossenschaften: mehr Mitbestimmung durch die digitale Renaissance einer alten Idee?, in: V. Bader/S. Kaiser (Hg.), Datafizierung und Neue Arbeitsweisen – Herausforderungen, Chancen und Zukunftsvisionen für Mitbestimmung und Personalmanagement, Wiesbaden

Theurl, T., 2013: Gesellschaftliche Verantwortung von Genossenschaften durch Member Value-Strategien, in: Zeitschrift für das gesamte Genossenschaftswesen, H. 2, S. 81ff

Wilde, D., 2014: Soziale Dienste in Wohnungsgenossenschaften. Eine qualitative Analyse der Sichtweisen und Handlungsstrategien des genossenschaftlichen Managements, Göttingen

Wright, E.O., 2017: Reale Utopien. Wege aus dem Kapitalismus, Berlin

Zimmer, A./Priller, E., 2023: Genossenschaften als Teil des Dritten Sektors, in: J. Blome-Drees et al. (Hg.), Handbuch Genossenschaftswesen, a.a.O., S. 1025ff

Zimmer, A./Simsa, R. (Hg.), 2014: Forschung zu Zivilgesellschaft, NPOs und Engagement, Wiesbaden

Wohnungsgenossenschaften im Kontext einer verunsicherten Gesellschaft und überforderten Politik

4

Wohnungsgenossenschaften existieren bereits seit über 150 Jahren, stellen sichere sowie günstige Wohnungen bereit und kümmern sich darüber hinaus um den gesellschaftlichen Zusammenhalt. Hinsichtlich der Kartografie des Wohnens stellen sie allerdings nur einen Ausschnitt dar. Wir haben bereits auf die Eigentümerstrukturen auf dem deutschen Wohnungsmarkt verwiesen, der sich von vergleichbaren Ländern wie Frankreich oder südeuropäischen Ländern dadurch unterscheidet, dass mehr als die Hälfte der Bevölkerung zur **Miete** wohnt. Dabei zeigen sich deutliche regionale Unterschiede bezüglich des genossenschaftlichen Wohnens; so dominieren beispielsweise in den östlichen Bundesländern und den Stadtstaaten eher kommunale und genossenschaftliche Wohnungsbestände mit einem Marktanteil von 40 bis 50 %, während sie in westdeutschen Ländern zumeist unter 20 % liegen (vgl. auch Kap. 6). Die größte Eigentümergruppe stellen bundesweit die privaten Kleinvermieter mit etwa zwei Drittel aller Mietwohnungen dar. Professionelle Anbieter vermieten knapp 8 Mio. Wohnungen, wobei die größten gewerblichen Anbieter privatwirtschaftliche Unternehmen, kommunale Wohnungsunternehmen und Wohnungsgenossenschaften sind, die jeweils 2 bis 3 Mio. Wohnungen stellen.

Folgende vier Merkmale charakterisieren die Organisationsform der Wohnungsgenossenschaften:

„1. Die Wohnungsgenossenschaft umfasst eine Personengruppe, die im Bereich des Wohnens gemeinsame Ziele verfolgt. Die Personenvereinigung ist grundsätzlich offen für neue Mitglieder.

2. Es kommt eine gruppenmäßige Selbsthilfe zum Tragen, das heißt, es werden gemeinsame Ziele durch kooperative Aktionen verfolgt, die das einzelne Mitglied allein nicht realisieren könnte. Dadurch kommt es zu einer ökonomischen Besser-

stellung der Mitglieder im Bereich des Wohnens, aber auch bei anderen Bedürfnissen rund um das Wohnen.

3. Damit eine qualifizierte Bereitstellung der gewünschten Sach- oder Dienstleistungen erfolgen kann, muss ein auf Dauer angelegter gemeinsamer Geschäftsbetrieb – ein sogenannter Organbetrieb – in einer gesetzlich zulässigen Rechtsform errichtet werden.

4. Der Beitritt zu einer Wohnungsgenossenschaft erfolgt, weil sich das Mitglied dadurch bestimmte Leistungen erwartet. Voraussetzung der Leistungserbringung ist ein fester Förderungsverbund zwischen der Personengruppe und dem Organbetrieb" (Beuerle et al. 2022, S. 597 f.; vgl. auch Mändle 2005).[1]

Wohnungsgenossenschaften können gerade in unruhigen Zeiten Sicherheit bieten, weil sie einerseits eine hohe wirtschaftlich-soziale Stabilität auszeichnet und andererseits die Gemeinschaft stärken: „Genossenschaften sind identitätsstiftend. Die Genossenschaftsgründer haben mit ihrem Engagement eine vielschichtige Leistung für unsere Gesellschaft erbracht. Diese reicht von der Verbesserung der Wohnsituation bis hin zu Errungenschaften wie Kindergärten und Kinderspielplätzen, die in die genossenschaftlichen Anlagen integriert wurden. Dass sie damit vielen Menschen die Perspektive eröffneten, durch Selbsthilfe die Lebenssituation zu verbessern, ist ein Umstand, der nicht hoch genug eingeschätzt werden kann. Genossenschaftliches Wohnen sorgt damals wie heute für soziale Stabilität in unserem Land" (Martens 2012, S. 46; vgl. auch Pfatteicher et al. 2024). So betrachtet kann genossenschaftliches Wohnen als ein **sozialer Identitätsanker** wirken, weil

---

[1] Einige Wohnungsgenossenschaften sind auch verbunden mit einer Spareinrichtung und bieten so ihren Mitgliedern den Vorteil des genossenschaftlichen Sparens an. Es eröffnet ihnen aber auch die Möglichkeit, den Kapitalbedarf für Neubauten, die Modernisierung von Wohnungsbestandes und Energieeffizienzmaßnahmen sowie neue Mobilitätsangebote zinsgünstig zu decken. „Einige Wohnungsgenossenschaften hatten auch das Ziel, Spargelder ihrer Mitglieder anzusammeln, um diese Finanzmittel für Investitionen im Wohnungsbestand oder für Neubauten einsetzen zu können. Dieser ebenfalls im 19. Jahrhundert entstandene Typ von Wohnungsgenossenschaften nannte sich Bau- und Sparverein (oder Spar- und Bauverein). Wenn neben dem Wohnungsbau die Errichtung von Siedlerstellen mit landwirtschaftlicher Nutzung oder die Besiedlung ganzer Regionen zu ihren Aufgaben gehörte, bezeichneten sich Wohnungsgenossenschaften als Siedlungsgenossenschaft, deren Idee ebenso auf die Anfänge der Baugenossenschaftsbewegung im 19. Jahrhundert zurückgeht. Einige Genossenschaften, die heute unter dieser Bezeichnung firmieren, wurden allerdings erst nach dem Zweiten Weltkrieg – zumeist von Vertriebenen – gegründet. In jüngerer Zeit findet die Firmierung als Wohnungsbaugenossenschaft oder als Wohnungsgenossenschaft Verwendung, wodurch zum Ausdruck gebracht wird, dass sich der Schwerpunkt der Geschäftätigkeit vom Neubau zur Bestandsverwaltung verlagert hat" (Beuerle et al. 2005, S. 599).

hier Dialog- und Mitmachräume bestehen, die der sozialen Isolation und Einsamkeit entgegenwirken können.

Das Wohnen in einer Genossenschaft kann eine **höhere Wohnsicherheit** für die Nutzer bieten als auf den „normalen" Mietmärkten. Ein Verkauf genossenschaftlicher Bestände ist ohne die Zustimmung der Selbstverwaltungsorgane und der betroffenen Mitglieder nicht ohne weiteres möglich. Zudem haben die Nutzer ein lebenslanges Wohnrecht. Durch Dauernutzungsrechte kann selbst über die Länge des Vertragsverhältnisses entschieden werden. Eigenbedarfskündigungen sind bei Genossenschaften ausgeschlossen. Genossenschaften bieten so ein hohes Maß an sozialer Sicherheit; ergänzend halten sie Leistungen wie Umzugsmanagement, Wohnungsanpassung, Beratung etc. für ihre Mitglieder vor und bieten zumeist auch ein attraktives Wohnumfeld und soziale Räume, um Kontakte zu pflegen bzw. aufzubauen. Vereinzelungstendenzen, die sich in den letzten Jahren gesteigert haben, können durch das Zusammenleben in genossenschaftlich organisierten Wohnungsunternehmen entgegengewirkt werden. Sie bieten mehr als eine reine Wohnraumversorgung, denn die Mietenden sollen sich als eine nachbarschaftlich verbundene Gemeinschaft fühlen. Ökonomisch sind Wohnungsgenossenschaften meist gesund: die Eigenmittelquote der etablierten Wohnungsgenossenschaften betrug Ende 2022 rund 47 % (GdW 2023, S. 114) und sie sind nur selten von Insolvenz betroffen. Bei jungen Genossenschaften und Neugründungen liegt diese Quote zumeist deutlich niedriger und auch hier wäre es ratsam, den Dialog zwischen „alten" und „jungen" Genossenschaften zu fördern.

Genossenschaften tragen über die Wohnraumversorgung hinaus auch zur Bearbeitung sozialer Problemlagen bei, weil sich genossenschaftlich organisierte Gemeinschaften auf andere Bereiche des sozialen Zusammenlebens positiv auswirken. Gerade vor dem Hintergrund multipler Krisen und damit ausgelöster individueller Verunsicherungen werden lokale Lösungen und Sicherheit gesucht. Vor diesem Hintergrund kommen Facetten der Gemeinwohlökonomie in verschiedenen Infrastrukturfeldern auf die politische Tagesordnung. Auf EU-Ebene wird ebenfalls die Revitalisierung des Solidar- und Genossenschaftsgedankens im Rahmen der Debatte um soziale Innovationen angestrebt. In den wissenschaftlichen Diskursen zu sozialen Innovationen werden Genossenschaften bislang allerdings nur marginal thematisiert. In einem umfassenden Sammelband zu sozialen Innovationen wird zwar bereits in der Einleitung darauf hingewiesen, dass die Solidarwirtschaft expandiert – „in Genossenschaften dürften mehr Menschen beschäftigt sein als in den global agierenden Konzernen" (Howaldt et al. 2022, S. 15) und es werden auch bspw. Energiegenossenschaften angesprochen, allerdings sind die Wohnungsgenossenschaften bislang als Innovationsakteure nicht im Blickfeld (vgl. zu neueren wohnungsgenossenschaftlichen Projekten in Europa das LIM-Netzwerk: https://lim-coop.eu/projekte/).

Vor dem Hintergrund des demografischen Wandels ist die umfassende Versorgung der wachsenden alternden Bevölkerung ein Dauerthema, das noch an Bedeutung gewinnt. Bei der Bedarfsentwicklung geht es nicht nur um stationäre und ambulante Pflegeangebote, sondern auch um **altersgerechte Wohnangebote**, eine altersgerechte Wohnumgebung und Infrastrukturangebote. Hierzu ist es sinnvoll, die relevanten Akteure in den Handlungsfeldern Wohnen, Gesundheit und Pflege (Kommunen, Ärzte, Wohlfahrtsverbände, Pflege- und Krankenkassen, Wohnungswirtschaft, aber auch ggf. Telekommunikationsanbieter, Bildungseinrichtungen etc.) an einen „Tisch" zu bitten, einen Erfahrungsaustausch hinsichtlich der neuen demografischen Herausforderungen zu organisieren und daraus abgeleitet konkrete Umsetzungsprojekte zu starten. Von der (Kommunal-)Politik und der Verwaltung wird verstärkt erwartet, dass Schnittstellen unterschiedlicher Versorgungssysteme im Sozialraum besser vernetzt werden. Benötigt wird ein pluraler Wohlfahrtsmix und eine aktivierende Daseinsvorsorgepolitik. „Eine konsequente Politik bedingungsloser Daseinsvorsorge erfordert in den meisten Bereichen keine radikal neuen Konzepte, sondern die Bereitschaft, dauerhaft mehr Ressourcen für bewährte Politikmaßnahmen zur Verfügung zu stellen. Das sind insbesondere die Bereiche öffentlicher Wohnungsbau (zum Beispiel durch staatliche Wohnungsbaugesellschaften oder die Förderung von genossenschaftlichen Konzepten), Verkehr (zum Beispiel Ausbau von Schienennetzen im Fern- und Nahverkehr, (weitgehend) kostenloser Öffentlicher Personennahverkehr (und Fernverkehr), Ausbau der Fahrradinfrastruktur), öffentliches Bildungssystem (Kostenfreiheit, Platzgarantie, lange Öffnungszeiten und guter Betreuungsschlüssel von Kindertagesstätten ab dem ersten Lebensjahr, mehr Ressourcen für Schulen) und Gesundheit/Pflege (mehr Personal, bessere Bezahlung, Ausbau der Pflegeversicherung)" (van Treeck 2021, S. 208; vgl. auch Heinze und Schupp 2022, S. 235 ff.).

Mit Blick auf die **Versorgungssicherung** im Feld des Wohnens hat sich durch die akute Wohnungsnot der Stellenwert der Wohnungsgenossenschaften verändert, denn es ist nicht davon auszugehen, dass die regionalen Wohnungsdefizite durch mehr traditionellen Wohnungsbau abgebaut werden können. „Die Wohnungsbauspitze der 1990er-Jahre wurde bisher trotz der inzwischen stark gestiegenen Einwohnerzahl nicht wieder erreicht. Der im Jahr 2020 erreichte Höchstwert von gut 300.000 Wohnungen lag nur bei etwa der Hälfte der Fertigstellungen im Jahr 1995. Die 400.000 Wohnungen scheinen gegenwärtig unerreichbar, da die Erwartungen für die Jahre 2023 und 2024 eher von sinkenden Wohnungsfertigstellungen ausgehen" (Verbändebündnis Soziales Wohnen 2024, S. 21). Genossenschaften dürften in diesem Kontext als Problemlöser angesprochen werden, allerdings leiden auch sie unter den derzeit schwierigen Rahmenbedingungen für Neubauten und deshalb muss es jeweils in den Kommunen geprüft werden, welche Neubauten möglich sind. Das wachsende Interesse an sozial ausgerichteten Wohnungsanbietern liegt auch darin begründet, dass die **Kommunen** erhebliche finanzielle Mittel bei der Bereitstellung für Wohnraum (etwa von Bürgergeldempfängern und Flüchtlingen) aufwenden müssen. Die Kosten für Unterkunft (KdU) sind bereits in den letzten Jahren massiv angestiegen und wachsen weiter. Manche Kommunen zahlen zudem überdurchschnittlich hohe Mieten an private Anbieter, die die ohnehin belasteten kommunalen Haushalte weiter einengen. „Besonders betroffen von im Vergleich zur Durchschnittsmiete tendenziell überhöhten Kosten der Unterkunft sind Regionen

- mit hoher Wohnungsknappheit,
- einem geringen Marktanteil gemeinwohlorientierter Vermieter,
- hoher wirtschaftlicher Dynamik und
- einem unterdurchschnittlichen Mieteranteil,

Über die KdU wird das Preisniveau im unteren Marktsegment definiert. Auf dieses Segment sind nicht nur Empfänger von Transferleistungen angewiesen, sondern alle Haushalte mit niedrigen Einkommen. In der Konsequenz führt ein Mangel an bezahlbaren Wohnungen zur Notwendigkeit, die Subjektförderung laufend zu erhöhen" (Verbändebündnis Soziales Wohnen 2024, S. 17).

Genossenschaftliche Wohnstrukturen bieten generell viele Vorteile und kommen potenziell auch als zentraler Akteur einer integrierten Versorgung im **Quartier** in Frage. So können Bewohner ihr Leben (in Abhängigkeit vom Hilfebedarf) selbstbestimmt gestalten und in einer Gemeinschaft mit verbindlichem Nachbarschaftskontext leben. Sie sind so auch im Alter oder bei anderen Einschränkungen nicht „allein", bleiben aktiv und können ihre Potenziale bis ins hohe Alter besser entfalten. „Die Nähe zu den Nachbarn kann neben konkreten Hilfen im Alltag auch Gefühle von Einsamkeit und sozialer Isolation mildern, gerade dann, wenn der Kontakt zu Freunden und zur Familie eingeschränkt ist" (Hoffmann et al. 2021, S. 90; vgl. auch Kurtenbach 2024). Vernetzte Wohnformen wirken so Vereinsamung und Vereinzelung durch die Ausdünnung familiärer Netzwerke im höheren Alter entgegen. Aber nicht nur für ältere Menschen wirkt ein intaktes soziales Umfeld sozialintegrativ, vielmehr gilt dies für viele soziale Problemlagen. Damit richtet sich der Blick verstärkt auf die öffentliche Infrastruktur, in die in den letzten Jahrzehnten in Deutschland zu wenig investiert wurde.

Hinsichtlich der Bewertung der öffentlichen Daseinsvorsorge hat sich allerdings in den letzten Jahren ein Wandel ergeben, insofern sich stärkere Ansprüche gerade auf kommunaler Ebene zeigen. Durch die Corona-Krise ist es zu einem Schubs („nudging") in Richtung einer ressortübergreifenden Versorgungssteuerung gekommen. Manche Beobachter leiten daraus schon den Trend zu einer Art „Infrastrukturstaat" ab, der sich intensiver um die Gesundheit und Prävention, das Wohnen, die Betreuung vulnerabler sozialer Gruppen oder die Bildung kümmert. Öffentliche Infrastrukturen „bieten den Bürgern Sicherheit und Berechenbarkeit in basalen Fragen. In den letzten Jahrzehnten erschien die staatliche Forderung des persönlichen Konsums – von der Senkung der Einkommenssteuer bis zum Kindergeld – wichtiger als die wenig spektakuläre Basisversorgung mit infrastrukturellen Gütern und Diensten. Auf diesem Gebiet steht jedoch ein Umdenken an: Privater Konsum kann die Notwendigkeit öffentlicher Infrastruktur nicht ersetzen, denn im Zweifelsfall sind es die Wohlhabenden und Gebildeten, die deren Fehlen privat auszugleichen vermögen (privater Sicherheitsdienst, ausgewählte Schulen, private Gesundheitsversorgung), während alle anderen auf die Infrastruktur umso dringender angewiesen sind" (Reckwitz 2019, S. 297). Ein solcher Wandel der Politikkonzepte muss aber erst einmal umgesetzt werden, was oft schwierig zu realisieren ist, denn in der Praxis leidet die Strategiefähigkeit durch die Vordringlichkeit des Tagesgeschäfts.

Die **Defensivpolitik** in der Daseinsvorsorge und explizit in Wohnungsfragen hat sich deshalb bislang in Deutschland nicht grundlegend verändert, auch wenn in der Risikopolitikphase Blockaden überwunden wurden, die jahrelang mutige politische Entscheidungen lähmten (etwa bei der Digitalisierung). Inzwischen hat aber die Vertrauenskrise in die Politik von der Bundesebene auch auf die Kommunalpolitik und die Verwaltung vor Ort ausgestrahlt. Der Optimierungsbedarf der öffentlichen Infrastruktur wird inzwischen von einer Mehrheit der Bevölkerung gesehen – und hinsichtlich dieser Einschätzung gibt es kaum Unterschiede zwischen den Anhängern verschiedener Parteien. Eine auf einen nachhaltigen Wandel zielende Politik hat es jedoch in einer emotionalisierten politischen Öffentlichkeit schwer. Die Kommunikation verläuft bei vielen politischen Akteuren nur in der eigenen „Blase" und führt zu Repräsentationsdefiziten sowohl der Volksparteien als auch anderer Organisationen wie Verbände, Gewerkschaften, Vereine, Kirchen oder auch Genossenschaften (vgl. Tormey 2015; Przeworski 2020 sowie Brand et al. 2020). In vielen Fragen vertraut die Bevölkerung der etablierten Politik immer weniger, was auch in der massenhaften Ausbreitung des Internets und den verschiedenen Social-Media-Netzwerken begründet liegt. „Die Herrschaft über die Themenagenda ist ins Netz diffundiert, die offiziell verfasste Politik ist oft nur noch reaktiv, es sind nun umgekehrt „die großen Majoritäten jenseits des Parlaments", die auf die des Parlaments übergreifen, trotz aller verzweifelten Versuche der etablierten Akteure, so etwas wie Diskurshegemonie zurückzugewinnen – etwa durch Debattencamps in renovierten Fabrikgebäuden oder als Gesprächssimulation in handverlesenen Bürgerversammlungen, die man dann als ‚Townhall-Meetings‘ mit dem Signum der Basisdemokratie versehen möchte" (Manow 2020, S. 114 f.). Die Politikverdrossenheit speist sich auch aus der enorm gewachsenen **Komplexität der Politik** mit all ihren Netzwerken, Expertenkommissionen und unterschiedlichen Entscheidungsarenen, die schon als „Überdifferenzierung" bezeichnet wurde. „Für alle Outsider, die nicht aktiv an den Politiknetzwerken beteiligt sind, wird es zunehmend schwierig bis unmöglich, den Überblick zu behalten und den Gesamtprozess zu verstehen. Und selbst hinsichtlich einzelner Politikfelder sind es in der Regel nur noch die Experten, die in ‚ihrem‘ Feld wissen, was darin vor sich geht und wem die jeweils getroffenen Entscheidungen zugutekommen. Dieser Umstand verletzt die Bedingung der Verständlichkeit und Nachvollziehbarkeit von Politik, was nur so lange kein Problem ist, wie es im Alltag einigermaßen fair zugeht und ein diffuses Normalitätsgefühl vorherrscht beziehungsweise, weiter unten auf der sozialen Stufenleiter, ein hinnehmbares Maß an Unzufriedenheit" (Selk 2024, S. 15; vgl. auch Merkel 2024). Die Regierungspolitik der letzten Jahre hat allerdings nicht zur Beruhigung der Gefühlslagen in der Bevölkerung geführt, sondern eher Unmut und Vertrauensverluste produziert, was nachdrücklich bei der Wohnungspolitik zu Tage tritt.

Die Wohnungsnot ist aber nur eine Komponente multipler Krisen und Herausforderungen, die die Politik zunehmend überfordern. Schon aus demografischen Gründen muss nicht nur im Feld des Wohnens der Aufbau einer neuen Versorgungsinfrastruktur auf lokaler Ebene angegangen werden. Dies ist auch vor dem Hintergrund **gewandelter Sozialstrukturen** zu betrachten. Die Haushalte in Deutschland sind beispielsweise nicht nur kleiner geworden und der Anteil Älterer darin angestiegen, vieles spricht auch dafür, dass die primären sozialen Netzwerke ein Stück weit instabiler geworden sind, weil die traditionellen Großfamilien immer seltener zusammenleben. Wenn auch Erosionserscheinungen hinsichtlich der Familie unübersehbar sind, heißt dies jedoch nicht, dass es zwischen den Generationen keine Bindungen mehr gibt. Die meisten erwachsenen Familienangehörigen leben zwar nicht unter demselben Dach, sind aber räumlich zumeist nicht weit voneinander entfernt und können deshalb vielfältige Unterstützungsleistungen erfahren. Repräsentative Befragungen von Personen über 18 Jahren in Deutschland belegen die „Sesshaftigkeit": Ohne Weiteres wechseln Menschen „ihr" Quartier nicht. 80 % aller Deutschen und sogar 90 % der Über-65-Jährigen wohnen schon länger als fünf Jahre in ihrem Quartier.

Diese Verbundenheit mit dem sozialen Umfeld schafft auch sozialen Zusammenhalt, der in einer sich immer weiter zersplitternden und individualisierten Gesellschaft von hoher Bedeutung ist. Angesichts einer komplexer und für den

Einzelnen oft schwerer nachvollziehbarer werdenden Welt (Globalisierung, Migration, Klimawandel), konzentrieren sich viele Menschen wieder stärker auf den näheren Sozialraum. Mit Blick auf das Wohnen und die Alterung der Gesellschaft ist „**Ageing in place**" zu einem zentralen Topos in der Öffentlichkeit und Politik geworden – auch weil die große Mehrheit der älteren Menschen sich wünscht, möglichst lange selbstbestimmt in der angestammten Immobilie zu leben. „Wohnungsanbietende wie z. B. eine Wohngenossenschaft können die Kontaktsuche im Wohnumfeld maßgeblich unterstützen. Möglichkeiten umfassen unter anderem die Anstellung einer Hauswartin oder eines Hauswarts mit erweitertem Leistungsprofil für die Betreuung von Mietenden oder den Einsatz von sozialen Ansprechpersonen, sogenannte ‚Siedlungscoaches', die sich auch gezielt um ältere Personen kümmern und sie in ihren Quartieren mit Freiwilligenprojekten, Nachbarschaftsvereinen oder digitalen Nachbarschaftsplattformen bekanntmachen. Zudem sind diesbezüglich auch räumliche Strukturen vor Ort, die Begegnung und Austausch fördern und zum Verweilen außerhalb der Wohnung einladen, wichtig" (Hugentobler und Seifert 2024, S. 140).

Es ist deshalb eine wichtige Aufgabe, den öffentlichen Raum so zu gestalten, dass Begegnungen zwischen den dort lebenden Menschen gestärkt werden. Auf Kommunen und auch Wohnungsgenossenschaften kommt die Aufgabe zu, Menschen und Organisationen zu **vernetzen** und Teilhabe zu ermöglichen. „Die empirischen Untersuchungen zu Nachbarschaft in Deutschland zeigen, dass die meisten Menschen mit ihrer Nachbarschaft zufrieden sind und auch nachbarschaftliche Kontakte pflegen. Zudem ist Nachbarschaft eine leistungsfähige Ressource zur Krisenbewältigung, ein Identitätsangebot und eine Möglichkeit Solidarität zu erfahren. Allerdings ist die Ausgestaltung von Nachbarschaft abhängig von ihren Rahmenbedingungen, wozu sowohl Unterschiede innerhalb einer Stadt oder Gemeinde als auch zwischen Stadt und Land zählen. Demnach gibt es nicht die Nachbarschaft, sondern jeweils eigene Arrangements des nachbarschaftlichen Zusammenlebens in Abhängigkeit der lokalen Sozial- und Infrastruktur" (Kurtenbach 2024, S. 277). Damit sich die nachbarschaftlichen Unterstützungs- und Hilfepotenziale entfalten können, ist das Wohnumfeld von erheblicher Bedeutung; funktionierende Netzwerke können dann entsprechende Leistungen für Menschen vor Ort sicherstellen.

Es sollte noch näher empirisch in einzelnen Regionen und Stadtquartieren untersucht werden, welche spezifischen Lösungen Wohnungsgenossenschaften mit ihren besonderen Eigenschaften für die drängenden Herausforderungen des 21. Jahrhunderts anbieten (können) und wie sie konkret als **Stabilisator** der Gesellschaft wirken. Tradition trifft insofern nicht nur auf Moderne, sondern muss sich für die Zukunft positionieren. Insofern geht es nicht nur um die Engpässe auf dem Wohnungsmarkt sowie die ökologischen Transformationserfordernisse, sondern auch um die Bewältigung der organisatorischen Aufgaben, wie etwa der Fachkräftesicherung und der öffentlichen Akzeptanz. Die Sozial- und Umweltverträglichkeit der Wohnungsgenossenschaften kann nur dann ein Erfolgsfaktor bleiben, wenn den Organisationen geholfen wird, die internen Herausforderungen zu lösen.

Nur so kann das strategische Narrativ des Erfolgsmodells Genossenschaft glaubhaft kommuniziert werden. Story Telling ohne konkrete vorzeigbare Projekte und gute interne Arbeitsbedingungen werden in der medialen Öffentlichkeit mit ihren vielfältigen Kommunikationskanälen nicht akzeptiert. Um Breitenwirkung zu erzielen, ist auch ein strategischer „spin" erforderlich, der die Entwicklungsdynamik hin zu einem dynamischen Akteur aufzeigt. Genossenschaften stehen in Deutschland sonst weiterhin in der Gefahr, als veraltete Organisationen zu gelten und deshalb muss jede „Erzählung" über genossenschaftliches Wohnen eine nachhaltige Zukunftsausrichtung haben – auch um Nachwuchssicherung zu betreiben.

Durch die Flucht in das Private (das „Schneckenhaus" oder den „Kokon") entstehen allerdings für alle sozialen Vereinigungen und Verbände (auch für Wohnungsgenossenschaften) Organisationsprobleme, die unter dem Label „**Aussterben des Stammkunden**" schon länger in der wissenschaftlichen Literatur thematisiert werden, nun aber durch die multiplen Krisen Auftrieb bekommen. „Es gibt zwar mehr Menschen, die sich engagieren. Aber auf der Leitungsebene, bei Vorständen und Gremienmitgliedern, dem Rückgrat der Zivilgesellschaft, gehen die Zahlen seit vielen Jahren zurück. Viele jungen Menschen engagieren sich, aber viele Organisationen profitieren davon nicht, weil Jugendliche anders und woanders aktiv sind. So ist das wohl: Mal ist die Zivilgesellschaft Motor des Wandels, mal Schauplatz des Wandels" (Nährlich 2023, S. 7). Erfahrungen aus Wohnungsgenossenschaften können diese Diagnose unterstützen.

Der Mitgliederschwund und die Überalterung der Aktiven zeigen sich bspw. darin, dass sich einzelne Vereine sogar auflösen oder krampfhaft nach **Führungspersonen** für Leitungsaufgaben gesucht wird. Diese Diagnose gilt auch für viele Wohnungsgenossenschaften. Die Ursachen hierfür sind vielfältig und insbesondere in gesamtgesellschaftlichen Veränderungsprozessen zu finden. Zuvorderst sind hier die zunehmende gesellschaftliche Individualisierung und die Pluralisierung sozialer Milieus zu nennen. Hiermit einher geht nicht nur eine Zunahme individualistischer Grundhaltungen und eher partikularistischer Interessenverfolgung, sondern auch eine Abnahme traditionaler Organisationsbindungen und -verpflichtungen. Hinzu kommen veränderte Norm- und Wertemuster, in deren Zuge Selbstverwirklichungsansprüche sowohl privat, beruflich als auch mit Blick auf das Engagement an Bedeutung gewinnen. Gleichzeitig spielen auch die Zunahme räumlicher Mobilität, veränderte Partnerschafts- und Familienarrangements sowie gewandelte Erwerbsbiografien eine zentrale Rolle, denn häufig lassen die (Erwerbs-)Arbeitsverhältnisse und generell die Lebensumstände die Ausübung eines organisationsgebundenen und langjährigen Engagements schlicht nicht (mehr) zu. Dieser antiorganisatorische Effekt wird auch darin sichtbar, dass immer mehr Menschen sich in Netzwerke engagieren und feste Mitgliedschaften zurückgehen, was auch die **Partizipation** in Genossenschaften erschwert. Viele Wohnungsgenossenschaften klagen über Rekrutierungsprobleme bei einem zentralen genossenschaftlichen Wesensmerkmal: der Mitgliederpartizipation (vgl. Schmale 2023).

Wenngleich die Bereitschaft zum ehrenamtlichen **Engagement** weiterhin stark ausgeprägt ist und durch den demografischen Wandel sogar eher noch gefördert wird, denn ältere Menschen sind heute länger gesund und bringen sich zunehmend in verschiedenen Bereichen der Zivilgesellschaft ein, müssen diese Potenziale gefördert werden. Für Wohnungsgenossenschaften bedeutet dies, möglichst flexible und niedrigschwellige Angebote vorzuhalten und zu unterstützen. Zudem sollten die genossenschaftlichen Aktivitäten sowohl über das Kerngeschäft (etwa dem Wohnen) als auch die eigene Organisation hinausgehen. Vor dem Hintergrund der grassierenden Einsamkeit, die in den letzten Jahren in das öffentliche Bewusstsein gedrungen ist und auf den Bedarf an sozialen Infrastrukturen hinweist, können Wohnungsgenossenschaften einen pragmatischen Lösungsweg darstellen.

> **Exkurs: Einsamkeit als Herausforderung für sozialen Zusammenhalt und Demokratie und die Rolle der Genossenschaften**
>
> *Das Thema Einsamkeit hat in den letzten Jahren in allen westlichen Ländern enorm an Aufmerksamkeit gewonnen. Durch die Corona-Pandemie ist es explizit in den Fokus der Öffentlichkeit und der Politik geraten. In manchen Ländern wie Großbritannien gibt es sogar ein Einsamkeitsministerium, aber auch in Deutschland gibt es vielfältige Aktivitäten der Politik auf den verschiedenen Ebenen. Gemeinnützige Organisationen wie Sozialverbände, aber auch Wohnungsgenossenschaften eigen sich gut für die Bekämpfung dieser sozialen Problemlage.*
>
> *Die Zahl der alleinlebenden Menschen wird schon durch den demografischen Wandel weiter ansteigen und insbesondere für Ältere wächst durch den reduzierten Lebensradius die Bedeutung der Wohnung und des Wohnumfeldes. Nachbarschaftliche Kontakte und Hilfestrukturen sind für die Lebensqualität wichtig und können Gefühle von Einsamkeit mildern, vor allem wenn der Kontakt zur Familie eingeschränkt ist oder nicht mehr*

vorhanden ist. Für viele Menschen, nicht nur im fortgeschrittenen Alter, kommt es zu einer tendenziellen Ausdünnung der sozialen Beziehungen. Deshalb überraschen nicht die eindeutigen empirischen Ergebnisse aus dem Deutschen Zentrum für Altersfragen mit Blick auf eine tendenziell wachsende Einsamkeit: „Grundsätzlich vermindern enge soziale Beziehungen das Einsamkeitsrisiko: Menschen in Partnerschaften sowie Menschen, die in Mehrpersonenhaushalten leben, sind seltener einsam als Menschen ohne Partnerschaft und Alleinlebende. [...] Gute Kontakte zu Nachbar*innen sind grundsätzlich hilfreich: Menschen in der zweiten Lebenshälfte, die gute Kontakte zu ihren Nachbarn haben, verzeichnen ein deutlich geringeres Einsamkeitsrisiko als Personen ohne gute Nachbarschaftskontakte" (Huxhold und Tesch-Römer 2021, S. 3; *vgl. auch* Landtag NRW 2022, S. 23 ff. *sowie* Huxhold et al. 2019, Schobin et al. 2021 *und* Neu et al. 2023).

Hinzu kommt die „Sesshaftigkeit" der deutschen Bevölkerung, die deshalb auch Hilfen vor Ort erhalten müssen. Die Verbundenheit mit dem sozialen Umfeld kann sozialen Zusammenhalt schaffen bzw. erhalten, der in einer sich immer weiter zersplitternden und singularisierten Gesellschaft bedroht ist. Die Nachbarschaft kann als ein Identitätsanker wirken und hier zeichnen sich vorzugsweise Wohnungsgenossenschaften aus, weil sie Dialog- und Mitmachräume bieten und so der sozialen Isolation und Einsamkeit entgegenwirken können.

Dafür sind auch andere genossenschaftliche Organisationsmodelle interessant – etwa Bürger- und Seniorengenossenschaften. Genossenschaften werden deshalb manchmal als „Herzkammer" der Zivilgesellschaft gesehen. Sie produzieren öffentliche Güter in kooperativen Strukturen und leisten damit einen großen Beitrag zum Zusammenhalt der Gesellschaft. In neueren Projekten zur Bekämpfung der Einsamkeit wird stark auf Gelegenheitsstrukturen im Quartier gesetzt und die Relevanz sozialer Beziehungen und Bindungen betont; allerdings wird ebenfalls festgestellt, dass auch zivilgesellschaftliche Organisationen das Thema Einsamkeit noch nicht hinreichend aufgegriffen haben. Dies gilt auch für viele Wohnungsgenossenschaften, die durchaus einsamkeitsrelevante Gelegenheitsstrukturen bieten, weil sie (in unterschiedlichem Ausmaß) auf soziale Kontakte und Unterstützung ausgelegt sind und im Alltagsleben niedrigschwellige Anlaufstellen auch für Einsamkeitsprobleme sein können. Allerdings bedarf es – wie auch bei anderen Akteuren vor Ort – einer Aktivierung (vgl. Potz und Scheffler 2024).

Allerdings hat die Corona-Pandemie auch das Leistungspotenzial der zivil-gesellschaftlichen Organisationen eingeschränkt. Einerseits wurden sie in der ersten Phase als sozialer „Kitt" der Gesellschaft gefeiert, andererseits wurde durch die geforderte soziale Distanz sowie die Ausgangsbeschränkungen viele von ihnen (von den Seniorengruppen bis hin zu Sportvereinen) negativ betroffen, weil sie letztlich nicht ohne Nahdistanz dauerhaft funktionieren. Deshalb überrascht es nicht, wenn bspw. viele Vereine von einer existenzbedrohenden Lage nach der Corona-Krise sprechen. Bei der Devise „stay at home" ist es schwergefallen, soziale Netzwerke aufrechtzuerhalten und Solidarität zu praktizieren. Die abrupten und in dieser Größenordnung noch nie dagewesenen Unterbrechungen des öffentlichen Lebens haben viele Menschen auf ihr nahes Lebensumfeld zurückverwiesen und einen Rückzug aus dem öffentlichen Raum ausgelöst (vgl. u. a. Schubert et al. 2023).

Die offensichtlichen Probleme für viele Sozialverbände sowie auch Vereine und Genossenschaften, **ehrenamtliche Mitarbeitende** zu rekrutieren, spiegeln zudem schwächere konfessionelle und weltanschauliche Bindungen wider. Zuvorderst sind als Gründe die zunehmende gesellschaftliche Individualisierung und die Pluralisierung sozialer Milieus zu nennen. Hiermit einher geht nicht nur eine Zunahme individualistischer Grundhaltungen und eher partikularistischer Interessenverfolgung, sondern auch eine Abnahme traditionaler Organisations-bindungen und -verpflichtungen. Basierend auf einer repräsentativen Befragung wurde eine gewachsene soziale Abschottung und der Rückzug der Menschen in kleine Kokons – schon vor der Corona-Pandemie – konstatiert. „Sie haben oft wenige Verbindungen zu Menschen aus anderen Schichten, keine Netzwerke mit ihnen, da ist kein Austausch über feste Familien- und Freundeskreise hinaus. Insbesondere Menschen mit einer niedrigen Bildung sind oft nur in diesen Kokons unterwegs" (Allmendinger 2019, S. 70; vgl. auch die Beiträge in Teichler et al. 2023). Hinzu kommen veränderte Norm- und Wertemuster, in deren Zuge Selbstverwirklichungsansprüche sowohl privat, beruflich als auch mit Blick auf das Engagement an Bedeutung gewinnen. Gleichzeitig spielen auch die Zunahme räumlicher Mobilität, veränderte Partnerschafts- und Familienarrangements sowie gewandelte Erwerbsbiografien eine zentrale Rolle, denn häufig lassen die Erwerbsarbeitsverhältnisse und generell die Lebensumstände die Ausübung eines organisationsgebundenen und langjährigen Engagements schlicht nicht (mehr) zu. Wenn auch nach wie vor freiwilliges Engagement häufig in Verbänden stattfindet, hat nach dem Freiwilligensurvey das Engagement in individuell organisierten Gruppen an Bedeutung gewonnen. Wichtiger als die Zugehörigkeit zu einem sozialen Milieu ist die Koppelung der Tätigkeit an eigene Erfahrungen und Fähigkeiten. Dieses „neue" Engagement geht deutlich über die Grenzen der „alten" zivilgesellschaftlichen Organisationen hinaus und es muss auch in den Wohnungsgenossenschaften überlegt werden, wie dieses „frei floatende" Engagement gewonnen werden kann.

Für die Wohnungsgenossenschaften bedeutet dies, die Organisationskultur möglichst kommunikativ zu gestalten und Beziehungsgeflechte zu erhalten. Auch in einer stärker individualisierten Gesellschaft gibt es den Wunsch nach Selbstorganisationsgemeinschaften und Genossenschaften könnten über das Non-Profit-Narrativ als zentralen Wert Mitglieder halten bzw. sogar neu gewinnen. Dafür ist aber eine Positiverzählung (ein Narrativ) erforderlich. „Narrationen erzählen vom Weg, den man geschafft hat, von dem, was man noch schaffen will und was unmöglich ist, weil die Kosten zu hoch und die Verluste zu groß sind. Sie vermitteln zwischen Sein und Sollen, Herkunft und Zukunft, rationaler Argumentation und emotionaler Berührtheit. Sie können motivieren und mitreißen, enthusiasmieren, jedenfalls berichten, welche Hindernisse man überwunden hat und welche noch vor einem liegen" (Münkler 2010, S. 55). Die Wohnungsgenossenschaften mit ihrer erfolgreichen Geschichte und bewegenden Persönlichkeiten können sich hier konstruktiv einbringen und das manchmal geäußerte Vorurteil, sie seien eine antiquierte Organisationsform, dadurch widerlegen. **Narrative Erzählungen**, die sich auf ihre Erfolgsgeschichte beziehen und diese in Richtung Zukunft erzählen, können deshalb mithelfen, das kreative Steuerungspotenzial wieder zu entfalten.

Zwar gibt es einen Anstieg genossenschaftlichen Wohnens in den vergangenen Jahren, doch schon wegen der – auch für Genossenschaften – bestehenden Schwierigkeiten, z. B. ausreichend Grundstücke zu akzeptablen Preisen akquirieren zu können, der angestiegenen Baukosten und der derzeit hohen Zinsen, ist eine Gründungswelle bislang nur begrenzt zu beobachten. Vor dem Hintergrund der offensichtlichen Probleme auf dem Wohnungsmarkt in einigen Metropolregionen und für gewisse Bevölkerungsgruppen sollten diese Selbstorganisationsmodelle jedoch stärker thematisiert und gefördert werden. In der Öffentlichkeit ist bereits ein Stimmungswandel hinsichtlich der Wertschätzung von genossenschaftlichem Wohnen zu erkennen: „Während Lebens- und Arbeitsverhältnisse sich immer schneller verändern, verdammt die Wohnungssituation Mieterinnen und Mieter zum Stillstand. Privilegiert ist heute nicht nur, wer ein Erbe hat, sondern auch, wer früh gemietet oder gar einen Platz in einer Wohnungsgenossenschaft ergattert hat" (Vahland 2023).

Obwohl in Wohnungsgenossenschaften das Prinzip der **Selbstverwaltung** gilt, die Nutzer auch gleichzeitig Eigentümer sind und nicht der Gewinn im Mittelpunkt steht, kann es durchaus auch Spannungen zwischen der Genossenschaftsführung und den Mitgliedern geben. „Insbesondere in großen Genossenschaften finden immer wieder Auseinandersetzungen über die Frage statt, ob sich die Nutzungsentgelte an den Marktpreisen (Mietspiegel) oder den Kosten der Bewirtschaftung orientierten sollten und in welcher Form die Modernisierung der Wohnungs- bestände vorgenommen wird. Solche Konflikte offenbaren die Komplexität des Identitätsprinzips: formal sind alle Mitglieder durch das Einzahlen ihres Genossen- schaftsanteils Miteigentümer:innen des Unternehmens. Ob sich dadurch jedoch eine persönliche Identifikation mit den Unternehmenszielen und der Geschäftsfüh- rung ergibt, ist eine Frage der genossenschaftlichen Praxis" (Metzger 2021, S. 525).

Empirische Studien haben gezeigt, dass genossenschaftliche und kommunale Unternehmen einen signifikanten **Preisdämpfungseffekt** haben (vgl. Baumann 2023 sowie Beuerle 2014). Wohnungsgenossenschaften sind aber nicht nur als quantitative Größe für das zentrale Daseinsfürsorgegut Wohnen von Bedeutung, sondern sie eignen sich besonders für einzelne Bevölkerungsgruppen wie Ältere. Durch die demografischen Umbrüche steigt die Zahl der älteren Menschen, die zudem im Alter oft allein sind, in den nächsten Jahrzehnten deutlich an und deshalb ist das altersgerechte „gemeinschaftliche" Wohnen, in denen Wohnungsgenossen- schaften große Erfahrung besitzen, eine zentrale gesellschaftliche Herausforderung (vgl. zu Praxisbeispielen gemeinschaftlicher Wohnformen die Beiträge in Kurato- rium Qualitätssiegel Betreutes Wohnen und Wohnen in Genossenschaften 2012 sowie Spellerberg 2018). Obwohl ein hoher Bedarf an solchen Wohnkonzepten be- steht, fehlen schon heute Seniorenimmobilien (gerade auch im Feld betreuten Wohnens) und dieser Trend dürfte sich zuspitzen und verlangt bessere Rahmen- bedingungen und Förderungen.

Wohnungsgenossenschaften haben jedoch auch eine unternehmerische Dimen- sion und werden deshalb in der Forschungsliteratur oft nicht zum „Dritten Sektor" gezählt. Wir sehen allerdings die Wohnungsgenossenschaften als einen organisier- ten (und wirtschaftlich tätigen) Teil der **Zivilgesellschaft**. Konzeptionell schließen wir uns der Definition von Kluth (2022) an, der Wohnungsgenossenschaften nicht nur als Instrument der Mitgliederförderung sieht, sondern deren (potenzielles) so- ziales und ökologisches Konzept betont und von einem „hybriden Charakter" spricht, der aus der Verbindung von Verein und Unternehmen hervorgeht. „Die Vereinskomponente bezeichnet die Genossenschaft als Sozialraum, der durch die Mitglieder gestaltet wird, die Unternehmenskomponente die zweckrationale Her- stellung von wirtschaftlichen Leistungen, die zur Zielverwirklichung erforderlich sind" (ders. 2022, 199; vgl. auch Piorkowsky 2023, S. 198 ff.).

Schon diese wenigen Hinweise verdeutlichen, wie vielgestaltig der zivil- gesellschaftliche Sektor in Deutschland inzwischen ist. Diese Diversität sollte al- lerdings nicht zu Abgrenzungen führen, sondern es geht um einen ausgewogenen „**Wohlfahrtsmix**", bei denen bspw. Wohnungsgenossenschaften in den Quartieren eine wichtige Rolle spielen. Vor dem Hintergrund des sozialen Wandels und insbesondere der sozialpsychologischen Verunsicherungen sind zivilgesellschaftliche Organisationsformen wichtiger geworden, um die Menschen aus den oft abgeschotteten familiären und sozialen Netzwerken miteinander in Kontakt zu bringen. Diese sozialen „Leitplanken" erfüllen in einer individualisierten und singularisierten Gesellschaft Schutzbedürfnisse. Allerdings müssen auch die Verschiebungen innerhalb der Zivilgesellschaft zur Kenntnis genommen werden, die von der Tendenz her sich weg von den traditionellen Organisationen und hin zu informellen und losen, oft projektförmigen und zeitlich befristeten Zusammenschlüssen bewegen.

Auf diese neuen Herausforderungen müssen auch die in Deutschland etablierten sozialen und gemeinnützigen Großorganisationen (allen voran die Genossenschaften und Wohlfahrtsverbände) kreative Antworten finden. Um die gerade in letzter Zeit auftretende Vielfalt bei den Genossenschaftsgründungen einzufangen, sollen kurz die spezifischen Merkmale von Genossenschaften aufgezeigt werden, die sie als **Selbsthilfeorganisation** mit eingerichtetem Geschäftsbetrieb von anderen Unternehmenstypen abgrenzen. Sie sind mitgliederbasierte solidarische Leistungs- und Haftungsgemeinschaften. Das traditionelle Leitmotiv lautet: „Einer für alle, alle für einen". „Da der Ressourcenzufluss bei Vereinen und Genossenschaften idealtypisch über das Commitment der Mitglieder in Form von Mitgliederbeiträgen und freiwilligem Engagement erfolgt, sind diese Organisation zumindest von ihrer konzeptionellen Anlage ein Stück weit marktunabhängig und dem Wettbewerb um Ressourcen entzogen. Insbesondere Genossenschaften sind entstanden, um Marktversagen auszugleichen" (Zimmer 2014, S. 170; vgl. auch Blome-Drees et al. 2015, S. 19).

Aber die Organisationsform der Wohnungsgenossenschaften muss sich, wie andere Organisationen auch, an gesellschaftliche Herausforderungen im Wandel aktiv anpassen und Modernisierungsprozesse vorantreiben. Dies betrifft sowohl eine Verjüngung der Mitgliederstrukturen als auch notwendige Impulse, um sich in einer pluralisierten Gesellschaft neue Ziel- und Lebensstilgruppen zu erschließen. Die Auswirkungen des demografischen Wandels spiegeln sich deutlich in der **Mitgliederstruktur** von Genossenschaften wider. Die Mitgliedstruktur der Genossenschaften ist gekennzeichnet durch 1- und 2- Personen-Haushalte, eine oft lange Mitgliedschaft und einen hohen Anteil von über 50-Jährigen (mehr als 50 %) geprägt. Der Großteil der Mieter sowie der Genossenschaftsmitglieder zählt zu den Älteren; es ist daher zu erwarten, dass die Anzahl der Personen in Genossenschaften steigt, die auf Unterstützungsleistungen angewiesen sind. Der Bedarf nach sozialen Dienstleistungen oder neuen seniorengerechten Wohnformen wird sich schon in naher Zukunft drastisch erhöhen, zumal das familiäre Hilfepotenzial schrumpft. Während die Kinder oft berufs- oder ausbildungsbedingt wegziehen, bleiben die Älteren zumeist in der alten Umgebung zurück. Viele Genossenschaften haben schon erfolgreiche Ansätze hierzu und bieten ihren Mitgliedern z. B. betreutes Wohnen an.

Auch wenn Genossenschaften in Deutschland trotz steigender Gründungszahlen in den letzten Jahren noch immer eine eher randständige Unternehmensform sind, können sie zur Behebung der akuten Wohnkrise beitragen und auch dafür sorgen, dass die schwindenden Kollektiverfahrungen wieder ein Stück weit revitalisiert werden. Vor dem Hintergrund wachsender Unsicherheiten könnten sie darüber hinaus zukünftig vielleicht sogar eine noch stärkere Rolle als Aktivierungsakteure einnehmen. Die derzeit wiederentdeckte Bedeutung von Nachbarschaften und der Wunsch nach Engagement und Mitwirkung entsprechen den genossenschaftlichen Prinzipien (vgl. die Beiträge in Heinze et al. 2019). Aktuell ist unübersehbar, dass der Marktmechanismus allein nicht in der Lage ist, ausreichend Wohnungen zur Verfügung zu stellen, die für alle Bevölkerungsgruppen erschwinglich sind. Deshalb gibt es ja nicht nur in Deutschland eine lebhafte Diskussion um neue nicht-marktliche Eigentumsmodelle – sowohl traditionelle als auch „neue" Genossenschaften, die z. T. unter anderen Namen firmieren (wie etwa „Mietshäuser Syndikat"). Vor dem Hintergrund der offensichtlichen Wohnkrise sollten diese **Selbstorganisationsmodelle** stärker thematisiert und gefördert werden. Die neu geschaffenen Optionen selbstgestaltenden Wohnens erfreuen sich nachhaltiger Akzeptanz. „Der Vergleich traditioneller und neuer Genossenschaften hat ergeben, dass die genossenschaftlichen Ideale bei beiden Formen hoch im Kurs stehen: die Idee des gemeinschaftlichen Wohnens, die Selbstorganisation, die Selbstverwaltung und die Selbstbestimmung. Von einem weiteren Bestehen oder sogar einer Steigerung der wohnungspolitischen Bedeutung von Genossenschaften und Wohnprojekten ist vor diesem Hintergrund auszugehen" (Spellerberg 2018, S. 194; vgl. auch Beuerle 2014 und Walk 2019).

Es zeichnet sich inzwischen nach den Jahrzehnten der Markteuphorie auch ein breiter **Konsens** in der Öffentlichkeit, der Wissenschaft und der Politik ab, dass neue innovative Antworten auf die Probleme auf dem Wohnungsmarkt gesucht werden müssen. Und auch wenn Bauland vorhanden ist, konzentriert sich der Neubau aufgrund der gestiegenen Kosten insbesondere in Städten auf das gehobene Segment. Wenngleich „Sickereffekte" durch den Umzug einkommensstärkerer Personengruppen entstehen und Bestandswohnungen frei werden, sind die Effekte begrenzt und erfordern einen vielfältigen Mix, um die Versorgung aller Bevölkerungsgruppen mit bezahlbaren Wohnungen zu erreichen. Hierzu können Wohnungsgenossenschaften einen wichtigen Beitrag leisten, was aber in der Öffentlichkeit und der Politik nicht immer hinreichend erkannt wird.

In manchen Städten werden sie explizit bei der Vergabe von Bauland bevorzugt, was ein sonnvoller Weg sein kann, gerade um einkommensschwachen Haushalten eine Wohnperspektive zu vermitteln. Leider wird in vielen Diskussionen vergessen, dass in Deutschland bereits seit über einem Jahrhundert gemeinwohlorientierte Organisationen wie die Wohnungsgenossenschaften existieren. Deshalb sind Publikationen zur Gemeinwohlökonomie und auch Marketingaktivitäten erforderlich, die die bunte Vielfalt des Non-Profit-Sektors und deren Beitrag zur Lebensqualität und sozialen Sicherheit aufzeigen. Zur Analyse gehört auch, die Hemmfaktoren für eine Ausbreitung (von Bürokratisierungsphänomenen bis hin zu Erstarrungen, überalteten Führungsstrukturen etc.) zu benennen und Lösungsvorschläge zur Überwindung der Hindernisse zu diskutieren.

Literatur

Allmendinger, J., 2019: 2019. Eine Art Lügendetektor, Interview in: Die Zeit v. 8. Mai, S. 70

Baumann, K., 2023: Der Einfluss genossenschaftlicher Anbieterstrukturen auf Wohnungspreise und Qualität – Ergebnisse einer empirischen Analyse, Münster

Beuerle, I., 2014: Wohnungsgenossenschaften im gesellschaftlichen Wandel, Berlin

Beuerle, I./Mändle, E./Mändle, M., 2005: Grundriss der Wohnungsgenossenschaften, Hamburg

Beuerle, I./Mändle, E./Mändle, M., 2022: Grundriss der Wohnungsgenossenschaften, in: M. Mändle (Hg.), Handbuch Immobilienwirtschaft, a.a.O., S. 587ff

Blome-Drees, J./Boggild, N./Degens, P./Michels, J./Schimmele, C./Werner, J., 2015: Potenziale und Hemmnisse von unternehmerischen Aktivitäten in der Rechtsform der Genossenschaft, Düsseldorf/Köln

Brand, T./Follmer, R./Unzicker, K., 2020: Gesellschaftlicher Zusammenhalt in Deutschland 2020. Eine Herausforderung für uns alle. Ergebnisse einer repräsentativen Bevölkerungsstudie, Gütersloh

GdW (Hg.) 2023: Wohnungswirtschaftliche Daten und Trends 2023/2024. Zahlen und Analysen aus der Jahresstatistik des GdW, Berlin

Heinze, R. G./Paetzel, U./Bölting, T. (Hg.), 2019: Wasser, Wohnen, Werte. Genossenschaften stiften Mehrwert, Essen/Bochum

Heinze, R. G./Schupp, J., 2022: Grundeinkommen – Von der Vision zur schleichenden sozialstaatlichen Transformation, Wiesbaden

Hoffmann, E./Lozano Alcántara, A./Romeo Gordo, L., 2021: „My home is my castle": Verbundenheit mit der eigenen Wohnung im Alter, in: Statistisches Bundesamt et al. (Hg.), Datenreport 2021, Bonn, S. 88ff

Howaldt, J./Kreibich, M./Streicher, J./Thiem, C., 2022: Einleitung: Zukunft gestalten mit Sozialen Innovationen. Neue Herausforderungen für Politik, Gesellschaft und Wissenschaft, , in: J. Howaldt/M. Kreibich/J. Streicher/C. Thiem (Hg.), Zukunft gestalten mit Sozialen Innovationen, Frankfurt/New York, S.9ff

Hugentobler, V./Seifert, A., 2024: Wohnen und Nachbarschaft im Alter. Age Report V, Zürich/Genf

Huxhold, O./Tesch-Römer, C., 2021: Einsamkeit steigt in der Corona-Pandemie bei Menschen im mittleren und hohen Erwachsenenalter gleichermaßen deutlich, in: dza aktuell – deutscher alterssurvey H. 4/2021, S. 1ff

Huxhold, O./Engstler, H./Hoffmann, E., 2019: Entwicklung der Einsamkeit bei Menschen im Alter von 45 bis 84 Jahren im Zeitraum von 2008 bis 2017, DZA Fact Sheet

Kluth, W., 2022: Der Förderzweck von Genossenschaften im Spannungsfeld von Gruppenwohl und Gemeinwohl., in: npoR H. 4, S. 194ff

Kurtenbach, S., 2024: Soziologie der Nachbarschaft Reflexionen und Befunde zu einer alltäglichen Selbstverständlichkeit, Frankfurt/New York

Landtag Nordrhein-Westfalen (Hg.), 2022: Einsamkeit. Bekämpfung sozialer Isolation in Nordrhein-Westfalen und der daraus resultierenden physischen und psychischen Folgen auf die Gesundheit. Abschlussbericht der Enquetekommission IV Einsamkeit und Soziale Isolation, Düsseldorf

Mändle, M., 2005: Grundriss der Wohnungsgenossenschaften, Hamburg

Manow, P., 2020: (Ent)Demokratisierung der Demokratie, Berlin

Martens, H., 2012: Durch Selbsthilfe die Lebenssituation verbessern, in: Die Wohnungswirtschaft H. 2/2012, S. 46

Merkel, W., 2024: Wie resilient ist unsere Demokratie?, in: Aus Politik und Zeitgeschichte (APuZ) H. 27/2024, S. 18ff

Metzger, J., 2021: Genossenschaftliches Wohnen, in: F. Eckardt/S. Meier (Hg.), Handbuch Wohnsoziologie, a.a.O., S. 521ff

Münkler, H., 2010: Regierungsversagen, Staatsversagen und die Krise der Demokratie, in: Berliner Republik H. 5/2010, S. 48ff

Nährlich, S., 2023: Beim Thema Zivilgesellschaft fehlt dem Staat der Kompass, in: Stiftung & Sponsoring H. 03.23, S. 6ff

Neu, C./Küpper, B./Luhmann, M. 2023: Extrem einsam? Die demokratische Relevanz von Einsamkeitserfahrungen unter Jugendlichen in Deutschland, Berlin

Pfatteicher, P. A. C./McCarthy, O./Power, C., 2024: Housing Co.operatives in Germany: 160 Years of Evolution and Resilience, in: Journal of Co-operative Studies Vol 57, No.1, S. 39ff

Piorkowsky, M.-B., 2023: Hybride ökonomische Akteure und Organisationen, Wiesbaden

Potz, P./Scheffler, N., 2024: Einsamkeitsrelevante Akteure und Gelegenheitsstrukturen im Quartier, Arbeitspapier Wüstenrot Stiftung/Urban Expert

Przeworski, A., 2020: Krisen der Demokratie, Berlin

Reckwitz, A., 2019: Das Ende der Illusionen. Politik, Ökonomie und Kultur in der Spätmoderne, Berlin

Schmale, I., 2023: Partizipation in Genossenschaften und Aspekte der Führung, in: J. Blome-Drees et al. (Hg.), Handbuch Genossenschaftswesen, a.a.O., S. 557ff

Schobin, J./Haefner, G./Eulert, M., 2021: Gesellschaftlicher Wandel und Einsamkeit. Gutachten für die Enquete-Kommission „Einsamkeit" des Landtages NRW, Düsseldorf

Schubert, P./Tahmaz, B./Krimmer, H., 2023: Zivilgesellschaft in Krisenzeiten: Politisch aktiv mit geschwächten Fundamenten, Essen

Selk, V., 2024: Demokratische Malaise, in: Aus Politik und Zeitgeschichte (APuZ) H. 27/2024, S. 12ff

Spellerberg, A. (Hg.), 2018: Neue Wohnformen – gemeinschaftlich und genossenschaftlich. Erfolgsfaktoren im Entstehungsprozess gemeinschaftlichen Wohnens, Wiesbaden

Teichler, N./Gerlitz, J-Y./Cornesse, C./ilger, C./Groh-Samberg, O./Lengfeld, H./Nissen, E./ Reinecke, J./Skolarski, S./Traunmüller, R./Verneuer-Emre, L., 2023: Entkoppelte Lebenswelten? Soziale Beziehungen und gesellschaftlicher Zusammenhalt in Deutschland. Erster Zusammenhaltsbericht des FGZ, Bremen

Tormey, S., 2015: Vom Ende der repräsentativen Politik. Hamburg

Treeck, T. van, 2021: Resilienz: Für ein neues Leitbild der Wirtschaftspolitik in Zeiten der allgemeinen Verunsicherung, in: M. Florack/K.-R. Korte/J. Schwanholz (Hg.), Coronakratie. Demokratisches Regieren in Ausnahmezeiten, Frankfurt/M., S. 205ff

Vahland, K., 2023: Im Land der Mieter, in: Süddeutsche Zeitung v. 31.05.2023

Verbändebündnis „Soziales Wohnen"/Pestel Institut, 2024: Bauen und Wohnen 2024 in Deutschland, Hannover

Walk, H., 2019: Genossenschaften als alte und neue Player, in: M. Freise/A. Zimmer (Hg.), Zivilgesellschaft und Wohlfahrtsstaat im Wandel, Wiesbaden, S. 123ff

Zimmer, A., 2014: Money makes the world go round! Ökonomisierung und die Folgen für NPOs, in: A. Zimmer/R. Simsa (Hg.), Forschung zu Zivilgesellschaft, NPOs und Engagement, a.a.O., S. 163ff

Wohnen als neue soziale Frage 5

Traditionell war das Wohnen in Deutschland ein geschützter, nicht durch Wettbewerb geprägter sozialer Raum, allerdings gab es in den letzten Jahrzehnten eine
Ökonomisierungsdynamik, die vorher geschützte Sozialgüter traf. Das Produkt
Wohnen ist jedoch strukturell ein **ortsgebundenes, immobiles Wirtschaftsgut**,
das man kaufen, verkaufen oder mieten, allerdings nicht etwa in andere regionale
Märkte bewegen kann. Es ist allgemein anerkannt, dass jeder Mensch zur Entfaltung seiner Persönlichkeit eine Wohnung zwingend benötigt. „Die Ware Wohnung
weist Spezifika auf, die sie von den übrigen Waren signifikant unterscheidet. Dazu
gehört auch der Gebrauchswert der Wohnung, der oft mit dem Marktwert sehr
wenig zu tun hat – insbesondere bei jenen Wohnungseigentümern, die viel Eigenarbeit in das Haus bzw. die Wohnung investiert haben. Darüber hinaus handelt es sich
bei der Wohnung bzw. dem Haus um ein wesentliches Element zur Konstruktion des
Selbst: Es ist vollgestopft mit Erinnerungen, mit erfüllten und enttäuschten Hoff-
nungen, mit Materialsierungen aus dem Leben der Mietbewohner. Die Wohnung
gibt im besten Fall Sicherheit, sie ist ein Ort der Privatheit und des Rückzugs, ja des
Schutzes in einer Umwelt, von der erhebliche Erschütterungen ausgehen können.
Die Wohnung ist also nicht nur Ware, vielmehr ist die wahre Wohnung Heimat"
(Häußermann et al. 2008, S. 290 f.; vgl. auch Häußermann und Siebel 2020 sowie
die Beiträge in Schipper und Vollmer 2020 und Eckardt und Meier 2021).

Wohnen wird deshalb auch als **Sozial- oder Existenzgut** bezeichnet, die Wohnung oder das Haus sind die zentralen Räume, in denen sich das private Leben ab-
spielt. Wohnungen sind aber auch konstitutive Säulen öffentlicher Infrastruktur
und gerade derzeit wird angesichts der Wohnkrise wieder auf diese Perspektive des
Wohnens hingewiesen. Zunehmend finden sich mahnende Worte und Proteste

© Der/die Autor(en), exklusiv lizenziert an Springer Fachmedien Wiesbaden
GmbH, ein Teil von Springer Nature 2025
R. G. Heinze, D. Wilde, *Wohnungsgenossenschaften*,
https://doi.org/10.1007/978-3-658-47197-2_5

erinnern daran, grundlegende öffentliche Güter der Daseinsvorsorge (zu denen auch Wohnungen gehören) nicht überzogenen Renditeerwartungen privater Finanzinvestoren auszusetzen. So ist das Wohnen in den letzten Jahren wieder zu einem zentralen Konfliktthema geworden und steht symbolisch für neue soziale Problemlagen und das sich in vielen Schichten ausbreitende Gefühl, „abgehängt" zu werden. Diese Verlusterfahrungen treffen auf einen Wohlfahrtsstaat, der mit dem Versprechen angetreten ist, Aufstieg für alle zu sichern und nun nicht nur in dem zentralen Feld der Daseinsvorsorge, dem Wohnen, unter erheblichen Legitimationsdruck gerät. Heute werden durchschnittlich 30 % des Budgets für Wohnen aufgebracht (beim unteren Fünftel der Einkommensschicht sogar rd. 40 %) und dennoch können sich viele Menschen ihre Wohnwünsche nicht erfüllen, was zu Enttäuschungen und auch Wut führen kann. Dass was die Eltern erreicht haben und auch ihnen versprochen wurde, eine bezahlbare und angemessene Wohnung, ist für immer größere Bevölkerungsgruppen scheinbar nicht mehr zu erreichen (vgl. zur „**Generation Miete**" Hiller und Lerbs 2022). Hier deutet sich als Folgewirkung der Wohnungskrise ein für den gesellschaftlichen Zusammenhalt wichtiger Trend an, der auch im Diskurs um Verluste als zentrale soziale Erfahrung der gegenwärtigen Epoche beachtet werden sollte.

Die Wohnungsnot hat sich nicht nur in Deutschland, sondern in vielen vergleichbaren westlichen Ländern in den letzten Jahren zugespitzt. Und es zeigt sich ebenfalls die regionale Zersplitterung des Wohnungsmarktes: während die Ballungszentren wachsen und die Mieten für viele Menschen unerschwinglich geworden sind, boomen Regionen im Umfeld der Metropolen. Zunächst sind die Vororte gewachsen und anschließend die entfernter liegenden Provinzorte. Da sich nach der Corona-Krise Home-Office für eine größer gewordene Gruppe in vielen Varianten ausgebreitet hat und insbesondere, wenn die Verkehrsinfrastruktur das Pendeln erlaubt, können diese Wohnoptionen gelebt werden. Diese Art es Wohnens kann aber nur sozial selektiv genutzt werden; für viele ist sie unrealistisch und deshalb ist die Nichterreichbarkeit des Wunsches vieler Menschen, in einem Eigenheim zu leben, schon eine Enttäuschung bzw. ein weiterer **Verlustschub**. Das erforderliche Haushaltseinkommen reicht auch für viele Bevölkerungsgruppen aus der Mittelschicht nicht mehr aus, um in den Wachstumsregionen eine Wohnimmobilie zu bekommen und deshalb wird dieses für die eigenen Eltern noch selbstverständliche Leitbild für viele unerreichbar. Damit zerbrechen aber auch Erwartungen und gesellschaftliche Wertvorstellungen; Desillusionierung ist die Folge und auf politischer Ebene werden die Problemlösungskompetenzen der etablierten Parteien noch skeptischer engeschätzt und es wächst Verdrossenheit. Auch wenn die Erwartungen an die Politik überzogen sein könnten, produzieren sowohl die extremen Wohnkostenbelastungen als auch die durch die Verluste hervorgerufenen Enttäuschungen negative gesellschaftliche **Zukunftserwartungen**, die im Resultat populistische Strömungen stärken (was sich auch in den Wahlergebnissen etwa bei den Präsidentschaftswahlen im November 2024 in den USA niederschlug). „Die Verbitterung ergibt sich also aus dem Gefühl, betrogen worden zu sein und trotz eigenen regelkonformen Verhaltens missachtet zu werden, sowie aus der Überzeugung, dass Instanzen in der sozialen Welt elementare Fairnessgebote gegenüber einem selbst verletzt haben. Verbitterung ist nicht nur ein individuelles Problem spezieller Lebenslagen – etwa in dem Falle, dass man persönlich betrogen wurde –, sondern tritt auch in der Form einer kollektiven Verbitterung von sozialen Gruppen auf" (Reckwitz 2024, S. 103).

Die im Herbst 2024 vorgelegten Zahlen des Zensus (2022) belegen eine **ungleiche Verteilung** von Wohnraum in Deutschland, wobei insbesondere Faktoren wie Haushaltseinkommen und Alter eine wesentliche Rolle spielen. „Differenziert nach Haushaltsnettoeinkommen ist eine Wohnung umso größer je reicher ein Haushalt ist. Ein Haushalt mit mehr als 4000 € Haushaltsnettoeinkommen hat fast doppelt so viel Fläche wie ein Haushalt mit einem Nettoeinkommen von unter 1500 €. Eigentümerhaushalte haben durchschnittlich 125,9 und Mieterhaushalte nur 74,5 m² je Wohnung. Pro Person betrug der Unterschied 65,1 m² bei Eigentümerhaushalten und 48,5 Quadratmetern bei Mieterhaushalten. (…) Die verfügbare Fläche pro Kopf ist umso größer, je weniger Personen in einem Haushalt wohnen. Alleinlebende, die gut 39 % aller Haushalte in Deutschland ausmachen, hatten 2022 im Schnitt 73,4 m² zur Verfügung. Dagegen betrug die Pro-Kopf-Wohnfläche in Haushalten mit mehr als vier Personen lediglich 29,9 m². Menschen im Alter von mindestens 65 Jahren leben nicht nur besonders häufig allein, sie haben unter den Alleinlebenden auch im Schnitt den größten Wohnraum zur Verfügung: pro Kopf 83,0 m². Gut ein Viertel (27,0 %) der Alleinlebenden in der Altersgruppe 65plus wohnten auf mindestens 100 m². Zum Vergleich: In der Altersgruppe der 45- bis 64-Jährigen waren es lediglich 19,0 %" (Vornholz 2024, S. 14 f.).

Aufgrund dieser Situationsbeschreibung stellt sich die Frage, warum nicht Alleinlebende in kleinere Wohnungen umziehen könnten. Es wird auch schon seit einigen Jahren über Tauschbörsen o. ä. nachgedacht, um beispielsweise älteren Alleinstehenden in einer großen Wohnung den Umzug in eine (möglichst im Quartier liegende) kleinere Wohnung zu ermöglichen. Diese Option wird leider kaum genutzt, da bereits die Wohnkostenbelastung in der neuen, kleineren Wohnung ein Hindernis darstellt. In den letzten Jahrzehnten sind nämlich die Angebotsmieten in kleineren Wohnungen stärker angestiegen als in größeren Wohnungen (vgl. Romeo Gordo et al. 2019).

Die rasante Steigerung der Nettomieten in den letzten Jahren hat allgemein dazu geführt, dass für viele das Wohnen insbesondere in einigen Groß- und

Schwarmstädten unerschwinglich wird und sie in die nähere Umgebung ausweichen. Von diesem Trend können Kommunen im Umland mit einer guten Infrastruktur und ausgebauten Verkehrsverbindungen profitieren, allerdings können hierüber nur gewisse Gruppen erreicht werden (bspw. junge Familien, die eine eigene Immobilie erwerben wollen oder gut situierte ältere Menschen). In verschiedenen Ballungsgebieten zeigt sich sowohl ein Anstieg der Mieten als auch ein Rückgang der Wohnangebote in niedrigen Preisklassen und führt zu wachsenden sozialen Ungleichheiten. Auch deshalb hat sich die Angst vor Verarmung in den letzten Jahren in der Mittelschicht ausgebreitet. „Im Jahr 2023 stimmten fast 55 % der Menschen in Armut, über 58 % derjenigen mit prekären Einkommenspositionen und knapp 52 % derjenigen in der unteren Mitte der Aussage zu, dass sie befürchten, ihren Lebensstandard nicht dauerhaft halten zu können. Bei den prekären Einkommen und gerade in der unteren Mitte war diese Befürchtung zum Zeitpunkt der ersten Befragung (im Jahr 2020) noch deutlich geringer ausgeprägt. Selbst in der oberen Mitte zeigt sich im Zeitvergleich ein Anstieg der zukunftsbezogenen wirtschaftlichen Sorgen, wobei ein deutlicher Unterschied zu den niedrigeren Einkommensgruppen auch in der aktuellen Erhebung bestehen bleibt" (Spannagel und Brülle 2024, S. 11; vgl. auch Bertelsmann Stiftung 2024). Für die absolute Armut wird im 2023er Gutachten des Sachverständigenrates zur Begutachtung der gesamtwirtschaftlichen Entwicklung – einer „unverdächtigen" Institution – festgehalten: „Etwa 9 % der Befragten in Deutschland lebten im Jahr 2021 in einer Situation der materiellen und sozialen Entbehrung und 4,3 % der Befragten in einer Situation der erheblichen materiellen und sozialen Entbehrung. Beide Indikatoren sind auf Basis der vorläufigen Werte für das Jahr 2022 um etwa 2 Prozentpunkte höher" (SVR 2023, S. 239/241).

Im sechsten Armuts- und Reichtumsbericht der Bundesregierung von 2021 wurde erstmals in einer empirischen Expertise zur sozialen Mobilität ermittelt, wie stark Verfestigung sowie Durchlässigkeit von Lebenslagen über einen Zeitraum von dreißig Jahren ausgeprägt sind. Demnach hat seit den 1980er-Jahren der Anteil der Personen, die sich jeweils stabil in der untersten oder obersten sozialen Lage befinden, kontinuierlich zugenommen. Diese Entwicklung geht mit dem fortwährenden leichten Anstieg der Niedrigeinkommensquote einher und gibt Hinweise auf einen der möglichen Gründe für diese Entwicklung. Auch zeigt sich im Zeitverlauf eine Verfestigung und Konzentration von Langzeitarbeitslosigkeit. Die soziale Mobilitätsdynamik vor allem im unteren als Armut bezeichneten Segment hat zudem weiter abgenommen: „Im Fall der Zugehörigkeit zu der im Forschungsvorhaben als „Armut" bezeichneten Lage ist die Wahrscheinlichkeit, ihr auch in der nächsten Fünfjahresperiode noch anzugehören, seit Ende der 1980er-Jahre von 40 % auf 70 % angestiegen" (BMAS 2021, S. XVI).

Für die Betroffenen in Armutslagen ist die soziale Infrastruktur vor Ort von besonderer Bedeutung, da hier den Armutsfolgen entgegengewirkt werden **kann**, allerding sind die sozialräumlichen Disparitäten zu beachten, die unterschiedliche Herangehensweisen erfordern. Parallel zur angewachsenen Ungleichheit weisen allerdings – und auch hier kommen die meisten Diagnosen zur gleichen Einschätzung – die Infrastrukturen in immer mehr Kommunen Defizite auf. Die soziale und demografische **Segregation** hat zugenommen. In den Städten zeigt sich eine zunehmende Polarisierung zwischen Arm und Reich und gleichzeitig wird die jeweilige Quartiersbevölkerung heterogener. Diese „Durchmischung" liegt in der verstärkten Zuwanderung nach Deutschland begründet. Diese gewachsene Vielfältigkeit der sozialräumlichen Lebensbedingungen und der Daseinsvorsorge machen es schwer, Blaupausen für die Entwicklung einer zukunftsfähigen Daseinsvorsorge zu formulieren. In den öffentlichen Debatten spielen zudem zumeist die Großstädte eine zentrale Rolle und es wird dabei vergessen, dass 70 % der Einwohner Deutschlands in Gemeinden und Kleinstädten leben. Dabei verlieren traditionelle (polarisierende) Raumabgrenzungen wie etwa „Stadt" und „Land" an Bedeutung. Sowohl die allgemeine Bezeichnung Land als auch Stadt sagt kaum noch etwas über die konkreten Lebensverhältnisse aus. Die teilräumlichen Differenzierungen haben sich vertieft; so wachsen bspw. die „halbstädtischen" Gebiete im Umland größerer Städte. Generell werden die Zwischenräume bedeutsamer: es kommt zu einer **Verdörflichung der Stadt** und einer **Verstädterung des ländlichen Raums**. Diese neue Mischung im Raum erfordert differenziertes Wissen über die konkreten Lebensverhältnisse vor Ort, wobei sich die teilräumlichen und gruppenspezifischen Differenzierungen vertieft haben. Die Raumstruktur befindet sich insgesamt in einem Prozess der Heterogenisierung, d. h. einheitlich zusammengesetzte Regionen zersplittern sich und gleich neben wachsenden Orten gibt es schrumpfende. Das gleiche gilt für Städte: auch in schrumpfenden oder durch hohe Arbeitslosigkeit betroffenen Kommunen gibt es neben den abgehängten Quartieren auch attraktive Wohngebiete. Wohnungspolitische Strategien müssen deshalb sozialräumliche Differenzen nicht nur einkalkulieren, sondern auch unterschiedliche Steuerungsformen etablieren. Nach neuesten offiziellen Prognosen zur Bevölkerungsentwicklung „verstärken sich bis 2045 die räumlichen Disparitäten. Zum einen verstärkt sich die Konzentration der Bevölkerung auf zentraler gelegene und/oder wachsende Regionen. Zum anderen stehen Kreise mit Bevölkerungszuwachs vor völlig anderen ökonomischen, sozialen und siedlungsstrukturellen Herausforderungen als Kreise mit Bevölkerungsverlusten. Entsprechend geht es für manche Kreise um einen steigenden Bedarf an Arbeitsplätzen, mehr Wohnraum sowie Bildungs- und/oder Betreuungsinfrastrukturen, während für andere das rückläufige Arbeitskräfteangebot sowie die fehlende Auslastung der vorhandenen

Wohnungen und Infrastrukturkapazitäten immer problematischer wird" (BBSR 2024, S. 20 f.; vgl. auch SVR 2024, S. 221 ff.).

Neben der Beachtung räumlicher Differenzen können Kommunen auch auf unterschiedliche Organisationsformen für die Daseinsvorsorge setzen (bspw. auf Genossenschaften), was allerdings erst vereinzelt geschieht. „Eine Möglichkeit zur Bestandssicherung von Einrichtungen wie Dorfladen, Schwimmbad, Kino, Gasthaus oder denkmalgeschützten Gebäuden, die im Interesse der Bürger vor Ort erhalten werden sollen, kann die Überführung in eine Genossenschaft darstellen. Außerdem kann bei einer von der Kommune geplanten Privatisierung, beispielsweise der Energie- oder Wasserversorgung, durch Übernahme einer Bürgergenossenschaft die Kontrolle an die Bürger gegeben werden. Technische Innovationen oder gesellschaftliche Entwicklungen können ebenfalls Gründe für Bürgergenossenschaftsgründungen sein, beispielsweise im Bereich der erneuerbaren Energien, sozialen Dienstleistungen wie der Senioren- oder Nachbarschaftshilfe (Kinderbetreuung, Hausaufgabenhilfe, Pflege – zur besseren Vereinbarkeit von Familie und Beruf) oder es entstehen genossenschaftliche Coworking-Spaces oder Wohnformen" (Netzwerk Daseinsvorsorge 2022).

Gefordert sind jetzt nicht nur symbolische Bekundungen, etwa wie wichtig die öffentliche Daseinsvorsorge und angemessenes Wohnen für den sozialen Zusammenhalt der Gesellschaft sind. Es geht um eine generelle Überprüfung der Regelungssysteme und in manchen Bereichen um einen Neustart. Der Oberbürgermeister von Wuppertal, Uwe Schneidewind, sieht die Verwaltungen dabei in einer Rationalitätenfalle: „Es ist immer einfacher zu erklären, warum etwas nicht geht. Und das gilt umso mehr, je unsicherer man im Regelwerk ist. Die Option „nichts zu tun", alles beim Alten zu belassen, wird dann verlockend" (ders. 2023, S. 49). Deshalb plädiert er für eine **neue Bürokratiekultur**, „Ermöglichungsräume" und Reallabore; kurz zusammengefasst: „Inseln des Gelingens". Und es gibt auch Beispiele für erfolgreiche Neuorientierungen. So konnten bei der Corona-Bekämpfung seit Jahrzehnten bestehende Blockaden hinsichtlich einer Umsteuerung (deutlich im Feld der Digitalisierung) überwunden werden.

Ein solcher Wandel der Politikentwürfe muss aber erst einmal in den Organisationen und Behörden umgesetzt werden, was – wie die Praxis zeigt – oft schwierig zu realisieren ist, denn „obwohl Organisationen natürlich Strategieabteilungen haben und Strategieprozesse eingerichtet sind, leidet in der Praxis Strategiefähigkeit durch die ‚Vordringlichkeit des Befristeten' (Luhmann), die Vordringlichkeit des Tagesgeschäfts. Alle finden Strategie gut und wichtig, aber Zeit und Raum dafür sind leider nicht vorhanden, weil Aktuelles immer dazwischenkommt" (Willke 2020, S. 221). Hierzu müsste man sich auch mit Vetospielern anlegen, was offensichtlich schwerfällt. Die **Defensivpolitik**, angereichert auch in der

Wohnungspolitik mit zahlreichen Expertenkommissionen, hat sich deshalb bislang in Deutschland nicht grundlegend verändert, auch wenn in der Risikopolitikphase während der Corona-Krise Blockaden überwunden wurden (z. B. hinsichtlich der Nutzung digitaler Optionen), die jahrelang politische Entscheidungen lähmten.

In kommunalwissenschaftlichen Diskursen gibt es schon länger einen Konsens hinsichtlich der Überwindung der fragmentierten Politik- und Verwaltungsstrukturen; gefragt ist nun ein konsistenter Ansatz, der ressort- und politikfeldübergreifend organisiert sein muss. „Nur mit integrierten Konzepten und einer Intensivierung der Wissensströme zwischen den verschiedenen Akteuren können diese Herausforderungen gemeistert werden. Da sich sowohl soziale Innovationen als auch wirtschaftlich nutzbare Innovationen immer stärker aus der Verknüpfung unterschiedlicher Themenfelder ergeben, müssen demnach interaktive Lernprozesse systemisch vernetzter Akteure angestoßen werden. Aus der Perspektive vieler sozialpolitischer Akteure vor Ort gelten eben nicht unbearbeitete Probleme, sondern mangelnde Koordination in der Problembearbeitung als das Hauptproblem" (Grohs 2018, S. 97 f.). Inhaltlich kann die Debatte zu ressortübergreifenden, integrierten Organisationsformen anknüpfen an die derzeitigen sozialwissenschaftlichen und politischen Diskussionen um eine zukunftsfähige Transformation des Wohlfahrtsmodells. Vermutet wird dabei, dass der Nonprofit-Sektor bzw. zivilgesellschaftliche Organisationen als relevante Bausteine für gesellschaftliche Transformationen gesehen werden können. Nicht nur politische Systeme tun sich allerdings schwer mit der Realisierung von Resilienz bewirkenden Maßnahmen – auch die Bürger: „Die Deutschen sind durchaus Weltmeister in Resilienz im Sinne einer Veränderungsfähigkeit. Wir sind veränderungsfähig, aber mehrheitlich nicht veränderungsbereit. Die Prävention, die Antizipation, das Vorwegnehmen auf mögliche kommende Herausforderungen ist nicht unsere Stärke. Wir arbeiten gern ab, was auf uns zukommt" (Korte 2024, S. 196).

Die mit dem sozioökonomischen Wandel einhergehenden sozialen Verwerfungen wurden konzeptionell auch in der Politik erkannt und das Thema wurde bspw. in Expertenkommissionen auf Länderebene offen angesprochen (etwa in Baden-Württemberg): „Die neue soziale Frage der Gegenwart ist das Wohnen. In den Großstädten und den Universitätsstädten Baden-Württembergs ist dies überall spürbar. Beispiel Tübingen: In manchen Rankings wird die Stadt unter den zehn teuersten der Republik geführt. Auf einschlägigen Plattformen im Internet werden Mietwohnungen für mehr als 20 € pro Quadratmeter angeboten. Wohnbauland erzielt Spitzenpreise von über 1500 € pro Quadratmeter. Nur ein Teil dieses Preisanstiegs geht auf die hohe Auslastung des Bauhandwerks und steigende Baukosten zurück. In Ballungszentren ist die exponentielle Steigerung der Grundstückspreise inzwischen der stärkste Preistreiber im Wohnungsbau. Die sozialen Verwerfungen, die aus dieser Entwicklung entstehen, sollten wir nicht unterschätzen. Wenn in Vollzeit arbeitende Krankenpfleger oder Beamte bei Polizei und Feuerwehr sich eine Stadtwohnung nicht einmal mehr zur Miete leisten können, kann der Wohnungsmarkt nicht mehr die Bedürfnisse der Bevölkerung abdecken. Darin steckt erheblicher sozialer und politischer Sprengstoff" (Abschlussbericht der Kommission Sicherheit im Wandel 2021, S. 63 f.; vgl. auch Rink 2021).

Das Wohnen wird auch in anderen Regionen in Deutschland deshalb wieder zur sozialen Frage, weil es für immer größer werdende Gruppen schwerer wird, angemessene und bezahlbare Wohnungen zu finden. Die Politik hat darauf mit konkreten Versprechungen auf den verschiedenen Ebenen reagiert; auf Bundesebene hat die „Ampelkoalition" sogar die Schaffung von rd. 400.000 Wohnungen jährlich versprochen. Allerdings hinkt die Umsetzung dieser Pläne weit hinterher und auch die verschiedenen Förderprogramme etwa auf Länderebene haben nicht ausreichend bezahlbaren Wohnraum schaffen können. Wohnungsgenossenschaften sind von ihrem Potenzial her besser geeignet, bezahlbares Wohnen zu bieten, was auch in der Expertenkommission explizit bestätigt wurde: „Kommunale Wohnungsbaugesellschaften und gemeinnützige Wohnungsgenossenschaften sind ein wichtiges Instrument, um bezahlbaren Wohnraum zur Verfügung zu stellen. Sie können in Übereinstimmung mit der Kommunalpolitik langfristig operieren und müssen nicht der Logik maximaler Rendite folgen. Die lange vernachlässigte finanzielle Förderung des sozialen Wohnungsbaus muss aufgestockt und verstetigt werden" (Abschlussbericht 2021, S. 63). Angesichts der inzwischen größer gewordenen Skepsis gegenüber simplen Ökonomisierungsstrategien, die sich auch in **Protesten** gegen die Wohnbedingungen in Großstädten äußert, steigt die Chance, sozialinvestive und nachhaltige Strategien durchzusetzen. Wohnungsgenossenschaften gelten in diesem Kontext auch deshalb als Zukunftsoption, weil sie sich auch beim altersgerechten und gemeinschaftlichen Wohnen hervorgetan haben.

Da in Deutschland der Anteil der Miethaushalte hoch ist (in keinem anderen europäischen Land wohnen so wenig Menschen in einer eigenen Immobilie) sind die Frage der Mietbelastungen und die Strategien der Wohnungsanbieter so relevant. Die Rolle des Staates hat sich in der Wohnungspolitik in den vergangenen Jahren deutlich gewandelt. Die Gewährleistung „ordentlicher" Wohnverhältnisse zählte wie auch die Versorgung mit Wasser und Elektrizität oder das öffentliche Verkehrswesen früher zu den Kernaufgaben des Staates (primär der Kommunen). In den 1980er- und 90er-Jahren hat sich die Debatte um die Reichweite öffentlicher Aufgaben jedoch verschoben und Wohnungsbestände wurden reihenweise privatisiert, „typische" öffentliche Aufgaben (auch im Feld der Bildung) wurden dem Markt überlassen. Seit einigen Jahren (nach der Finanzkrise und insbesondere nach der Corona-Pandemie) schwingt das Pendel von einer radikalen Marktorientierung wieder um in Richtung einer Renaissance öffentlicher oder „gemischtwirt-schaftlicher" Regulierungen. Dabei richtet sich der Blick explizit auf den Nah-bereich der Versorgung mit Sozialgütern (wie dem Wohnen) und es geht um die aktive Gestaltung assoziativer Sozialräume.

Generell hat sich so der **Stellenwert für Wohnen** gewandelt, zusammenfassend werden die gegenwärtigen Rahmenbedingungen so beschrieben: „Dazu gehören die sich seit zwei Jahrzehnten vergrößernde soziale Ungleichheit und Wohn-segregation, die Verhärtung sozialer Ausschlüsse – nicht zuletzt auf dem Woh-nungsmarkt – mit dem Entstehen einer strukturellen Wohnungsnot und Obdachlo-sigkeit, die Unterschiedlichkeit der regionalen Entwicklung mit boomenden Me-tropolen und abgehängten Regionen, einer veränderten demografischen Komposition der Bevölkerung und der Verlängerung der Lebenszeit mit den spezifischen Heraus-forderungen einer „grauen Gesellschaft", eine wachsende kulturelle Diversität von Lebensstilen und die Integration von Geflüchteten und Migrant/innen und ihren xenophoben, rassistischen und NIMBY-Widerständen dagegen, sowie veränderter Vorstellungen über das Familienleben, Gender-Rollen und die normative Kon-struktion von Sexualität" (Eckardt und Meier 2021, S. 19; vgl. auch Krapp 2022 und die Beiträge in Meuth und Reutlinger 2023).

Da die Wohnungsprobleme auf die politische Agenda zurückgekehrt sind, könn-ten genossenschaftliche Lösungen sogar noch weitaus stärker forciert werden, da sie ein hohes Maß an sozialer Sicherheit bieten und nicht der Logik maximaler Rendite folgen müssen. Gefordert ist dafür eine aktive **Boden- bzw. Grundstücks-politik** auf lokaler Ebene; so könnte man kooperative Baulandmodelle favorisieren oder Quotenvorgaben für geförderte Wohnungen machen, von denen Wohnungs-genossenschaften profitieren können (vgl. die Beispiele in InWIS und Schaefer et al. 2016 sowie Löhr 2022). Wohnungsgenossenschaften wären dann eher wieder in der Lage, gerade in den Städten mit großer Wohnungsnot stärker in den Neubau einzusteigen – trotz der gestiegenen Baukosten. Aber auch wenn dieses Instrument als effektiv zur Behebung der Wohnprobleme angesehen werden kann, sind die ge-stiegenen Zinsen und Baukosten auch für Wohnungsgenossenschaften zu einem zentralen Hindernis geworden. Einzelne Neubauprojekte werden zwar in Angriff genommen, aber es gibt ebenso große Wohnungsgenossenschaften, die derzeit den Bau von neuen Wohnungen ablehnen.

Die bisher in Gang gesetzten Fördermaßnahmen zur Ankurbelung von Woh-nungsneubauten werden wohl nicht ausreichen, um eine positive und umfassende Dynamik auf dem Wohnungsmarkt in Gang zu setzen, gefragt sind weitere koordinierte Schritte auf allen Ebenen des politisch-administrativen Systems, zu denen auch der Abbau bürokratischer Regulierungen gehört. Mit Blick auf die wachsenden Herausforderungen im Bereich des Wohnens im Alter und der Pflege wird es zudem eine zentrale Aufgabe, nicht nur für bezahlbare Wohnungen zu sorgen, vielmehr auch „**sorgende Gemeinschaften**" auf lokaler Ebene aufzubauen. In dem intelligenten und effizienten Zusammenwirken von Angehörigen, Freunden, professionellen sozialen Dienstleistungsanbietern und bürgerschaftlich Engagierten liegt die Zukunft einer gelingenden Sorge für Menschen mit Unterstützungsbedarf. Hier gilt es, eine quartiersbezogene Infrastruktur inklusive der Versorgung mit Einkaufs- und sonstigen Dienstleistungsangeboten (z. B. Mobilitätsangeboten) abzusichern, wobei sich die verschiedenen Akteure auf eine zielgerichtete Kooperation verständigen müssen. Eine bedarfsgerechte Infrastruktur, die rund um das Wohnen angesiedelt sein muss, bestimmt zentral die Lebenssituation vieler Menschen.

Wohnungsgenossenschaften können bspw. nicht nur für vorwiegend ältere Menschen eine sichere Versorgung bieten, sondern auch Vermieter für junge Menschen sein, die sich einbringen und selbst in ihrer Nachbarschaft mitbestimmen möchten. Dadurch könnte auch der „**Veralterung**" der Wohnungsgenossenschaftspopulation entgegengewirkt werden. Insbesondere hinsichtlich der Mitbestimmung haben sich jedoch die Bedürfnisse gerade junger Menschen geändert. Heute steht weniger der Wunsch nach einer langfristig orientierten, formalisierten Mitbestimmung im Vordergrund. Auch das Interesse an „Posten" bzw. Ämtern ist oft nicht so stark ausgeprägt. Vielmehr sind es junge Leute gewohnt, sich anlassbezogen bei Themen, die sie interessieren einzubringen, erwarten dann aber auch möglichst zeitnah konkrete Änderungen bzw. Effekte.

In einem pluralen Wohlfahrtsmix unter Einbeziehung aller relevanten Akteure vor Ort (vom Sozialamt über das Jobcenter, die Schulen bis hin zu den Genossenschaften und Wohlfahrtsverbänden) liegt seit jeher die Stärke des deutschen Sozialstaatsmodells. Allerdings sind hier auch in den letzten Jahrzehnten Bürokratisierungs- und Erstarrungstendenzen unübersehbar und deshalb müssen soziale Innovationen in diesen Feldern vorangetrieben werden. Sicherlich hat die Corona-Krise für solche „Möglichkeitsräume" sensibilisiert und es geht wieder stärker um die aktive Gestaltung eigener assoziativer Sozialräume. Allerdings stellt sich gerade auch für Wohnungsgenossenschaften die Frage, wie dauerhaft solche Unterstützungsleistungen sind und welche Folgen die neuen sozialen Medien bewirken. Deshalb muss empirisch untersucht werden, ob die große Hilfsbereitschaft nur bei kleineren Herausforderungen des Alltags gilt oder ob dauerhaft solidarische Unterstützungsleistungen (z. B. bei der Betreuung und Pflege) geleistet werden. Informelle Hilfeleistungen im Quartier bzw. in der Nachbarschaft sollten deshalb neu „vermessen" werden, auch um ein realistisches Bild von den aktuellen zivilgesellschaftlichen Ressourcen zu bekommen. Hierzu existiert in Deutschland eine

breite Experimentierlandschaft, die aber noch nicht zu einem umfassenden strategischen Konzept zusammengefasst wurden.

Historische Krisenerfahrungen legen zwar nahe, dass in Zeiten gemeinsamer
Gefährdungen grundlegende Gesellschaftsentwürfe (wie die Etablierung eines uni-
versellen Wohlfahrtsstaates nach dem Zweiten Weltkrieg) generiert und umgesetzt
wurden, allerdings ist dies kein zwangsläufiger Transformationsprozess. Die Frage
eines gesteuerten oder eines sporadischen Gesellschaftswandels (**Change by
Design or by Disaster**) bleibt bislang unbeantwortet. Sicherlich sind einige Si-
gnale aus dem Krisenmodus (etwa in Fragen der Digitalisierung oder der Bedeutung
der öffentlichen Versorgung) in der Öffentlichkeit und der Politik aufgenommen
worden. Gegenwärtig sind durch die multiplen Krisen aber auch weitere Themen
in den Fokus geraten (bspw. die Energiewende), die insgesamt eine stringente Politik erschweren. Der Dekarbonisierungsprozess und der damit verbundene Umstieg
auf erneuerbare Energien erfordert allerdings eine Sektorenkopplung (Strom- und
Wärmenetze sowie auch den Mobilitätssektor), die vor Ort gerade über genossenschaftliche Organisationsmodelle (auch Kooperationen von Wohnungs- und
Bürgerenergiegenossenschaften) gut geleistet werden könnte (vgl. u. a. die Beiträge in Zilles et al. 2022).

Hierfür müssen in vielen Feldern der sozialen Dienste aber auch noch inter-
sektorale Kooperationsformen aufgebaut bzw. stabilisiert werden. Es ist in
Deutschland nicht gelebte Praxis, dass sozialraumorientiert alle Akteure an auf-
tretenden sozialen Problemen und Herausforderungen (bspw. aufgrund der demografischen Transformationsprozesse) zusammenarbeiten, vielmehr existieren oft
noch „**Silos**" der Problembearbeitung. Kommunale Akteure aus der Verwaltung
und Politik, Wohnungsgenossenschaften und Einrichtungen der Wohlfahrtspflege
und bspw. Krankenkassen und Vereine arbeiten nur selten zielgerecht zusammen,
was vielfach angesichts der großen Herausforderungen wie der Energiewende oder
auch der defizitären Versorgung pflegebedürftiger Menschen beklagt wird. Hier
sind Innovationen unabdingbar, was konkret bedeutet, neue Formen organisierter
Vernetzung zwischen den verschiedenen gesellschaftlichen Feldern bzw. Steuerungsformen zu etablieren, um die Potenziale besser zu nutzen. Die Nutzbar-
machung von Selbstorganisationsfähigkeiten, die Genossenschaften seit über
100 Jahren praktizieren, gilt nicht nur für das Wohnen und soziale Dienste, sondern
auch in anderen Politikfeldern wie etwa dem Klimaschutz, der Energie- und
Wasserversorgung.

Rechtlich stehen den Wohnungsgenossenschaften allerdings bei **Kooperationen**
mit Kommunen und anderen Akteuren nichts im Weg und Juristen sehen sogar eine
optimistische Perspektive: „Zulässig sind damit zunächst solche Kooperationsformen, die durch Verbesserung der lokalen Infrastruktur oder des Wohnumfeldes

der Genossenschaft zu einer qualitativen Verbesserung der Wohnqualität zugunsten der Mitglieder beitragen. Dies schließt die gemeinsame Entwicklung oder Sanierung von Wohngebieten in Zusammenarbeit mit der Gemeinde oder kommunalen Unternehmen, beispielsweise im Rahmen des Stadtumbaus, ein. Gleiches gilt für die äußere Gestaltung der Wohnanlagen durch Sport- und sonstige Freizeitanlagen sowie die Einrichtung von Kinderspielplätzen, auch wenn diese nicht ausschließlich Genossenschaftsmitgliedern und ihren Angehörigen zugutekommen. Innerhalb der durch den Fördergrundsatz eröffneten Zulässigkeitsgrenze liegen auch andere Einrichtungen wie Gemeinschaftsräume für Freizeit-, Weiterbildungs- und Kulturveranstaltungen sowie besondere Wohnungs- und gegebenenfalls Betreuungsangebote für ältere Menschen sowie für Kinder und Jugendliche, die auch Nichtmitgliedern aus der Nachbarschaft offen stehen, da die Stärkung und Verbesserung des sozialen und kulturellen Umfeldes notwendig auch zugunsten der Mitglieder ausschlägt" (Keßler 2016, S. 42).

Unter Experten besteht weitgehend Konsens, solch **integrierte Versorgungs-strukturen** auszubauen, wenngleich noch viele Schnittstellenprobleme gelöst werden müssen, um zur Regelversorgung zu gehören. Abhängig von den jeweiligen Akteurskonstellationen vor Ort werden deshalb „Treiber" für strategische Partnerschaften benötigt. Auch vor dem Hintergrund der fiskalischen Defizite der öffentlichen Hand ist gerade für viele Kommunen die Koproduktion mit Akteuren wie Wohlfahrtsverbänden und Genossenschaften ein wichtiger Schritt, um die Daseinsvorsorge zu gewährleisten („Wohlfahrtsmix"). Der genossenschaftliche Gedanke einer kooperativen Zusammenarbeit wird auch beflügelt von den neuen Debatten um „kollaborative Gemeingüter" oder eine „shared economy".

Oft unbemerkt von der breiten Öffentlichkeit haben sich auch bereits graduelle Transformationen herauskristallisiert. Allerdings halfen dabei keine Masterpläne oder die Abarbeitung von Partei- und Wahlprogrammen, sondern institutionelle Innovationen, die oft aus Experimenten hervorgegangen sind. Nicht nur die Krisenerfahrungen, sondern zuletzt auch die Protestwähler könnten die oft als verkrustet beschriebenen Volksparteien und Interessenverbände darauf aufmerksam machen, dass innovative Entwürfe in der Öffentlichkeit platziert und umgesetzt werden müssen. Dafür werden – wie bereits erwähnt – Positiverzählungen benötigt, um einen Aufbruch zu inszenieren und da die Politik durch ihre Versprechungen, für mehr Wohnungen zu sorgen, unter erheblichem Erfolgsdruck steht, gibt es gute Anknüpfungspunkte (ein „Window of Opportunity"). „Narrative sind dann besonders anschlussfähig, wenn Metaphern, Rollen und die Konfigurationen in einem größtmöglichen Einklang sind, wenn sie schlüssig, konsequent und konsistent erzählt werden und Möglichkeiten zur Identifikation bieten. Gleichzeitig benötigen erfolgreiche Narrative stets ein größtmögliches Maß an Kontextsensitivität und

Wissen über die Diskurssituation" (Jarzebski 2020, S. 229). Die breite Kommunikation in der Öffentlichkeit über die Leistungspotenziale der Wohnungsgenossenschaften kann mithelfen, dass die **Ressourcen** der Wohnungsgenossenschaften effizienter bei der Wohnkrise genutzt werden.

Literatur

Abschlussbericht (Hg. vom Zentrum Liberale Moderne) (2021): Kommission Sicherheit im Wandel – Gesellschaftlicher Zusammenhalt in Zeiten stürmischer Veränderungen, Stuttgart/Berlin

BBSR (Maretzke/Hoymann/Schlömer), 2024: Raumordnungsprognose 2045. Bevölkerungsprognose, Bonn

Bertelsmann Stiftung, 2024: Gesellschaftlicher Zusammenhalt in Deutschland 2023, Gütersloh

BMAS (Bundesministerium für Arbeit und Soziales) (Hg.), 2021: Lebenslagen in Deutschland. Der Sechste Armuts- und Reichtumsbericht der Bundesregierung, Berlin

Eckardt, F./Meier, S. (Hg.) 2021: Handbuch Wohnsoziologie, Wiesbaden

Grohs, S., 2018: Wohlfahrtsverbände als föderale Organisationen. Die Rolle der Mitgliedschaftslogik im Governancewandel ?, in: R. G. Heinze/J. Lange/W. Sesselmeier (Hg.), Neue Governancestrukturen in der Wohlfahrtspflege, a.a.O., S. 79ff

Häußermann, H./Siebel, W., 2020: Städte, Gemeinden und Urbanisierung, in: H. Joas/S. Mau (Hg.), Lehrbuch der Soziologie, Frankfurt/M. (4. Aufl.), S. 789ff

Häußermann, H./Läpple, D./Siebel, W., 2008: Stadtpolitik, Frankfurt/M.

Hiller, N./Lerbs, O., 2022: Generation Miete. Wohnungspolitik, Wohneigentum und Städtebau im Spannungsverhältnis, in: APuZ 51-52/2022, S. 17ff

Jarzebski, S., 2020: Erzählte Politik. Politische Narrative im Bundestagswahlkampf, Wiesbaden

Keßler, J., 2016: Kompetenzabgrenzung und Kompetenzkonflikte im Genossenschaftsrecht, Düsseldorf

Korte, K.-R., 2024: Wählermärkte, Frankfurt/New York

Krapp, 2022: Wohnungspolitische Instrumente ohne Wirkung?, in: APuZ 51-52/2022, S. 10ff

Löhr, D., 2022: Bezahlbares Wohnen. Der steinige Weg über das kommunale Bodeneigentum, in: APuZ 51-52/22, S. 43ff

Meuth, M./Reutlinger, C. (Hg.), 2023: Entmietet und verdrängt. Wie Mieter*innen ihren Wohnungsverlust erleben, Bielefeld

Netzwerk Daseinsvorsorge, 2022: Bürgergenossenschaften im Bereich der kommunalen Daseinsvorsorge (Factsheet), Hochschule Neubrandenburg (www.regionale-daseinsvorsorge.de)

Reckwitz, A., 2024: Verlust. Ein Grundproblem der Moderne, Berlin

Rink, D., 2021: Politik des Wohnens, in: F. Eckardt/S. Meier (Hg.), Handbuch Wohnsoziologie, a.a.O., S. 79ff

Romeo Gordo, L./Grabka, M. M./Lozano Alcantara, A. L./Engstler, H./Vogel, C., 2019: Immer mehr ältere Haushalte sind von steigenden Wohnkosten schwer belastet, DIW-Wochenbericht 27/2019, Berlin, S. 467ff

Schipper, S./Vollmer, L. (Hg.), 2020: Wohnungsforschung. Ein Reader, Bielefeld

Spannagel, D./Brülle, J., 2024: Ungleiche Teilhabe: Marginalisierte Arme - Verunsicherte Mitte. WSI-Verteilungsbericht 2024, Düsseldorf (WSI-Report 98/November 2024)

SVR (Sachverständigenrat zur Begutachtung der gesamtwirtschaftlichen Entwicklung), 2023: Wachstumsschwäche überwinden – in die Zukunft investieren. Jahresgutachten 2023/2024, Wiesbaden

SVR (Sachverständigenrat zur Begutachtung der gesamtwirtschaftlichen Entwicklung), 2024: Versäumnisse angehen, entschlossen modernisieren, Jahresgutachten 2024/2025, Wiesbaden

Vornholz, G. 2024: ImmobilienResearch Vornholz GmbH, Band 7: Wohnungsbestand in Deutschland, Lüdinghausen

Willke, H., 2020: Die Krise der politischen Steuerung (Gespräch mit Josef Oberneder), in: P. Reinbacher/J. Oberneder/A. Wesenauer (Hg.), Warum Komplexität nützlich ist. Auf der Suche nach Antworten mit Helmut Willke, Wiesbaden, S. 215ff

Zilles, J./Drewing, E./Janik, J. (Hg.), 2022: Umkämpfte Zukunft. Zum Verhältnis von Nachhaltigkeit, Demokratie und Konflikt, Bielefeld

Wohnungsgenossenschaften zwischen sozialen Zielen und wirtschaftlichen Zwängen

Das genossenschaftliche Wohnen stellt eine besondere Wohnform dar, die oft als „dritte tragende Säule neben dem Wohnen zur Miete und dem Wohneigentum" (BMVBW 2004, S. 19) beschrieben wird. Dabei sind die Mitglieder einerseits gleichberechtigte Eigentümer des Unternehmens und gleichzeitig auch Nutzer des genossenschaftlichen Wohnungsbestandes. Das Eigentum bezieht sich dabei nicht – wie etwa bei Wohnungseigentümergemeinschaften – auf eine spezifische Wohnung, sondern auf einen Teil des gesamten genossenschaftlichen Vermögens, der über das Zeichnen von Genossenschaftsanteilen erworben wird. Das Recht auf Nutzung einer bestimmten Wohnung wird in einem separaten Miet- bzw. Nutzungsvertrag zwischen Mitglied und Genossenschaft erworben. Diese **Doppelrolle** der Mitglieder als Eigentümer und Nutzer ist das bestimmende Merkmal des genossenschaftlichen Wohnens und leitet sich unmittelbar aus den gesetzlichen Bestimmungen des Genossenschaftswesens ab.

Die genossenschaftliche Rechtsform ist in Deutschland im Genossenschaftsgesetz manifestiert und unterscheidet sich in einigen Punkten wesentlich von anderen Rechtsformen, wie der AG oder der GmbH (vgl. ausführlich Schlüter et al. 2023). Welche Besonderheiten das im Einzelnen sind ist den Genossenschaftsvorständen in der Regel klar, doch in der Praxis zeigt sich regelmäßig, dass aufgrund des Umfangs der gesetzlichen Regelungen nicht bei allen Beteiligten, wie Gremienmitgliedern und Mitarbeitenden der Genossenschaften, ebenso wie bei den eigenen Mitgliedern, ein umfassendes juristisches Verständnis für die genossenschaftlichen Besonderheiten vorausgesetzt werden kann. Auch weitere Stakeholder, etwa aus dem Bereich der Kommunalverwaltung oder der Lokalpolitik wissen zwar oft, dass es eine oder mehrere Wohnungsgenossenschaften vor Ort gibt, aber in der Regel nicht, wie diese genau „funktionieren".

R. G. Heinze, D. Wilde, *Wohnungsgenossenschaften*, https://doi.org/10.1007/978-3-658-47197-2_6

Dementsprechend sehen sich Vorstände von Wohnungsgenossenschaften in der internen und externen Kommunikation immer wieder mit einigen Mythen und **Missverständnissen** konfrontiert, denen ein verfälschtes Verständnis des genossenschaftlichen Modells zugrunde liegt. So wird Wohnungsgenossenschaften beispielsweise regelmäßig pauschal die Gemeinnützigkeit (nach Abgabenordnung) oder eine städtische Beteiligung (d. h. eine Gesellschafterfunktion bzw. Trägerschaft seitens der Kommune) unterstellt. Während beides mit Einschränkungen und in Einzelfällen zwar richtig sein kann, so ist es doch in den allermeisten Fällen ebenso falsch wie die regelmäßig geäußerte Vermutung, Genossenschaften müssten keine Gewinne erwirtschaften. Deshalb ist es für die Einschätzung der Potenziale – aber auch der Grenzen – von Wohnungsgenossenschaften zur Bekämpfung der Wohnkrise sinnvoll, sich an dieser Stelle einmal mit ihrer besonderen Konstruktion auseinanderzusetzen.

Gemäß § 1 **Genossenschaftsgesetz** (GenG) sind Genossenschaften „Gesellschaften von nicht geschlossener Mitgliederzahl, deren Zweck darauf gerichtet ist, den Erwerb oder die Wirtschaft ihrer Mitglieder oder deren soziale oder kulturelle Belange durch gemeinsamen Geschäftsbetrieb zu fördern." Mit dieser sprachlich etwas angestaubt daherkommenden Definition sind bereits mehrere fundamentale Besonderheiten der genossenschaftlichen Rechtsform gesetzlich verankert, die sie grundlegend von anderen Unternehmensformen unterscheiden. Dabei handelt es sich insbesondere um den **Fördergrundsatz**, der als wesensbestimmendes Merkmal allen Genossenschaften – unabhängig von der Branche – inhärent ist. Aufgrund der unscharfen Formulierung ist zunächst zu klären, was damit seitens des Gesetzgebers genau gemeint ist und wie sich die Förderung der Mitglieder im speziellen Fall der Wohnungsgenossenschaften interpretieren und in gelebte Praxis umsetzen lässt.

Die Förderung des „Erwerbs" zielt auf die berufliche Tätigkeit der Mitglieder ab und meint damit, dass die Genossenschaft durch ihre Leistungen die Mitglieder bei deren Erwerbstätigkeit fördern und unterstützen soll. Diese Form der Mitgliederförderung ist beispielsweise bei Waren- oder Einkaufsgenossenschaften elementar, spielt aber bei Wohnungsgenossenschaften – außer, wenn diese auch Gewerberäume an ihre Mitglieder vermieten – eine eher untergeordnete Rolle. „Für die Wohnungsgenossenschaften ist dagegen weitgehend nur die „Förderung der Wirtschaft" ihrer Mitglieder von Bedeutung. Darunter ist die Unterstützung des privaten Lebensbereichs zu verstehen, wozu insbesondere auch die Erstellung und Bewirtschaftung von Wohnraum gehört" (Schlüter et al. 2023, S. 36).

Konkretisiert wird dieser Förderzweck in der Regel durch die **Satzung**. Diese kann in gewissem Umfang genossenschaftsindividuell ausgestaltet werden, ist jedoch in vielen Regelungsbereichen zwingend durch das Genossenschaftsgesetz vorgegeben. In der Praxis greifen die meisten Wohnungsgenossenschaften auf die Mustersatzung des Bundesverbandes der Immobilienwirtschaft GdW zurück. Hier heißt es zum Förderzweck: „Zweck der Genossenschaft ist die Förderung ihrer Mitglieder vorrangig durch eine gute, sichere und sozial verantwortbare Wohnungsversorgung." Und zum Unternehmensgegenstand dann noch ausführlicher: „Die Genossenschaft kann Bauten in allen Rechts- und Nutzungsformen bewirtschaften, errichten, erwerben, vermitteln, veräußern und betreuen; sie kann alle im Bereich der Wohnungs- und Immobilienwirtschaft, des Städtebaus und der Infrastruktur anfallenden Aufgaben übernehmen. Hierzu gehören Gemeinschaftsanlagen und Folgeeinrichtungen, Läden und Räume für Gewerbebetriebe, soziale, wirtschaftliche und kulturelle Einrichtungen und Dienstleistungen" (GdW 2022, S. 4 f.).

Durch diese weit gefasste Formulierung des **Unternehmensgegenstandes** wird es den Genossenschaften ermöglicht, Leistungen zu erbringen, die über die bloße Erstellung und Bewirtschaftung von Genossenschaftswohnungen hinaus gehen, wie etwa Maßnahmen der Wohnumfeldgestaltung, soziale Dienstleistungen oder die Errichtung von Kindergärten und Einrichtungen für Senioren oder Menschen mit Behinderungen (vgl. Schlüter et al. 2023, S. 38). Dabei müssen diese Leistungen nicht immer durch die Genossenschaft selbst erbracht werden, sondern können im Rahmen von Kooperationen oder Unternehmens-Beteiligungen – die ebenfalls durch das Genossenschaftsgesetz zugelassen sind – auch durch Dritte erbracht werden.

Wichtig ist bei allen Aktivitäten, dass sich diese stets nachvollziehbar in Einklang mit dem Förderzweck der Genossenschaft bringen lassen. Nebenzwecke und -tätigkeiten dürfen zwar verfolgt werden, müssen sich aber stets am Unternehmenszweck und am **Förderauftrag** orientieren. „Dies gilt uneingeschränkt auch für Aufgaben im Bereich des Städtebaus und der Infrastruktur, da Genossenschaften keine gemeinnützigen, sondern ausschließlich an den Belangen ihrer Mitglieder ausgerichtete Unternehmen sind. Entscheidend ist somit, ob die Betätigung zumindest mittelbar zur Verbesserung des nachbarlichen Umfeldes oder der Wohnungsversorgung der Mitglieder unter Einschluss wirtschaftlicher, sozialer oder kultureller Ergänzungsleistungen beiträgt" (Keßler 2016, S. 20). Ringle fast dieses Alleinstellungsmerkmal der genossenschaftlichen Rechtsform folgendermaßen zusammen: „Mitgliedernutzen zu stiften ist der einzig zulässige Zweck einer Genossenschaft (…) Das Gebot der Förderung im Sinne des GenG, nämlich über vorteilhafte Leistungsbeziehungen, ist kein bloßes Beiwerk, sondern ein *Begriffsmerkmal der Genossenschaft*" (Ringle 2023, S. 414; vgl. auch Haffner und Brunner 2014 sowie Wrede 2023) (Abb. 6.1).

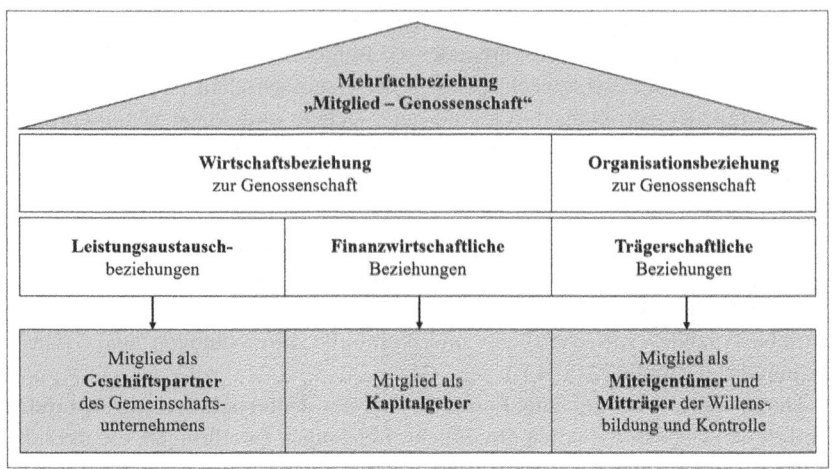

Abb. 6.1 Mitgliederrollen in der Genossenschaft. (Quelle: Grosskopf et al. 2009, S. 47)

Folgerichtig ist auch die gesamte **Leitungsverfassung** der Genossenschaften darauf ausgelegt, die Verfolgung des Fördergrundsatzes gegenüber den Mitgliedern durch die ausführenden Organe dauerhaft sicherzustellen. Die Gesamtheit aller Mitglieder bildet die Generalversammlung, die als oberstes Willensorgan über alle wichtigen Angelegenheiten der Genossenschaft beschließt. Bei Genossenschaften mit mehr als 1500 Mitgliedern kann anstelle der Generalversammlung eine Vertreterversammlung installiert werden, wobei die Vertreter in allgemeiner, unmittelbarer, gleicher und geheimer Wahl durch alle Genossenschaftsmitglieder gewählt werden. Grundlegende Bedeutung kommt vor allem den jährlichen Beschlüssen der General- bzw. Vertreterversammlung über den Jahresabschluss, eventuelle Satzungsänderungen sowie über die Verteilung des Gewinns zu. Es gilt das „Eine-Person-eine-Stimme"-Prinzip, wodurch sichergestellt ist, dass keine mehrheitlichen Kapitalinteressen, sondern ausschließlich die kollektiven Mitgliederbelange maßgeblich sind.

Die General- oder Vertreterversammlung wählt außerdem den **Aufsichtsrat**, der wiederum die Mitglieder des Vorstands bestellt. Dieser besteht gemäß Genossenschaftsgesetz aus mindestens zwei Mitgliedern und wird grundsätzlich – wie die Mitglieder des Aufsichtsrates – aus den Reihen der Genossenschaftsmitglieder gewählt. Dem **Vorstand** obliegen die Geschäftsführung des gemeinschaftlichen Geschäftsbetriebes in eigener Verantwortung sowie die Vertretung der Genossenschaft nach außen. Der Aufsichtsrat besteht aus mindestens drei Mitgliedern, wobei ein Aufsichtsratsmitglied nicht gleichzeitig Mitglied des Vorstandes sein darf. Die Hauptfunktion des Aufsichtsrates besteht in der Überwachung des Vorstandes bei der Geschäftsführung und in dessen Beratung. Beide Gremien – Aufsichtsrat und Vorstand – sind zudem verpflichtet über ihre Arbeit gegenüber der General- bzw. Vertreterversammlung im Rahmen der jährlichen Versammlung Bericht zu erstatten (Abb. 6.2).

Durch diese Konstruktion soll sichergestellt werden, dass die gesetzlich verankerte Förderung der Mitglieder auch über die **genossenschaftlichen Gremien** und ausführenden Organe dauerhaft in praktische Maßnahmen der Geschäftspolitik übersetzt wird. Der Vorstand führt die Genossenschaft zwar in eigener Verantwortung, hat gegenüber Aufsichtsrat und General- bzw. Vertreterversammlung jedoch regelmäßig über seine Tätigkeit Bericht zu erstatten. Eine darüberhinausgehende Beteiligung der Mitglieder an operativen Entscheidungsprozessen ist gesetzlich nicht vorgeschrieben, allerdings auch nicht explizit ausgeschlossen. Hierbei handelt es sich um ein Feld, das individuell innerhalb jeder einzelnen Genossenschaft zwischen den Betroffenen festgelegt und ausgehandelt werden muss.

Während bei kleinen Genossenschaften ein sehr aktives Engagement der Mitglieder oft noch die Regel ist, haben sich in großen Genossenschaften zumeist Strukturen entwickelt, in denen der Vorstand die strategische und operative Führung des Unternehmens im Sinne eines klassischen „Top-Down" Managements umsetzt und die Beteiligung der Mitglieder – neben den gesetzlich vorgeschriebenen Zustimmungserfordernissen – auf eine weitgehend offene und transparente Informationspolitik sowie punktuelle Beteiligungsmöglichkeiten beschränkt (vgl.

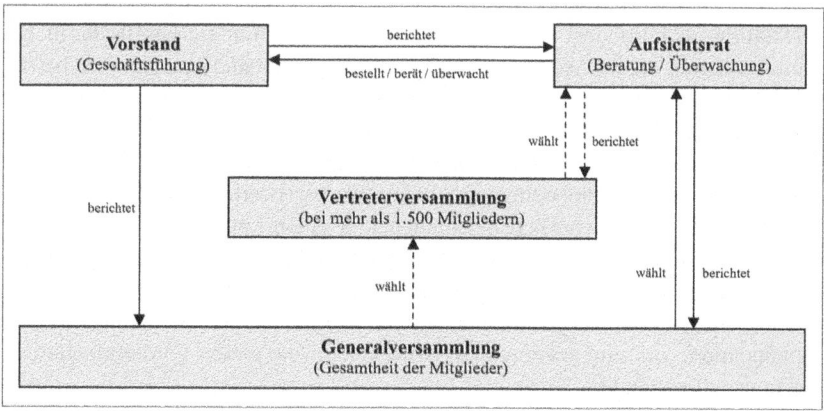

Abb. 6.2 Gremienstruktur der Genossenschaft. (Quelle: Jung 2006, S. 116)

Metzger 2021, S. 526). Kritiker sehen hierin die Gefahr einer „Verselbständigung" des genossenschaftlichen **Managements**, bei der die klare Ausrichtung an den tatsächlichen Bedarfen der Mitglieder zugunsten anders gelagerter (bspw. rein betriebswirtschaftlicher) Interessen wegzubrechen droht. Befürworter dieses Führungsansatzes halten dem entgegen, dass bei zunehmender Komplexität etwa der wirtschaftlichen, technischen und gesetzlichen Rahmenbedingungen, eine verantwortungsvolle Unternehmensführung nicht mehr basisdemokratisch, sondern nur durch professionelle und fachlich qualifizierte Führungs- und Entscheidungsstrukturen sichergestellt werden kann (vgl. Keßler 2016, S. 59).

Um in diesem Spannungsfeld die Mitgliederinteressen zu stärken, hat der Gesetzgeber in einer Novelle des Genossenschaftsrechts die Rolle der genossenschaftlichen **Prüfungsverbände** dahingehend konkretisiert, dass sich diese im Rahmen ihrer jährlichen Prüfungen neben rechtlichen und wirtschaftlichen Aspekten auch mit der Einhaltung des Förderzwecks beschäftigen und hierzu Stellung nehmen müssen. Gemäß § 54 Genossenschaftsgesetz muss jede Genossenschaft einem Verband angehören, dem das Prüfungsrecht verliehen ist. „Der Prüfungsverband hat im Prüfungsbericht dazu Stellung zu nehmen, ob und auf welche Weise die Genossenschaft im Prüfungszeitraum einen zulässigen Förderzweck verfolgt hat (§ 58 Abs. 1 Satz 3 GenG). Diese Neuregelung aufgrund der Reform des Genossenschaftsrechts im Jahr 2017 dient der Transparenz. Der Förderzweck stellt ein charakteristisches Merkmal der Rechtsform der Genossenschaft dar. Vorstand, Aufsichtsrat und die übrigen Genossenschaftsmitglieder sollen frühzeitig gewarnt werden, falls sich die Genossenschaft von ihrem Förderzweck entfernt" (Schlüter et al. 2023, S. 37).

Aus einer **Governance**-Perspektive heraus kann somit die genossenschaftliche Rechtsform als besonders geeignet angesehen werden, um ein gesellschaftliches Grundbedürfnis wie das Wohnen dauerhaft sozial gerecht und nachhaltig zu befriedigen. Die Gesamtheit der Mitglieder stellt in ihrer Doppelfunktion als Nutzer der Wohnungen und Eigentümer des gemeinschaftlichen Geschäftsbetriebes das höchste Willensbildungsorgan dar. Da ihr oberstes Interesse in der Regel in dauerhaft angemessenen Wohnbedingungen wie etwa preiswerten Mieten, einer guten Betreuung, flankierenden Dienstleistungen und einem attraktiven Wohnungsangebot liegt, wird der Vorstand dies bei seiner Geschäftsführung regelmäßig berücksichtigen. Durch die gesetzlich verankerten Gremienstrukturen und die externe Begleitung durch die Prüfungsverbände sind zudem gleich zwei Sicherungssysteme implementiert, die ein gravierendes Abweichen von dieser Förderorientierung wirkungsvoll verhindern.

Angesichts der zunehmenden Problemlagen auf dem Wohnungsmarkt und der seit Jahren zu beobachtenden Ausbreitung großer Kapitalanleger in diesem

Bereich, können Wohnungsgenossenschaften somit ein Gegengewicht darstellen und mit ihrem rein an den Mitgliederinteressen orientierten Geschäftsmodell **gemeinwohlwirksame Impulse** setzen. Das Spannungsfeld zwischen Kapitalinteressen auf der einen und Mieterinteressen auf der anderen Seite ergibt sich bei Genossenschaften nicht in dem Maße, wie es beispielsweise bei den großen kapitalmarktorientierten Wohnungskonzernen der Fall ist. Dennoch müssen auch Wohnungsgenossenschaften betriebswirtschaftlich handeln, um ihre Förderfähigkeit gegenüber den Mitgliedern dauerhaft zu erhalten. Mehr noch: Wollen Genossenschaften ihrem Anspruch gerecht werden, sich um die Belange ihrer aktuellen Mitglieder zu kümmern und gleichzeitig eine Grundlage für zukünftige Mitgliedergenerationen zu schaffen, müssen sie sich am Markt erfolgreich gegenüber Wettbewerben behaupten, um wirtschaftliche Überschüsse zu erwirtschaften und langfristige Rücklagen zu bilden.

Ohne wirtschaftlichen Erfolg kann keine Genossenschaft nachhaltig bestehen, weil ansonsten die materielle und finanzielle Grundlage zur Verfolgung des Förderzweckes fehlen würde. Mitgliederförderung und **wirtschaftlicher Erfolg** sind damit zwei Seiten einer Medaille, die untrennbar miteinander verbunden sind. „Die beiden Erfolgsarten sind derart miteinander verknüpft, dass ein Fördererfolg nicht ohne Markterfolg realisierbar ist (…) Marktwirtschaftlicher Erfolg steht in einer Mittel-Zweck-Relation zur Bereitstellung von Förderleistungen für die Mitglieder. In umgekehrter Richtung gilt (…): Je größer der Fördererfolg, desto attraktiver wird die Genossenschaft sein, was sich wiederum positiv auf den Markterfolg auswirken kann" (Ringle 2023, S. 419).

Diese **Dualität** der Zielsysteme hat sich in der Vergangenheit als ein wesentliches Erfolgskriterium für die positive Entwicklung der Wohnungsgenossenschaften dargestellt. In gut funktionierenden Märkten konnten Genossenschaften wirtschaftliche Vorteile in Form von preiswerten Mieten und einer hohen Servicequalität unmittelbar an die Wohnungsnutzer weitergeben, was zu zufriedenen Mitgliedern und niedrigen Leerstandsquoten geführt hat, die sich wiederum positiv auf die wirtschaftliche Entwicklung ausgewirkt haben. Mit diesem Modell haben sich Genossenschaften über viele Jahrzehnte hinweg nicht nur zu einer der erfolgreichsten, sondern – zumindest in Deutschland – auch zur sichersten Unternehmensform entwickelt (Abb. 6.3).

In jüngerer Zeit gerät diese fast schon symbiotische Beziehung zwischen Mitgliederförderung und wirtschaftlichem Erfolg jedoch zunehmend unter Druck. **Höhere Aufwendungen** durch gestiegene Bau-, Handwerks- und Materialkosten, gestiegene Zinsen und in Folge der Inflation und des Fachkräftemangels hohen Tarifentwicklungen, treffen auf einen gestiegenen Investitionsdruck zur Einhaltung der gesetzlichen Vorgaben, die sich etwa aus dem Klimaschutzgesetz und dem in 2023

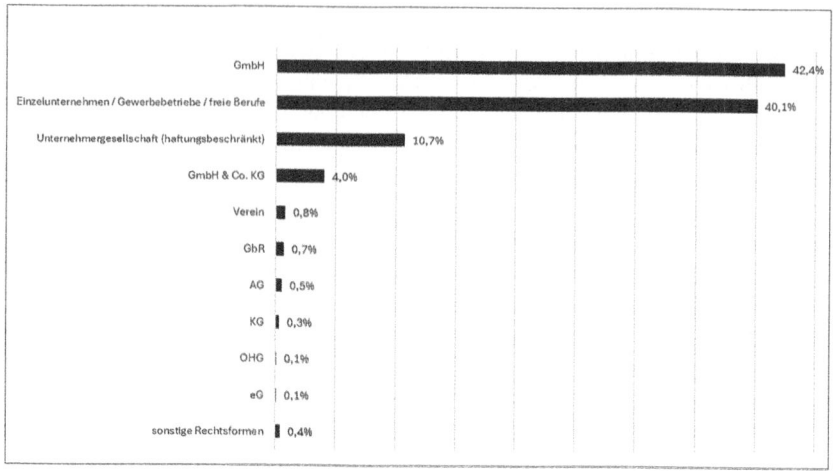

Abb. 6.3 Insolvenzen in Deutschland nach Rechtsform. (Quelle: https://de.statista.com/statistik/daten/studie/182558/umfrage/anteil-der-unternehmensinsolvenzen-nach-rechtsform-in-deutschland/ (abgerufen am 27.03.2024))

novellierten Gebäudeenergiegesetz ableiten (vgl. Everding et al. 2023). Um diese gestiegenen Ausgaben aufzufangen, bleibt den Wohnungsgenossenschaften oft nur die Möglichkeit, dauerhaft rückläufige Überschüsse oder sogar Defizite in Kauf zu nehmen (was substanzschädigend wäre und damit keine echte Option darstellt) oder aber die Nutzungsentgelte (Mieten) für ihre Wohnungen stärker als bislang zu erhöhen.

Dadurch ergibt sich ein **Dilemma** für Genossenschaftsvorstände, denen es immer schwerer fällt, beide Zielsysteme – Mitgliederförderung und wirtschaftlichen Erfolg – gleichermaßen zu verfolgen. Nicht zuletzt aufgrund der persönlichen Haftung und der jährlichen Aufsicht durch den Prüfungsverband werden Vorstände im Zweifelsfall zuerst die wirtschaftliche Stabilität der Genossenschaft sicherstellen, auch wenn dies ein „Durchdrücken" von Mieterhöhungen oder anderen betriebswirtschaftlich notwendigen Maßnahmen gegen den Willen der eigenen Mitglieder bedeutet. Damit machen sie sich allerdings genossenschaftsintern angreifbar, weil ihnen eine Missachtung des Fördergrundsatzes vorgeworfen werden könnte und über die Gremien General- bzw. Vertreterversammlung und Aufsichtsrat eine Sanktionierung bis hin zur Auflösung des Vertrages drohen könnte.

Die regionalen Wohnungsverbände berichten in jüngerer Zeit verstärkt davon, in einzelnen Mitgliedsgenossenschaften die Mediatorenrolle einnehmen zu müssen, weil sich genau in diesem Spannungsfeld zwischen den Gremien oder innerhalb derer **wachsende Konfliktlinien** auftun, die von den Betroffenen selbst nur schwer aufzulösen sind. Hier wird ggf. der Gesetzgeber zukünftig gefordert sein, Rechtssicherheit für Entscheidungsträger in Wohnungsgenossenschaften herzustellen, die durch verantwortungsvolles Handeln die wirtschaftliche Existenz der Genossenschaften auch in diesen herausfordernden Zeiten nachhaltig sicherstellen wollen und sich trotzdem oder gerade deshalb gegenüber ihren Mitgliedern in eine riskante Position bringen.

Auch in einer weiteren Hinsicht ist die **hybride Natur** der Wohnungsgenossenschaften – also ihre Stellung zwischen Mitgliederförderung und wirtschaftlicher Ausrichtung – nicht unproblematisch. In verschiedenen Situationen stellt sich regelmäßig die Frage, welchem Unternehmenstypus die Wohnungsgenossenschaften eigentlich konkret zugeordnet werden können. Dies ist nicht immer einfach bzw. eindeutig, weil die Grenzen teilweise fließend und die Interpretation einzelner Sachverhalte je nach Betrachtungswinkel unterschiedlich sein können. Besonders intensiv wird dies gerade hinsichtlich des Volksentscheides zur Vergesellschaftung großer Wohnungsbestände in Berlin deutlich. Nach intensiven Protestbewegungen und ausgehend von der Initiative „Deutsche Wohnen & Co enteignen" wurde im Jahr 2021 ein Volksentscheid herbeigeführt, bei dem sich fast 60 % der Berliner Bürger für die Vergesellschaftung großer Wohnungskonzerne – gemeint sind damit Wohnungsvermieter mit einem Bestand von mehr als 3000 Wohnungen – ausgesprochen haben. Die daraufhin eingesetzte Expertenkommission legte im Juni 2023 ihren Abschlussbericht vor, in dem die geforderte Vergesellschaftung grundsätzlich als rechtlich halt- und durchführbar bewertet wurde (vgl. Expertenkommission zum Volksentscheid Vergesellschaftung großer Wohnungsunternehmen 2023).

Eine wesentliche Frage, mit der sich die Expertenkommission im Rahmen ihrer Arbeit beschäftigte, war die, ob auch die Wohnungsgenossenschaften in Berlin von der **Vergesellschaftung** berührt wären. Insgesamt 29 Genossenschaften in Berlin wären in diesem Fall betroffen, da sie jeweils über einen Bestand von mehr als 3000 Wohnungen verfügen und damit ein grundsätzliches Kriterium seitens der Enteignungsbefürworter erfüllen. Zwar hatten diese in ihrem ersten Beschlusstext bereits ihrerseits versucht, Genossenschaften von der Vergesellschaftung auszuschließen, ein vom Verband Berlin-Brandenburgischer Wohnungsunternehmen BBU beauftragtes Rechtsgutachten kommt allerdings zu dem Ergebnis, dass diese Ausnahme rechtlich nicht haltbar sei, da es sich um eine verfassungswidrige Ungleichbehandlung handeln würde und Genossenschaften alle Kriterien erfüllten, die von der Initiative für zu enteignende Wohnungskonzerne angelegt werden. „Eine Ausnahmeregelung für die Genossenschaften würde gegen Art. 3 Abs. 1 GG verstoßen, weil weder Zweck noch Struktur noch Mietenpraxis der Genossenschaften eine derartige Privilegierung im Verhältnis zu den anderen großen privaten Wohnungsunternehmen rechtfertigt. Sie käme einer Pönalisierung gleich, die nach dem Grundgesetz kein zulässiges Vergesellschaftungsziel darstellt" (Schede und Schuldt 2021, S. 2).

Die Autoren des Gutachtens stellen heraus, dass die Genossenschaften über ihre Mitgliederförderung zwar soziale Ziele verfolgen und damit mietpreisdämpfend und indirekt gemeinwohlorientiert auf den Wohnungsmarkt wirken, sie in erster Linie jedoch nur ihren Mitgliedern gegenüber verpflichtet sind und zur dauerhaften Erfüllung des Förderzwecks auch wirtschaftliche Überschüsse erzielen müssen. Sie seien deshalb privatwirtschaftliche Unternehmen mit **Gewinnerzielungsabsicht** und damit nicht wirksam im Rahmen des Volksentscheides von anderen Wohnungsgesellschaften und -konzernen abzugrenzen (vgl. Schede und Schuldt 2021, S. 24).

Dem gegenüber steht die Auffassung der Expertenkommission, die vom Berliner Senat eingesetzt wurde und die in ihrem Abschlussbericht (Juni 2023) zu dem Schluss kommt, dass Genossenschaften sehr wohl rechtswirksam aus dem Vergesellschaftungsvorhaben ausgenommen werden können. Die Kommission begründet dies damit, dass Genossenschaften zwar mit Gewinnerzielungsabsicht am Wohnungsmarkt agieren, die erwirtschafteten Gewinne aber nicht rein „privatnützlich" (d. h. zu beliebigen Zwecken) verwenden dürfen, sondern gemäß Genossenschaftsgesetz weitestgehend nur zur Förderung der Mitglieder z. B. durch Instandsetzungs- und Modernisierungsmaßnahmen, Neubauvorhaben oder sonstige dem **Förderzweck** dienliche Dinge verwenden darf. „Die Möglichkeiten des privatnützigen Gebrauchs der Wohnimmobilien als Vermietungsobjekte, die dem privaten Eigentümer an sich eröffnet sind, sind also durch die Wesensbestimmung der Genossenschaft erheblich begrenzt. Das unterscheidet die Wohnungsgenossenschaft von anderen inkorporierten Wohnungsunternehmen. Namentlich die Gewinnerzielung darf der Genossenschaft nicht Selbstzweck sein. Vielmehr muss die Erzielung von Gewinnen erforderlich sein, um den eigentlichen Förderzweck zu erfüllen, und sie muss sich im dadurch bestimmten Rahmen halten" (Expertenkommission zum Volksentscheid Vergesellschaftung großer Wohnungsunternehmen 2023, S. 83). Die weitere Entwicklung in diesem Prozess bleibt abzuwarten. Der Berliner Senat möchte in einem nächsten Schritt ein Rahmengesetz zur Vergesellschaftung auf dem Weg bringen und dieses zunächst durch das Bundesverfassungsgericht ausführlich juristisch prüfen lassen, bevor es frühestens im Jahr 2025 verabschiedet werden soll.

Obwohl es sich bei der hier dargestellten Problematik um ein speziell auf den Berliner Raum anzuwendendes Thema handelt, steht es gleichsam symptomatisch für das allgemein zunehmende **Spannungsfeld**, in dem sich Wohnungsgenossenschaften durch veränderte Rahmenbedingungen aktuell bewegen. Einerseits steht die besondere Rechtsform mit ihrer an der Mitgliederförderung ausgerichteten Leitmaxime als Alleinstellungsmerkmal in bewusster Abgrenzung zu rein privatwirtschaftlichen und renditegetriebenen Wohnungsvermietern; andererseits können und dürfen sie in vielen Bereichen gar nicht grundsätzlich anders handeln als diese und werden vom Gesetzgeber auch ebenso behandelt. Regulatorische und betriebswirtschaftliche Anforderungen, sei es von Seiten der Politik, der Kommunen oder beispielsweise auch der Banken, sind bei Wohnungsgenossenschaften oft identisch mit denen anderer Vermieter. Selbst der Bundesgerichtshof stuft in ständiger Rechtsprechung das Nutzungsverhältnis an einer Genossenschaftswohnung als „gewöhnlichen" Mietvertrag ein, auf den wie bei anderen Vermietern alle mietrechtlichen Bestimmungen des BGB anzuwenden sind (vgl. Schede und Schuldt 2021, S. 21).

Da angesichts der drängenden sozialen und wirtschaftlichen Herausforderungen inzwischen allerdings auch auf **politischer Ebene** das Interesse an genossenschaftlichen Wohnmodellen wächst, stellt sich die Frage, inwiefern es gelingen kann, diese besondere Unternehmensform durch gesetzgeberische oder sonstige regulatorische Maßnahmen gezielt zu fördern, um positive Impulse für den Wohnungsmarkt zu setzen. Hierzu wurden in den vergangenen Jahren diverse Initiativen auf den Weg gebracht, die exemplarisch zeigen, wie beispielsweise die Gründung und der Betrieb von Genossenschaften allgemein sowie insbesondere auch im Hinblick auf das Thema Wohnen unterstützt werden können. Die folgenden Abschnitte beleuchten einige dieser Maßnahmen, die darauf abzielen, das Genossenschaftswesen zu stärken und seine Potenziale für die Gesellschaft stärker zu entfalten:

Ein zentraler Baustein der staatlichen Förderung von Genossenschaften ist das Programm der Kreditanstalt für Wiederaufbau (KfW) zum **Erwerb von Genossenschaftsanteilen**, das sich an Privatpersonen richtet und ihnen den Zugang zu neu gegründeten oder bestehenden Wohnungsgenossenschaften erleichtern soll. Das Förderprogramm zielt darauf ab, die finanzielle Hürde für den Beitritt zu Genossenschaften, die gerade in der Gründungsphase enorm sein kann, zu senken. Genossenschaftsanteile für neu gegründete Wohnungsgenossenschaften (z. B. Baugruppen oder gemeinschaftliche Wohnprojekte) können in vielen Städten mehrere zehntausend Euro betragen. Insbesondere bei Neubauprojekten in teuren Städten wie München oder Hamburg sind in der Regel höhere Eigenanteile erforderlich. Der Erwerb von Genossenschaftsanteilen erfordert in diesen Fällen eine signifikante Anfangsinvestition, was vor allem für sozial schwächere Haushalte ein Hindernis darstellt. Angesichts der steigenden Mieten und der angespannten Wohnungsmärkte in den Großstädten bietet das Programm der KfW somit eine

Möglichkeit, mehr Bürger in Genossenschaften einzubinden und ihnen die Vorteile dieser nachhaltigen Wohnform zugänglich zu machen.

Das Programm wurde von der **Bundesregierung** zusammen mit der KfW im Jahr 2022 erstmals aufgelegt und aufgrund hoher Nachfrage kontinuierlich ausgeweitet. Bauministerin Klara Geywitz erklärt hierzu „Das Programm für Genossenschaftliches Wohnen hat sich zu einem hidden champion entwickelt. Gestartet sind wir mit 6 Mio. € in 2022, lagen dann bei neun Millionen Euro in 2023 und statten dieses Programm jetzt mit 15 Mio. € in 2024 aus. Mit diesem Programm unterstützen wir Menschen, die eine eigene Genossenschaft gründen, um anschließend zu bauen, oder die Genossenschaftsanteile erwerben möchten, mit zinsgünstigen Krediten und einem Tilgungszuschuss."[1]

Vor dem Hintergrund der hohen Nachfrage kam es allerdings auch zu Turbulenzen, als das Programm aufgrund der allgemeinen **Haushaltssperre** im November 2023 zwischenzeitlich ausgesetzt wurde. Allein in München war durch diese Maßnahme der Bau von rund 1500 Wohnungen gefährdet; Genossenschaften und deren Mitglieder gerieten quasi über Nacht in akute Zahlungsprobleme.[2] Erst im Februar 2024 wurde diese problematische Situation aufgelöst und die Förderung zusammen mit weiteren KfW-Programmen wieder aufgenommen. Metzger warnt in diesem Zusammenhang – insbesondere angesichts zunehmend herausfordernder Rahmenbedingungen beim Bau und der Finanzierung von Wohnprojekten – vor einer strukturellen Krise für die Gründung genossenschaftlicher Initiativen. „Die aktuellen Probleme lassen befürchten, dass die bisherige Erfolgsgeschichte selbstverwalteten und gemeinschaftlichen Bauen und Wohnen ein Ende finden könnte" (Metzger 2023, S. 58).

Das Beispiel der KfW zeigt einerseits, wie Politik über staatliche Förderprogramme gezielt das genossenschaftliche Wohnen unterstützen und breiten Bevölkerungsschichten zugänglich machen kann, was vor dem Hintergrund der hohen Inanspruchnahme auch nachweislich (besonders in Großstädten und angespannten Wohnungsmärkten) auf eine hohe Nachfrage trifft. Andererseits zeigt sich hier allerdings auch, wie wichtig gerade im Wohnungsbereich langfristig verbindliche und auf der Nachfrageseite planbare Förderinstrumente sind. Genossenschaftsgründungen erstrecken sich aufgrund langwieriger Gründungsprozesse und -regularien in der Regel über mehrere Monate bzw. Jahre; insbesondere dann, wenn parallel zur Grün-

---

[1] https://www.bmwsb.bund.de/SharedDocs/pressemitteilungen/Webs/BMWSB/DE/2024/02/Foerderprogramme.html (abgerufen am 30.08.2024).

[2] Vgl. https://www.abendzeitung-muenchen.de/muenchen/brisante-entscheidung-in-berlin-jetzt-steht-wohnungsmarkt-in-muenchen-vor-neuen-problemen-art-943923 (abgerufen am 14.05.2024).

dung bereits erste Neubauplanungen hinzukommen. Staatliche Förderungen können nur dann effektiv zur Wirkung kommen, wenn sie über diese Zeitspanne hinweg als verlässlicher Finanzierungsbaustein von allen Beteiligten (Mitglieder, Banken, Bauunternehmen etc.) mit eingeplant werden können. Diese Verlässlichkeit leidet aktuell aufgrund zahlreicher Förderstopps und hat in den vergangenen Jahren bei den Wohnungsgenossenschaften sowie in der Wohnungs- und Bauwirtschaft insgesamt zu einem spürbaren **Vertrauensverlust** gegenüber staatlicher Förderpolitik geführt. Politische ad hoc Maßnahmen und Zäsuren – wie die vollständige Sperre des Bundeshaushalts im November 2023 oder der Bruch der Regierungskoalition im November 2024 – sind Gift für langfristig agierende Unternehmen wie Wohnungsgenossenschaften. Hier liegt angesichts der drängenden Probleme auf dem Wohnungsmarkt zukünftig ein wichtiger Hebel; um wieder verstärkt private und privatwirtschaftliche Wohnungsbauinvestitionen anzukurbeln, braucht es verbindliche und planbare Rahmenbedingungen.

Ein herausragendes Beispiel für die erfolgreiche Förderung von Genossenschaften auf **kommunaler Ebene** ist die Mitbauzentrale München.[3] Diese dient als zentrale Beratungs- und Koordinationsstelle für gemeinschaftliches und genossenschaftliches Bauen und leistet damit einen wesentlichen Beitrag zur Entstehung bezahlbaren Wohnraums in München. Die Stadt gehört mit durchschnittlichen Angebotsmieten von 20 € pro Quadratmeter (Stand August 2024) zu den teuersten Wohnstandorten Deutschlands. Vor diesem Hintergrund wurde bereits vor mehr als zehn Jahren im Rahmen der kommunalen Wohnungspolitik ein Fokus verstärkt auf gemeinschaftliche und genossenschaftliche Wohnformen gelegt. Die Mitbauzentrale München wurde im Jahr 2014 gegründet, um Genossenschaften und Baugruppen dabei zu unterstützen, kostengünstigen Wohnraum zu schaffen und so der massiven Wohnungsnot in der bayerischen Landeshauptstadt entgegenzuwirken. Hierzu bietet die Mitbauzentrale umfassende Informationen zu allen Phasen eines Wohnbauprojekts, von der Gründung einer Genossenschaft über die Finanzierung bis hin zur rechtlichen Gestaltung von Verträgen, wobei eine enge Vernetzung zu Behörden weiterer Institutionen besteht.

Flankiert wird diese Initiative durch eine kommunale **Grundstücksvergabe**, bei der städtische Baugrundstücke über die Mitbauzentrale zu vergünstigten Konditionen an Genossenschaften und Baugruppen vermittelt werden. Die Stadt München verfolgt damit das Ziel, Spekulationen mit städtischem Boden zu verhindern und langfristig bezahlbare Mieten zu sichern. Seit ihrer Gründung konnten unter anderem mit Hilfe der Mitbauzentrale 20 Genossenschaften gegründet und über 1700 genossenschaftliche Wohnungen in München realisiert werden, die in der

---

[3] Vgl. https://www.mitbauzentrale-muenchen.de.

Regel deutlich unter den Mietpreisen des freien Marktes liegen. Darüber hinaus tragen die Projekte zur sozialen Durchmischung der Quartiere bei, da die geförderten Genossenschaften bzw. deren Mitglieder im „Münchener Modell" klaren Einkommensgrenzen unterliegen und somit gezielt sozial schwächeren Haushalten Zugang zu Wohnraum ermöglicht wird. Die Mitbauzentrale arbeitet eng mit Stadtteilinitiativen, Architekten und Baufirmen zusammen, um innovative Wohnformen zu fördern. Dies reicht von Mehrgenerationenprojekten bis hin zu ökologisch nachhaltigem Bauen.

Das Münchener Modell wird inzwischen auch in anderen Kommunen als Best Practice diskutiert. Städte wie Berlin, Frankfurt und Hamburg prüfen, ob ähnliche Initiativen zur Förderung von Genossenschaften und Baugruppen eingeführt werden können. Eine Grundlage für die gezielte Förderung von Wohnungsgenossenschaften auf kommunaler Ebene liefern dabei bereits in einigen Fällen entsprechende Regelungen auf **Länderebene**, weil bereits „(…) mehrere Landesverfassungen, anders als das Grundgesetz, die Förderung des Genossenschaftsmodells ausdrücklich thematisieren und damit auch eine Rechtfertigung für entsprechende Maßnahmen auf kommunaler Ebene begründen. In der Zusammenschau mit den ebenfalls in vielen Landesverfassungen anzutreffenden Staatszielbestimmungen zur Versorgung mit Wohnraum liefert das Landesverfassungsrecht insoweit ein deutliches Mandat für entsprechende Fördermaßnahmen" (Kluth und Wöhlert 2020, S. 5). So heißt es etwa in § 28 der nordrhein-westfälischen Landesverfassung „Die genossenschaftliche Selbsthilfe ist zu unterstützen." Die hessische Landesverfassung geht gleich zweifach auf die Förderung des genossenschaftlichen Modells ein. Während es in Artikel 43 heißt „(1) Selbständige Klein- und Mittelbetriebe in Landwirtschaft, Gewerbe, Handwerk und Handel sind durch Gesetzgebung und Verwaltung zu fördern und besonders vor Überlastung und Aufsaugung zu schützen. (2) Zu diesem Zweck ist die genossenschaftliche Selbsthilfe auszubauen.", legt Artikel 44 nochmals grundsätzlich fest „Das Genossenschaftswesen ist zu fördern." Ähnliche Regelungen finden sich auch in weiteren Bundesländern wie etwa Rheinland-Pfalz, Bayern oder Hamburg.

Ein weiterer politischer Ansatzpunkt zur Förderung von Genossenschaften besteht darin, das **Genossenschaftsgesetz** fortzuschreiben und an neue Herausforderungen sowie veränderte Rahmenbedingungen anzupassen. Wesentliche Änderungen gab es zuletzt beispielsweise in den Jahren 2006, 2017 und 2022. Im Jahr 2006 wurde das GenG durch das „Gesetz zur Einführung der Europäischen Genossenschaft und zur Änderung des Genossenschaftsrechts" vom 14. August 2006 (BGBl. I S. 1911) umfassend reformiert. Diese Novellierung zielte darauf ab, die Gründung und Verwaltung von Genossenschaften zu erleichtern und die Rechtsform insgesamt attraktiver zu gestalten. Wesentliche Änderungen umfassten die

Einführung der Europäischen Genossenschaft (SCE) in deutsches Recht, die Reduzierung der Mindestmitgliederzahl von sieben auf drei sowie die Flexibilisierung der Kapitalstruktur durch die Möglichkeit, investierende Mitglieder aufzunehmen. Zudem wurde der Förderzweck erweitert, sodass fortan auch kulturelle und soziale Belange genossenschaftliche Zusammenschlüsse begründen konnten, etwa für Kindergärten, Pflegeeinrichtungen oder kulturelle Einrichtungen.

Im Jahr 2017 erfolgte eine weitere Reform durch das „Gesetz zum Bürokratieabbau und zur Förderung der Transparenz bei Genossenschaften" vom 17. Juli 2017 (BGBl. I S. 2434). Diese Novelle verfolgte unter anderem das Ziel, bürokratische Hürden abzubauen und die Transparenz innerhalb von Genossenschaften zu erhöhen. Zu den zentralen Änderungen zählten die Erleichterung der digitalen Kommunikation, beispielsweise durch die Zulassung von Einladungen zur Generalversammlung per E-Mail, die Einführung der sogenannten Business Judgement Rule zur Haftungserleichterung für Vorstandsmitglieder sowie die Anhebung der Schwellenwerte für die Pflicht zur Jahresabschlussprüfung.

Im Jahr 2022 wurden durch das „Gesetz zur Einführung virtueller Hauptversammlungen von Aktiengesellschaften und zur Änderung genossenschafts- sowie insolvenz- und restrukturierungsrechtlicher Vorschriften" vom 20. Juli 2022 (BGBl. I S. 1166) weitere Anpassungen des Genossenschaftsgesetzes vorgenommen. Diese Reform ermöglichte es Genossenschaften, Versammlungen und Sitzungen in virtueller Form abzuhalten, um den Anforderungen der Digitalisierung gerecht zu werden – was insbesondere nach den Erfahrungen der Corona-Pandemie ein wichtiges Thema war. Zudem wurden die Rechte und Pflichten der genossenschaftlichen Prüfungsverbände erweitert, um die Aufsicht und Kontrolle innerhalb von Genossenschaften zu stärken.

Aktuell liegt mit dem „Entwurf eines Gesetzes zur Stärkung der genossenschaftlichen Rechtsform" ein **Referentenentwurf** für eine weitere Novelle des Genossenschaftsgesetzes vor (Stand November 2024). Hintergrund ist das im Koalitionsvertrag der Bundesregierung festgeschriebene Ziel „Wir verbessern die rechtlichen Rahmenbedingungen für gemeinwohlorientiertes Wirtschaften, wie zum Beispiel für Genossenschaften, Sozialunternehmen, Integrationsunternehmen" (SPD/Bündnis 90/Die Grünen/FDP 2021, S. 25). Mit der angestrebten Genossenschaftsnovelle, die sich derzeit in der finalen Abstimmung im Bundestag befindet und voraussichtlich 2025 in Kraft tritt, sollen ein weiterer Bürokratieabbau sowie allgemein die Steigerung der Attraktivität der Rechtsform erreicht werden (vgl. BMJ 2024).

Zur Förderung der Digitalisierung bei Genossenschaften sollen insbesondere die meisten Schriftformerfordernisse des Genossenschaftsgesetzes (GenG) zugunsten der Textform abgeschafft werden. Die Schriftform soll nicht mehr die

Regel, sondern die Ausnahme sein. Weitere Regelungen bzw. Klarstellungen betreffen digitale Sitzungen und Beschlussfassungen sowie die digitale Informationsversorgung der Genossenschaftsmitglieder. Zudem soll insbesondere der Gründungsprozess bei Genossenschaften weiter beschleunigt werden. Dies soll durch die Einrichtung einer Datenbank über genossenschaftliche Prüfungsverbände, eine Verordnungsermächtigung zur Standardisierung der Gründungsgutachten, die Beschleunigung der Förderungszweckprüfung durch das Registergericht sowie durch eine Frist für Eintragungen im Genossenschaftsregister erreicht werden.

Die geplante Gesetzesnovelle enthält zahlreiche Punkte, die sich unter dem Stichwort **Bürokratieabbau** zusammenfassen lassen und von denen durchaus positive Impulse auf die Genossenschaftslandschaft in Deutschland ausgehen können. Insbesondere die Digitalisierung und die Vereinfachung der administrativen Abläufe können Genossenschaften in die Lage versetzen, effizienter zu arbeiten und schneller auf neue Herausforderungen zu reagieren. Dies kann grundsätzlich auch im Bereich des Wohnungsbaus, hilfreich sein, weil hier insbesondere die Schaffung von bezahlbarem Wohnraum dringend beschleunigt werden muss. Die Möglichkeit, digitale Plattformen und Finanzierungstools zu nutzen, stellt darüber hinaus ein geeignetes Mittel dar, auch innovative Projekte im Bereich der erneuerbaren Energien und der sozialen Dienstleistungen unterstützen.

Allerdings gibt es gerade von Seite der **Wohnungswirtschaft** auch Kritik an einigen der im Referentenentwurf enthaltenen Vorschläge. In seiner Stellungnahme zum Referentenentwurf wirft der Bundesverband deutscher Wohnungs- und Immobilienunternehmen GdW verschiedene Kritikpunkte am Reformentwurf auf. Besonders problematisch wird die geplante Aufhebung der Beschränkung des Weisungsrechts für den Vorstand angesehen, da hier eine Gefahr für die Wettbewerbsfähigkeit und Funktionsfähigkeit der Genossenschaften gesehen wird. Der Vorschlag, die derzeitige Beschränkung des Weisungsrechts auf Genossenschaften mit nicht mehr als 20 Mitgliedern aufzuheben, wird seitens des Verbandes entschieden abgelehnt. Besonders für größere Genossenschaften ist es laut GdW von entscheidender Bedeutung, dass der Vorstand autonome Entscheidungen treffen kann, ohne auf Weisungen der General- oder Vertreterversammlung angewiesen zu sein. Eine Abschaffung dieser Beschränkung würde die Leitungskompetenz des Vorstands erheblich schwächen und könne die wirtschaftliche Stabilität und Wettbewerbsfähigkeit, insbesondere von Wohnungsgenossenschaften, massiv gefährdn.

Die gegenwärtige Regelung, die Genossenschaften mit bis zu 20 Mitgliedern erlaubt, in ihrer Satzung eine Bindung des Vorstands an **Weisungen** der Generalversammlung festzulegen, hat sich in der Praxis bewährt und sollte aus Sicht des GdW daher nicht auf größere Genossenschaften ausgeweitet werden. Es wird

darauf hingewiesen, dass der Gesetzgeber bereits im Rahmen der Genossenschaftsnovelle 2017 festgestellt hat, dass die Geschäftsführung negativ beeinflusst wird,
wenn der Vorstand auch bei größeren Genossenschaften nicht mehr autonom ent-
scheiden kann. In der täglichen Praxis sei es unerlässlich, dass der Vorstand wichtige Maßnahmen – wie etwa Sanierungs- und Modernisierungsmaßnahmen oder
Mieterhöhungen – ohne aufwendige Abstimmungsprozesse in der Generalversammlung durchführen kann. Nur so könne auf veränderte Rahmenbedingungen,
wie steigende Baupreise oder veränderte Angebotskonditionen, schnell reagiert
werden. Zudem wird betont, dass der Vorstand als Leitungsorgan für die ver-
antwortungsbewusste wirtschaftliche Führung haftet. Eine Aufweichung dieser
klaren Verantwortungsstruktur zugunsten eines umfassenderen Weisungsrechts der
Mitglieder würde die etablierten Entscheidungsprozesse verlangsamen und die
Handlungsfähigkeit der Genossenschaften beeinträchtigen. Es besteht die Sorge,
dass dadurch erhebliche Wettbewerbsnachteile entstehen, da die Genossenschaften
nicht mehr in der Lage wären, flexibel auf Marktveränderungen zu reagieren.

Auch die geplante optionale Satzungsfreiheit im Hinblick auf das Weisungsrecht wird abgelehnt. Die geltende Regelung stelle einen ausgewogenen Kompro-
miss zwischen den Mitbestimmungs- und Kontrollrechten der Mitglieder sowie der
erforderlichen **Handlungsfähigkeit** des Vorstands dar. Die Ausweitung des
Weisungsrechts auf größere Genossenschaften wird als praxisfern und als Gefahr
für die erfolgreiche Führung genossenschaftlicher Unternehmen betrachtet. „Das
Genossenschaftsgesetz berücksichtigt die berechtigten Interessen der Mitglieder
und schafft es gleichzeitig, die Wettbewerbsfähigkeit der Genossenschaft zu wahren. Dieses sehr erfolgreiche und ausgewogene System sollte als Stärke gesehen
und darf nicht aufs Spiel gesetzt werden. Die demokratische Selbstverwaltung als
eines der tragenden genossenschaftlichen Prinzipien ist fest im Genossenschaftsgesetz verankert. Die Genossenschaft ist nach wie vor eine äußerst demokratische
Rechtsform. Sie muss nicht ‚demokratisiert' werden" (GdW 2024, S. 12). Dieser
Einschätzung schließen wir uns an.

Neben der Kritik am Weisungsrecht gibt es auch Bedenken gegenüber anderen
Aspekten des Referentenentwurfs. So wird die Anhebung der Schwellenwerte für
die Jahresabschlussprüfung abgelehnt. Diese würde dazu führen, dass zukünftig
weniger Genossenschaften verpflichtend eine Prüfung durch den jeweiligen
Prüfungsverbands durchführen lassen müssten. Es wird befürchtet, dass diese
Maßnahme den Schutz der Rechtsform konterkarieren und das Vertrauen in die Genossenschaften gefährden könnte, was einen erheblichen Reputationsschaden nach
sich ziehen würde, sollte die Bedeutung der Prüfungen durch erhöhte Schwellenwerte abgeschwächt werden. Aus ähnlichem Grund wird auch die Einführung von

virtuellen und hybriden Sitzungen des Vorstands und des Aufsichtsrats abgelehnt, wenn die Satzung Präsenzsitzungen vorsieht. Eine solche Regelung würde aus Sicht des GdW die Bedeutung der Satzung untergraben und die genossenschaftliche Selbstbestimmung beeinträchtigen. Insgesamt lässt sich festhalten, dass die geplante Modernisierung und Digitalisierung des Genossenschaftsrechts von der Wohnungswirtschaft grundsätzlich begrüßt, dabei allerdings auf eine sorgfältige Umsetzung gedrängt wird.

An den genannten Kritikpunkten wird deutlich, dass die bisherigen Maßnahmen zur Förderung der genossenschaftlichen Rechtsform und des genossenschaftlichen Wohnens zwar insgesamt begrüßenswert sind, an den Erfordernissen der **etablierten Wohnungsgenossenschaften** aber in vielen Fällen vorbei gehen oder diese sogar konterkarieren. Die aufgezeigten Initiativen zielten überwiegend darauf ab, die Gründung neuer Genossenschaften zu erleichtern, den Zugang zu Genossenschaften zu vereinfachen und den bürokratischen Aufwand insbesondere für kleinere Genossenschaften abzubauen. Die umgesetzten Novellen des Genossenschaftsrechts fokussieren sich ebenso wie der aktuelle Referentenentwurf zur Stärkung der genossenschaftlichen Rechtsform in erster Linie darauf, den rechtlichen Rahmen für Genossenschaften zu modernisieren und das Gründungsverfahren zu vereinfachen. Darüber hinaus hat die Politik mit Fördermaßnahmen wie dem KfW-Programm zum Erwerb von Genossenschaftsanteilen versucht, Privatpersonen den Zugang zu Genossenschaften zu erleichtern und so die finanzielle Basis insbesondere neu gegründeter Genossenschaften zu stärken. Diese politischen Maßnahmen setzen zwar an wichtigen Punkten an, um die Gründung und das Wachstum kleinerer Genossenschaften zu fördern und mehr Bürger für diese Rechtsform zu gewinnen, sie verfehlen jedoch in weiten Teilen die spezifischen Bedürfnisse und Herausforderungen, mit denen sich die vielen bestehenden, größeren Wohnungsgenossenschaften konfrontiert sehen.

Die rund 1800 vorhandenen Wohnungsgenossenschaften in Deutschland unterscheiden sich grundlegend von neugegründeten Kleinstgenossenschaften. Sie verwalten umfangreiche Wohnungsbestände und sind daher mit komplexen und **vielfältigen Anforderungen** konfrontiert. Die größten Herausforderungen bestehen nicht in den bürokratischen Hürden einer Gründung, sondern in der Bewältigung regulatorischer Vorgaben, in den notwendigen Investitionen zur energetischen Modernisierung und Digitalisierung sowie in der langfristigen Sicherung der Mitgliederförderung in angespannten oder schrumpfenden Wohnungsmärkten. Die bisherigen politischen Fördermaßnahmen greifen diese spezifischen Problemlagen jedoch kaum auf. Auch die jüngsten **politischen Maßnahmen** zur allgemeinen Bekämpfung der Wohnungsnot berücksichtigen die spezifischen Bedürfnisse von Wohnungsgenossenschaften nur unzureichend. Der von Bundesbauministerin

Klara Geywitz im September 2023 vorgestellte „14-Punkte-Plan für mehr Wohnungsbau", zielte beispielsweise unter anderem auf die Beschleunigung von Planungs- und Genehmigungsverfahren ab, um den Wohnungsbau zu fördern. Zudem sollten Maßnahmen wie die Einführung einer degressiven Abschreibung für Abnutzung (AfA) wirtschaftliche Investitionsanreize schaffen. Allerdings profitieren Wohnungsgenossenschaften aufgrund ihrer spezifischen Finanzierungs- und Investitionsstrukturen sowie ihrer steuerlichen Behandlung nur begrenzt bzw. in vielen Fällen gar nicht von solchen steuerlichen Anreizen. Insbesondere ehemals gemeinnützige Genossenschaften, die als so genannte steuerbefreite Vermietungsgenossenschaften gelten, können diese Steuervergünstigungen oft gar nicht nutzen wodurch deren wirtschaftliche Anreizfunktion vollständig entfällt. Die von der Bundesregierung zur Beschleunigung des Wohnungsbaus eingeführte degressive AfA begünstigt daher vor allem renditeorientierte Privatinvestoren, die hohe Anfangsinvestitionen tätigen und diese schnell abschreiben möchten, während Genossenschaften häufig langfristig orientierte Investitionsstrategien verfolgen und dadurch weniger auf kurzfristige Gewinnerzielung ausgerichtet sind.

Gleichzeitig sind Wohnungsgenossenschaften allerdings von **regulatorischen Maßnahmen** betroffen, die ursprünglich zur Korrektur von Marktversagen – und damit vor allem zur Bekämpfung maximal gewinnorientierter Vermietungspraktiken – konzipiert wurden. So zielte etwa der Berliner Mietendeckel darauf ab, überhöhte Mieten in angespannten Wohnungsmärkten zu begrenzen. Obwohl Genossenschaften traditionell moderate Mieten anbieten, wurden sie dennoch von diesen Regelungen erfasst, was ihre finanzielle Flexibilität stark einschränkte und notwendige Investitionen in den Wohnungsbestand erschwerte. Ähnlich verhält es sich mit der bundesweiten Mietpreisbremse, die den Zweck hat, Mieter vor überhöhten Mietforderungen zu schützen. Da Genossenschaften ohnehin sozialverträgliche Mieten anbieten, führt die Anwendung solcher Instrumente auf sie zu einer paradoxen Situation: Sie werden in ihrer sozial ausgewogenen Mietenpolitik benachteiligt, während die eigentlichen Adressaten dieser Maßnahmen, nämlich profitorientierte Vermieter, oft Wege finden, die Regelungen geschickt zu umgehen – etwa durch die Vermietung von möblierten Wohnungen, um regulatorische Mietpreisgrenzen gezielt auszuhebeln. Wohnungsgenossenschaften hingegen halten weiterhin an ihrem sozialen Auftrag fest, wodurch sie sich gegenüber anderen Marktteilnehmern durch die Politik benachteiligt sehen.

Diese Entwicklungen verdeutlichen die Notwendigkeit, politische Instrumente differenzierter zu gestalten und die besonderen Strukturen und sozialen Zielsetzungen von Wohnungsgenossenschaften stärker zu berücksichtigen. Zu pauschale Ansätze zur Bekämpfung der Probleme auf den Wohnungsmärkten können unbeabsichtigte negative Auswirkungen auf Akteure haben, die bereits einen wichtigen Beitrag zur Bereitstellung bezahlbaren Wohnraums leisten. Es bedarf daher einer gezielten Förderung und Unterstützung von Genossenschaften – zumindest aber ein **politisches Bewusstsein** für diese – um ihre Rolle im Wohnungsmarkt zu stärken und die Umsetzung ihrer sozialen Ziele zu erleichtern.

Vielmehr fehlen umfassende politische Ansätze, die sich gezielt an den Anforderungen größerer Bestandsgenossenschaften orientieren. Während der politische Diskurs sich vielfach darauf konzentriert, vermehrt neue genossenschaftliche Wirtschaftsaktivitäten zu etablieren, stehen die seit Jahrzehnten am Markt agierenden Wohnungsgenossenschaften vor strukturellen Herausforderungen, die andere Lösungen erfordern. Es mangelt an gezielten Investitionsprogrammen für große Genossenschaften, an rechtlichen Anpassungen, die mehr Flexibilität – beispielsweise bei der Umsetzung neuer Geschäftsmodelle etwa im Bereich der Energieversorgung und des Mieterstroms – ermöglichen und an umfassenden Konzepten zur Stärkung der betriebswirtschaftlichen und sozialen Handlungsfähigkeit. Die aktuelle Förderpolitik bleibt hier weitgehend wirkungslos und adressiert die tatsächlichen Problemlagen der großen Wohnungsgenossenschaften nicht. Hier wäre ein ganzheitlicher politischer Ansatz zur Förderung der Genossenschaften in Deutschland wünschenswert, der das genossenschaftliche Wohnen in seiner gesamten Bandbreite umfasst.

Ungeachtet der politischen Rahmenbedingungen bleiben es allerdings die Entscheidungsträger innerhalb der Genossenschaften selbst – insbesondere die Vorstände und Aufsichtsgremien – die sich den veränderten und zunehmend schwieriger werdenden Rahmenbedingungen stellen müssen. Aufgrund der spezifischen Anforderungen an größere Bestandsgenossenschaften ergeben sich deshalb neue Herausforderungen und Aufgaben für das **genossenschaftliche Management**. Es liegt in der Verantwortung der Führungskräfte, ihre Genossenschaften durch ein sich ständig veränderndes Umfeld zu steuern und Lösungen für die vielfältigen Probleme zu entwickeln, die nicht ausschließlich von politischer Seite gelöst werden können. Im Folgenden werden die sich daraus ergebenden neuen Anforderungen an das Management von Wohnungsgenossenschaften näher beleuchtet und Lösungswege aufgezeigt.

Literatur

BMJ (Bundesministerium der Justiz) (Hg.), 2024: Entwurf eines Gesetzes zur Stärkung der genossenschaftlichen Rechtsform, Berlin
BMVBW (Bundesministerium für Verkehr, Bau- und Wohnungswesen) (Hg.), 2004: Wohnungsgenossenschaften: Potenziale und Perspektiven, Berlin

Everding, D./Genske, D.D./Ruff, A., 2023: Energiestädte, Berlin/Heidelberg

Expertenkommission zum Volksentscheid Vergesellschaftung großer Wohnungsunternehmen, 2023: Abschlussbericht, Berlin

GdW (Hg.) 2024: GdW Stellungnahme zum Referentenentwurf eines Gesetzes zur Stärkung der genossenschaftlichen Rechtsform, Berlin

GdW (Hg.) 2022: Arbeitshilfe 88, Band 1, Mustersatzungen, Mustergeschäftsordnungen und Musterwahlordnung für Wohnungsgenossenschaften 2022, Berlin

Grosskopf, W./Münkner, H.-H./Ringle, G. 2009: Unsere Genossenschaft. Idee – Auftrag – Leistungen, Wiesbaden

Haffner, M./Brunner, D., 2014: German cooperatives: property right hybrids with strong tenant security, TU Delft, OTB Working papers 2014-07

Jung, H. 2006: Allgemeine Betriebswirtschaftslehre, Berlin (10. überarb. Auflage)

Keßler, J., 2016: Kompetenzabgrenzung und Kompetenzkonflikte im Genossenschaftsrecht, Düsseldorf

Kluth, W./Wöhlert, M., 2020: Rolle und Beitrag von Wohnungsgenossenschaften zur Wohnraumsicherung in Stadt und Land, IWE GK Policy Paper 1/20, Halle-Wittenberg

Metzger, J., 2021: Genossenschaftliches Wohnen, in: F. Eckardt/S. Meier (Hg.), Handbuch Wohnsoziologie, a.a.O., S. 521ff

Metzger, J., 2023: Soziale Bewegungen und Selbstorganisation im Wohnungsbau, in: Forschungsjournal Soziale Bewegungen H. 1 (36. Jhg.), S. 49ff

Ringle, G., 2023: Genossenschaftliches Management als „Mitglieder-Fördermanagement", in: J. Blome-Drees et al. (Hg.), Handbuch Genossenschaftswesen, a.a.O., S. 411ff

Schede, C./Schuldt, J.F. 2021: Die Einbeziehung der Genossenschaften in das von „Deutsche Wohnen & Co. enteignen" geforderte Vergesellschaftungsgesetz, Berlin

Schlüter, T./Philipp, M./Roth, S. 2023: Handbuch Wohnungsgenossenschaften. Genossenschaftsrecht für die Praxis. 3. Aufl. Haufe, Freiburg

SPD/Bündnis 90/Die Grünen/FDP (Hg.) 2021: Mehr Fortschritt wagen. Bündnis für Freiheit, Gerechtigkeit und Nachhaltigkeit. Koalitionsvertrag 2021-2025, Berlin

Wrede, M., 2023: Social Benefits of Cooperatives An Economis Perspective, in: Zeitschrift für das gesamte Genossenschaftswesen, H. 4, S.232ff

Veränderte Anforderungen an das Management von Wohnungsgenossenschaften

Wie gezeigt wurde, bieten Wohnungsgenossenschaften das Potenzial, Lösungen für die zunehmenden Probleme auf dem Wohnungsmarkt zu schaffen und dort wo sie aktiv sind auch darüberhinausgehende positive Impulse in sozialpolitischer und gesellschaftlicher Hinsicht zu setzen. Dabei sehen sie sich allerdings auch wachsenden Herausforderungen und **tiefgreifenden Veränderungsprozessen** ausgesetzt, die zur Entfaltung ihres vollen Potenzials bewältigt werden müssen und die in ihrer Dimension durchaus als existenziell angesehen werden können (vgl. Theurl 2023, S. 12). Dies stellt neue Anforderungen an die Unternehmensführung von Genossenschaften. Die sich kontinuierlich wandelnden wirtschaftlichen, ökologischen, rechtlichen und gesellschaftlichen Rahmenbedingungen erfordern ein ständiges Anpassen der Strategien und Kompetenzen des genossenschaftlichen Managements. Die Komplexität dieser Herausforderungen wird zusätzlich verstärkt durch das sich immer schärfer abzeichnende Spannungsfeld zwischen externen politischen und regulatorischen Vorgaben (z. B. Energiegesetzgebung, Bürokratie) und den internen Zielen der Genossenschaften wie die soziale Förderung der Mitglieder und die Sicherung bezahlbarer Mieten. „Bei der strategischen Positionierung einer Wohnungsgenossenschaft muss das Management eine große Anzahl verschiedener interdependenter Ziele berücksichtigen, die durch den verstärkten Wettbewerb, die verschiedenen Interessen der einzelnen Akteure im Gesamten und dem gestiegenen Anspruchsniveau der Mitglieder und Mitarbeiter ausgelöst wurden. Folglich bildet die Wohnungsgenossenschaft ein komplexes Beziehungsnetzwerk. Infolgedessen entsteht eine hohe Komplexität in der Ausgestaltung der Governancestrukturen, die mit einem gehobenen Anspruchsniveau für ein geeignetes Managementsystem zur Steuerung der Wohnungsgenossenschaft verbunden ist" (Böttiger 2009, S. 48).

R. G. Heinze, D. Wilde, *Wohnungsgenossenschaften*, https://doi.org/10.1007/978-3-658-47197-2_7

Die besondere Rolle des genossenschaftlichen Managements wurde in der allgemeinen Genossenschaftsforschung bereits umfangreich behandelt und auch in der jüngeren Literatur unmittelbar adressiert. Blome-Drees (2023) sieht Genossenschaften in der allgemeinen Betriebswirtschaftslehre oft vernachlässigt, da der Fokus hier meist auf rein erwerbswirtschaftlichen Unternehmen liegt und plädiert für eine besondere Betriebswirtschaftslehre der Genossenschaften als **Führungslehre**. Genossenschaften unterscheiden sich durch besondere Merkmale wie ihr Zielsystem und ihre demokratische Struktur, die das Management vor spezifische Herausforderungen stellen. Diese Unterschiede, insbesondere in der Führungspraxis, rechtfertigen demnach die Entwicklung einer speziellen Betriebswirtschaftslehre für Genossenschaften. Diese solle sich mit den einzigartigen Strukturmerkmalen und Führungsproblemen befassen, die sich aus der demokratischen und mitgliederzentrierten Ausrichtung ergeben. „Die bisherigen Überlegungen lassen sich dahingehend zusammenfassen, dass das Management von Genossenschaften weniger mit der Durchsetzung spezifischer Interessen als vielmehr mit einem Management der Pluralität von Interessen zu tun hat. Genossenschaftliches Management zielt darauf ab, das Kräftespiel der Mitglieder möglichst sinnvoll zu kanalisieren" (Blome-Drees et al. 2023, S. 387).

Ringle (2023) hebt den Zweck des genossenschaftlichen Managements als **Mitglieder-Fördermanagement** hervor, welches sich durch eine dezidiert mitgliederzentrierte Führung auszeichnet, „die sich der Pflicht der Mitgliederförderung bewusst ist und ihre Legitimation aus der Ausrichtung ihres Handelns auf die Mitgliederbelange bezieht" (Ringle 2023, S. 432). Zu den wesentlichen Aufgaben des genossenschaftlichen Managements gehört es demnach, die Bedürfnisse und Anforderungen der Mitglieder in geeigneter Weise herauszuarbeiten und über entsprechende Leistungsangebote Lösungen zu schaffen, die wiederum von den Mitgliedern über Austauschbeziehungen zur Genossenschaft in Anspruch genommen werden.

Das Herausarbeiten der Mitgliederbedürfnisse – also die Binnenperspektive der Genossenschaft – ist darüber hinaus im Rahmen eines **Strategischen Managements** durch eine marktbezogene Außenorientierung zu ergänzen. Dabei ist der Blick vor allem in die Zukunft zu richten, um die grundsätzliche Richtung der Unternehmensentwicklung zu bestimmen, den langfristigen Erfolg durch Planung und Anpassung an die jeweiligen Wettbewerbsverhältnisse zu sichern und die Genossenschaft intern und extern den vorhandenen Ressourcen und der wirtschaftlichen Umwelt entsprechend zu positionieren. „Das Genossenschaftsmanagement hat sich mit den zukünftigen Herausforderungen zu beschäftigen, den Kooperationserfolg sicherzustellen und Maßnahmen einzuleiten, um den Zukunftserfordernissen mit angemessenen Strategien zu begegnen. In Genossenschaften besteht stets ein gewisses Spannungsverhältnis zwischen einer Markt- und einer Mitgliederorientierung, das durch ein Strategisches Management aufgelöst werden kann" (Kühl und Höhler 2023, S. 456).

Ein Handlungsansatz zum Umgang mit derartigen Spannungen innerhalb von Genossenschaften ist die demokratische **Partizipation** der Mitglieder. Schmale (2023) stellt verschiedene Partizipationstypen vor und gibt einen Überblick über den wissenschaftlichen Stand zu rechtlichen Verpflichtungen sowie tatsächlichen Ausprägungen der Mitgliederpartizipation in Genossenschaften. Dabei wird herausgestellt, dass die Partizipation einerseits als grundlegendes Wesensmerkmal der Genossenschaften angesehen werden kann, das – wie die Mitgliederförderung – untrennbar mit dieser Rechtsform verbunden ist; andererseits Mitgliederpartizipation aber auch als Methode verstanden wird, die je nach Bedarfslage über verschiedene Partizipationsformen im Rahmen der genossenschaftlichen Führung als Mittel zur Steigerung der Mitgliedernähe und zur Sicherung des Markt- und Fördererfolges zur Anwendung kommt. Schmale zeigt, dass den am Markt agierenden Genossenschaften von Teilen der Wissenschaft eine insgesamt unzureichende Partizipationspraxis attestiert und eine Re-Demokratisierung der genossenschaftlichen Mitgliederbeteiligung vorgeschlagen wird, andere Autoren hingegen einen jeweils sinnvollen Grad an Partizipation in Abhängigkeit zu verschiedenen anderen Faktoren, wie dem Entwicklungsgrad der Genossenschaft, der Unternehmensgröße oder der Branchenzugehörigkeit sehen (vgl. dies. 2023, S. 566 f.). Deutlich wird, dass zum Verhältnis von Mitgliederpartizipation und Unternehmenserfolg in Genossenschaften aktuell noch weiterer Forschungsbedarf besteht.

Schäfer et al. (2021) hat sich mit diesem Themenfeld im Kontext genossenschaftlicher Finanzinstitute beschäftigt und festgestellt, dass die Rechtsform allein noch kein Garant dafür ist, dass genossenschaftliche Werte und Prinzipien im Rahmen der **Unternehmensführung** auch tatsächlich eine maßgebliche Rolle spielen. Vielmehr wird festgestellt, dass sich „zwischen den Handlungs- und Führungs-, Idealen' und tatsächlich vertretenen Werten sowie der Management- und Führungsrealität in Genossenschaften nicht selten Diskrepanzen auftun" (Schäfer et al. 2021, S. 173). Gezeigt wird, dass es in der genossenschaftlichen Bankengruppe sowohl Institute gibt, bei denen die genossenschaftliche Identität noch stark im Führungsverhalten verankert ist, als auch solche, deren Management sich zunehmend an das von anderen Privatbanken angleicht und sich von diesem kaum noch unterscheiden lässt. Die besonderen Stärken des genossenschaftlichen Modells drohen demnach bei einer fortschreitenden Kommerzialisierung und einer zu einseitigen Fokussierung auf betriebswirtschaftliche Zielgrößen zunehmend zu erodieren. Zimmermann und Schäfer (2020) plädieren deshalb für die Entwicklung einer **genossenschaftlichen Leadership**, bei der die genossenschaftlichen Wesensmerkmale wieder bewusst als Stärke und positives Unterscheidungs-kriterium zu Unternehmen anderer Rechtsformen gesehen und im Rahmen der Unternehmensführung gefördert werden. „Allein die formale Autorität von Vor-ständen in Genossenschaftsbanken reicht nicht aus, um von genossenschaftlicher Leadership sprechen zu können. Relevant ist also die tatsächliche Ausrichtung an den bewährten Leitbildern und Werten: Demokratische und transparente Ent-scheidungen sowie Partizipation (für die Genossenschaftsmitglieder und für so-ziale Zwecke, ebenso in Bezug auf Mitarbeiterentwicklung), intensive Kommuni-kation mit den Mitarbeitern, Selbstorganisation und Selbsthilfe, Stärkung der Solidarität unter den Genossenschaftsmitgliedern, Orientierung auf die Region und Bodenständigkeit, Gerechtigkeit und Fairness, ferner Nachhaltigkeit und Subsidia-rität" (Zimmermann und Schäfer 2020, S. 2).

Metzger (2021) beleuchtet die Anwendung genossenschaftlicher Prinzipien in Wohnungsgenossenschaften und untersucht, wie sich insbesondere bei konflikt-behafteten Themen wie Modernisierungen, Neubauten und Mieterhöhungen das genossenschaftliche Management im Spannungsfeld von Mitgliederinteressen und marktwirtschaftlicher Ausrichtung positioniert. Untersucht wird, wie Wohnungs-genossenschaften im Vergleich zu anderen Akteuren zu einer sozialen Wohnraum-versorgung beitragen (können) und inwiefern sie ihr **emanzipatorisches Potenzial** zur Abgrenzung gegenüber reinen Kapitalinteressen am Wohnungsmarkt auch tat-sächlich entfalten. In Bezug auf die vielfältigen und oft widersprüchlichen Mit-gliederbedürfnisse spricht Metzger von der „Genossenschaft als Management einer ungleichen Gemeinschaft" (ders. 2021, S. 238).

Es wird hervorgehoben, dass Vorstände sich in der Praxis oft in einem Konflikt sehen, einerseits den (sozialen) Förderzweck erfüllen und gleichzeitig wirtschaft-lich erfolgreich agieren zu müssen. Aus den Interviews mit Vorständen und Mit-gliedern, insbesondere in Hamburger Genossenschaften, wird abgeleitet, dass Ge-nossenschaften zwar häufig niedrigere Mieten anbieten, jedoch oftmals auf eine **mittelschichtsorientierte Geschäftspolitik** setzen. Hier wird ein Potenzial für Wohnungsgenossenschaften gesehen, zukünftig noch wirkungsvollere Beiträge zu einer sozialen Wohnungswirtschaft zu leisten. „Für Mitglieder und Vorstände be-deutet dies, Genossenschaften als eine alternative Unternehmensform wahrzu-nehmen, mittels der sich eine bedürfnisorientierte und selbstverwaltete Ökonomie umsetzen lässt. Vor dem Hintergrund routinierter Geschäftsabläufe besteht die Herausforderung darin, Spielräume dafür zu schaffen und zu erweitern. Dies er-fordert eine Form genossenschaftlicher Selbstverwaltung, die unterschiedliche so-ziale Positionen der Mitglieder als Grundlage der gemeinsamen Ökonomie be-greift und deren Zweck darin verortet, Mitglieder gegenüber den Zumutungen ge-sellschaftlicher Ungleichheiten zu schützen" (Metzger 2021, S. 273).

Ein Konzept, um die Mitgliederinteressen – und damit auch die Werte, die eine Genossenschaft zur Befriedigung dieser Interessen erzeugen muss – für das genossenschaftliche Management greifbar zu machen, ist der **Member-Value** Ansatz. Im Unterschied zum Shareholder-Value rein profitorientierter Unternehmen zielt der Member-Value darauf ab, den kollektiven Nutzen der Mitglieder zu maximieren, indem durch genossenschaftliche Kooperation sowohl materielle als auch immaterielle Vorteile generiert werden (vgl. Theurl 2017). Böttiger (2009) beschäftigt sich ausführlich mit der Frage der Operationalisierbarkeit des Member-Values sowie mit dessen Auswirkungen auf die Mitgliederzufriedenheit und den Unternehmenserfolg. Nachgewiesen wird, dass sowohl der wirtschaftliche Unternehmenserfolg als auch die Bedürfnisbefriedigung der Mitglieder davon profitieren, wenn das genossenschaftliche Management auf eine kontinuierliche Steigerung des Member-Values ausgerichtet ist.

Die gestiegenen Herausforderungen, mit denen sich die Wohnungswirtschaft aktuell konfrontiert sieht, skizziert Theurl und wirft die Frage auf, ob Wohnungsgenossenschaften hiervon genauso betroffen sind und inwiefern sich die Verfolgung des Member-Value Ansatzes im Rahmen des genossenschaftlichen Managements in Zeiten allgegenwärtiger **Krisen** auswirkt. Es zeigt sich einerseits, dass „gelebte Mitgliederorientierung die Krisenkommunikation erleichtert sowie das Verständnis für belastende Maßnahmen erhöht, z. B. die Erhöhung von Vorauszahlungen an die Versorgungsunternehmen oder die Verschiebung von Instandhaltungsinvestitionen" (Theurl 2023, S. 15). Andererseits werden Wohnungsgenossenschaften angesichts der aktuellen Dimension wirtschaftlicher und regulatorischer Herausforderungen auch mit anderen Vermietern in einem Boot gesehen, insbesondere was die Abhängigkeit von externen Faktoren betrifft, die sich durch genossenschaftliches Wirtschaften allein nicht beeinflussen lassen. „Wohnungsgenossenschaften als Akteure auf dem Wohnungsmarkt sind von den Gegebenheiten ebenso betroffen wie ihre Wettbewerber in anderen Rechtsformen und mit anderen Eigentümerstrukturen. Obwohl sie sich durch ihre Governance-Strukturen von anderen Wohnungsanbietern unterscheiden, treten diese Merkmale als Einflussfaktoren derzeit hinter eine allgemeine Betroffenheit zurück, die zu ähnlichen unternehmerischen Reaktionen und Forderungen an die Politik führt" (dies. 2023, S. 12).

Bei der Frage, wie Genossenschaften erfolgreich in diesem herausfordernden Umfeld gesteuert und zukunftsfähig weiterentwickelt werden können, spielen die spezifischen **Unternehmensstrukturen** eine wichtige Rolle. Zwar sind die Wohnungsgenossenschaften mit rund 2,1 Mio. Wohnungen eine der größten Vermietergruppen auf dem deutschen Wohnungsmarkt und stellen immerhin rund 10 % des gesamten Mietwohnungsbestandes, allerdings weisen die einzelnen

Genossenschaften selbst oft relativ **kleine Betriebsgrößen** auf. Statistisch verfügt die durchschnittliche Wohnungsgenossenschaft in Deutschland über rund 1100 Wohnungen, was im Vergleich zu anderen professionellen Vermietergruppen, wie kommunalen Wohnungsunternehmen oder kapitalmarktorientierten Konzernen eine zwar nennenswerte aber dennoch eher kleine Bestandsgröße darstellt. Viele Wohnungsgenossenschaften verfügen zudem nur über begrenzte Personalkapazitäten. Durchschnittlich beschäftigen sie etwa 20 bis 30 Mitarbeitende; ein erheblicher Teil der Genossenschaften ist sogar mit weniger als 10 Mitarbeitenden tätig. Hierzu passt auch, dass rund die Hälfte aller Genossenschaftsvorstände nebenamtlich oder sogar ehrenamtlich tätig ist (vgl. GdW 2023, S. 88) (Abb. 7.1).

Diese **besonderen Strukturen** haben erhebliche Auswirkungen auf das Management und die Führung dieser Unternehmen. Im Vergleich zu größeren Wohnungsgesellschaften verfügen die meisten Genossenschaften über deutlich weniger personelle Ressourcen, was den Umgang mit neuen Themen, die einen entsprechenden Zeiteinsatz und spezielles Knowhow erfordern, erschwert. Auch der finanzielle Spielraum der Wohnungsgenossenschaften ist aufgrund ihrer durchschnittlichen Größe und ihrer Mitgliederstruktur oft begrenzt. Während kapitalmarktorientierte Wohnungsunternehmen auf vielfältige Finanzierungsinstrumente zurückgreifen können, sind die finanziellen Ressourcen von Genossenschaften im Wesentlichen auf die Eigenkapitalbildung durch Nutzungsentgelte und Rücklagen

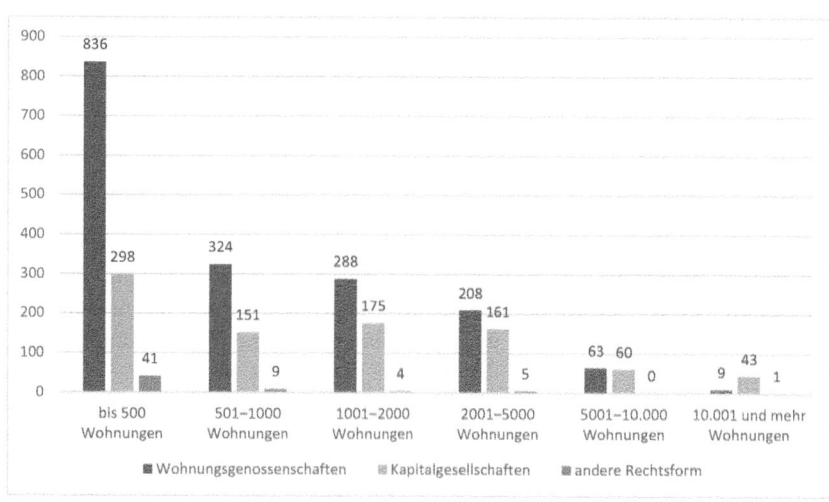

Abb. 7.1 Größenstrukturen von Wohnungsunternehmen nach Rechtsform. (Quelle: GdW 2023, S. 84)

begrenzt. Hinzu kommt, dass Genossenschaften, die ihre Bestände oft auf räumlich eng begrenzter Ebene (z. B. innerhalb einer einzelnen Kommune) bewirtschaften, in strukturschwachen oder schrumpfenden Regionen mit einem erhöhten Leerstand konfrontiert sind und diesen nicht – wie überregional agierende Gesellschaften – durch gute Vermietungsquoten in anderen Teilen ihres Portfolios ausgleichen können, was den wirtschaftlichen Druck in diesen Fällen weiter erhöht.

Die begrenzten **personellen Ressourcen** erschweren zudem die Umsetzung komplexer Projekte, etwa im Bereich der energetischen Gebäudesanierung oder der Digitalisierung. Da viele Genossenschaften mit weniger als 20 Mitarbeitenden operieren, fehlen oft spezialisierte Fachkräfte in Schlüsselbereichen wie IT, Projektmanagement oder technischer Gebäudeausrüstung. Dies stellt besondere Anforderungen an die Vorstände, die nicht nur das Tagesgeschäft bewältigen, sondern oftmals in Eigenregie auch neue Projekte initiieren und koordinieren müssen.

Diese strukturellen Besonderheiten der Wohnungsgenossenschaften bilden die Grundlage für die Herausforderungen, die in den folgenden Abschnitten detailliert analysiert werden. Sie verdeutlichen, warum das Management in Wohnungsgenossenschaften vor spezifischen Schwierigkeiten steht und auf welche Weise diese bewältigt werden müssen, um den aktuellen und zukünftigen Anforderungen gerecht zu werden. Dabei spielen auch veränderte Rahmenbedingungen eine wesentliche Rolle.

Die angespannte Situation auf dem Wohnungsmarkt ist insbesondere in Ballungsgebieten ein zentrales Problem, das die Wohnungsgenossenschaften direkt betrifft. In Städten wie München, Berlin, Frankfurt und Hamburg übersteigt die Nachfrage nach Wohnraum das Angebot, und die Mietpreise sind in den letzten Jahren rasant gestiegen. Beispielsweise liegt die durchschnittliche Angebotsmiete in München derzeit bei rund 20 € pro Quadratmeter (Stand August 2024), was vor allem einkommensschwache Haushalte vor erhebliche Probleme stellt. Auch Genossenschaftsmitglieder sind zunehmend von der **Wohnungsknappheit** betroffen, da es innerhalb der Genossenschaften oftmals an frei verfügbarem und gleichzeitig auch passendem Wohnraum fehlt. Besonders problematisch ist dabei zum Beispiel die Versorgung mit größeren Familienwohnungen oder barrierefreien Wohnungen für ältere Mitglieder. Für Genossenschaften bedeutet dies in angespannten Märkten einen wachsenden „Konkurrenzkampf" der Mitglieder untereinander um das begrenzt zur Verfügung stehende Wohnungsangebot.

Um trotz Knappheit den Zugang zu Wohnraum für ihre Mitglieder so gerecht wie möglich zu gestalten, haben viele Genossenschaften strikte **Vergaberichtlinien** eingeführt. Diese Richtlinien berücksichtigen verschiedene Kriterien wie die Dauer der Mitgliedschaft, soziale Dringlichkeit oder die familiäre Situation. In der Praxis können diese Regelungen jedoch auch zu Konflikten führen, insbesondere wenn der Druck auf dem Wohnungsmarkt zunimmt und Mitglieder die Vergabekriterien als unfair, nicht nachvollziehbar oder zu restriktiv empfinden. Solche Spannungen setzen die Genossenschaftsvorstände zusätzlich unter Druck, da sie einerseits den Bedürfnissen der Mitglieder gerecht werden möchten, andererseits aber auch durch interne Regularien und genossenschaftliche Grundsätze gebunden sind.

Vor diesem Hintergrund haben zahlreiche Wohnungsgenossenschaften inzwischen sogar die Aufnahme neuer Mitglieder gänzlich gestoppt oder zumindest stark eingeschränkt. Das Genossenschaftsgesetz betont zwar die Offenheit der Genossenschaften für neue Mitglieder, dennoch haben zahlreiche Wohnungsgenossenschaften einen **Aufnahmestopp** verhängt, um interne Konflikte zu vermeiden und die Interessen der vorhandenen Mitglieder zu wahren. Diese Entwicklung begann bereits nach der Finanzkrise, als die Zinssätze für klassische Spareinlagen auf null sanken und die Beteiligung mit Genossenschaftsanteilen von der Wirtschaftspresse als sichere und attraktive Kapitalanlage empfohlen wurde. Die hierdurch verstärkte Nachfrage nach Mitgliedschaften war für die Wohnungsgenossenschaften nicht unproblematisch: Neumitglieder, die ausschließlich Genossenschaftsanteile zeichnen, ohne dazu auch Interesse an einer Wohnungsanmietung zu haben, stellen für die Genossenschaft in der Regel eine reine Belastung dar, da sie Anspruch auf Dividenden und Mitbestimmung haben, jedoch die genossenschaftlichen Dienstleistungen nicht in Anspruch nehmen. Die erfolgreiche Führung von Genossenschaften setzt allerdings einen funktionierenden „Fördergeschäftsverkehr" (Ringle 2023, S. 414) voraus, was auch die Inanspruchnahme der angebotenen Leistungen durch die Mitglieder beinhaltet.

Als Reaktion auf diese Entwicklung beschlossen viele Genossenschaften, neue Mitglieder nur noch dann aufzunehmen, wenn diesen unmittelbar die Anmietung einer Genossenschaftswohnung in Aussicht steht. Diese Praxis wurde auch nach der jüngsten Zinswende beibehalten, da der Druck auf den Wohnungsmarkt weiterhin anhält und kaum leerstehende Wohnungen vorhanden sind. Durch die restriktive Aufnahme von Mitgliedern versuchen die Genossenschaften, einen unkontrollierten Anstieg **unversorgter Mitglieder** – also solcher, die auf eine Wohnung warten – zu verhindern. Hierzu nehmen beispielsweise die rund 80 Berliner Wohnungsgenossenschaften wie folgt Stellung: „In Berlin ist die Suche nach einer Genossenschaftswohnung zur Zeit nicht ganz einfach. Leider haben wir viel mehr Interessenten als Wohnungen und viele Genossenschaften nehmen deshalb auch keine neuen Mitglieder mehr auf, nur noch wenn sie dem neuen Interessenten auch eine Wohnung zur Verfügung stellen können. Trotz des angespannten Wohnungsmarktes vermieten die Wohnungsbaugenossenschaften Berlin dennoch jedes Jahr 5000 Wohnungen neu, davon die Hälfte an neue Mitglieder. Es ist also durchaus möglich ‚Genossenschaftsmitglied mit Wohnung' zu werden. Es geht zur Zeit nur nicht mehr so schnell. Wir bitten um Verständnis."[1] Vor diesem Hintergrund könnte das positive Image der Wohnungsgenossenschaften zukünftig darunter leiden, dass sie aufgrund zunehmend schwieriger Zugangsvoraussetzungen in angespannten Märkten von Außenstehenden als eine Art **Closed Shop** wahrgenommen werden.

Völlig anders gestaltet sich die Situation hingegen in **Schrumpfungsregionen**, in denen der demografische Wandel und wirtschaftliche Faktoren zu einem deutlichen Rückgang der Wohnungsnachfrage führen. Hier sind Genossenschaften tendenziell noch an jedem neuen Mitglied interessiert und verfügen auch oft über ausreichend freie Wohnungen. In solchen Regionen wird die Genossenschaftsidee der Offenheit und Zugänglichkeit für neue Mitglieder weiterhin in ihrer ursprünglichen Form praktiziert, die Probleme liegen hier eher auf der Nachfrageseite.

So beklagen die ostdeutschen Wohnungsverbände beispielsweise, dass das Problem des flächendeckenden **Leerstands** in strukturschwachen Regionen auf bundespolitischer Ebene kaum wahrgenommen werde und die staatliche Förderung dementsprechend viel zu stark auf den Wohnungsneubau ausgerichtet sei. Exemplarisch für viele ostdeutsche Genossenschaften erklärt die Vorständin des Verbandes Sächsischer Wohnungsgenossenschaften, Mirjam Philipp: „Es gibt im Osten keine angespannten Wohnungsmärkte. Im Gegenteil, wir haben ein Überangebot an Wohnungen."[2] Leerstandsquoten von 10 % bis teilweise über 30 % stellen Wohnungsgenossenschaften vor die Herausforderung, den Wert und die Attraktivität ihres Wohnungsbestands zu erhalten und gleichzeitig für eine angemessene Mitgliederförderung zu sorgen. In vielen Fällen fehlen die finanziellen Mittel, um Leerstände umzunutzen oder abzubauen. Zudem setzen politische Vorgaben und Förderinstrumente den Fokus oftmals auf städtische Räume und vernachlässigen die spezifischen Bedürfnisse schrumpfender Regionen, was den Handlungsspielraum der Genossenschaften weiter einschränkt. „Die ostdeutschen Verbände fordern von der Bundesregierung eine Förderung, die es der Branche ermöglicht, die Wohnungsbestände zu pflegen und den weiteren Abriss und Rückbau zu finanzieren. Die 1052 sozial orientierten Wohnungsunternehmen, die mit ihrem Bestand von 1,75 Mio. Wohnungen dem Gros der ostdeutschen Bevölkerung ein Zuhause böten, seien unter den aktuellen Rahmenbedingungen nicht mehr in der Lage, ihre Bestände zu gestalten. Bei einer durchschnittlichen Nettokaltmiete von 5,44 € pro Quadratmeter bleibe ein Überschuss von 2 Cent. Zusätzlich fühlten sich immer

---

[1] https://www.wohnungsbaugenossenschaften.de/regionen/berlin/ueber-uns (abgerufen am 22.09.2024).

[2] Mirjam Philipp VSWG, „Verfehlte Neubau-Ziele sind ein West-Thema", IVV immobilien vermieten und verwalten, Heft 5/2024, S. 10.

noch 82 % der Unternehmen von DDR-Altschulden belastet: Allein von den sächsischen Unternehmen seien 435 Mio. Alt- und Wendeschulden zu zahlen."[3]

Schaut man auf die **bundesweite Verteilung** der Wohnungsgenossenschaften, so wird deutlich, dass diese in den ostdeutschen Bundesländern eine besondere Rolle spielen. Zwar sind beispielsweise in Nordrhein-Westfalen und Bayern nominal die meisten Wohnungsgenossenschaften angesiedelt, im Verhältnis zur Einwohnerzahl weisen sie jedoch ausnahmslos in den ostdeutschen Ländern die stärkste Verbreitung auf. Damit stellt auch das Thema Leerstand für genossenschaftliches Management trotz aller Debatten um Wohnraummangel und Neubauquoten in Deutschland ein alltägliches Problem dar (Abb. 7.2).

Andererseits sehen sich Genossenschaftsvorstände in Wachstumsregionen vor das Problem des zunehmenden Nachfrageüberhangs gestellt und sind gefordert, hier entsprechende Lösungen für ihre vorhandenen Mitglieder sowie für potenzielle Neumitglieder zu schaffen. Der **Neubau** von Wohnungen ist eine der offensichtlichsten Maßnahmen, um den Wohnungsmangel in diesen Regionen zu bekämpfen. Viele Genossenschaften verfügen über Grundstücke, auf denen neue

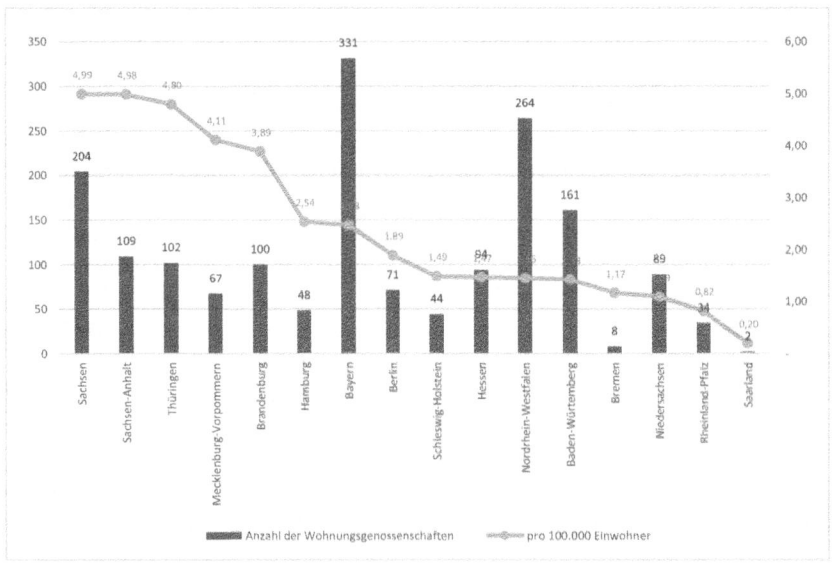

Abb. 7.2 Verbreitung der Wohnungsgenossenschaften in Deutschland. (Quelle: GdW 2023, S. 81 ff.)

---

[3] IVV immobilien vermieten & verwalten, 5/2024, 10.

Wohnungen errichtet werden oder zumindest durch Nachverdichtung, Umnutzung oder Ersatzneubau eine Ausweitung und Aufwertung des Bestandes erreicht werden könnte. Der Wohnungsneubau ist jedoch mit erheblichen finanziellen, organisatorischen und rechtlichen Hürden verbunden, die in den vergangenen Jahren noch einmal deutlich zugenommen haben und für viele Genossenschaften inzwischen eine Überforderung darstellen.

Die **Baukosten** in Deutschland sind in den letzten zehn Jahren um etwa 40–50 % gestiegen und lagen 2022 bereits bei rund 4000 € pro Quadratmeter Wohnfläche. In Großstädten und Ballungsgebieten können die Kosten je nach Lage und Ausstattungsqualität sogar auf über 5000 € pro Quadratmeter ansteigen. Diese erheblichen Kostensteigerungen resultieren aus einer Vielzahl von Faktoren, darunter steigende Materialkosten, verschärfte technische Anforderungen an Energieeffizienz und Barrierefreiheit, erhöhte Arbeitskosten sowie die Zunahme regulatorischer Auflagen. Während diese Rahmenbedingungen grundsätzlich für alle Bauherren gleichermaßen gelten, so stellen sie insbesondere viele Genossenschaften vor große Probleme: Einerseits führen erhöhte Baukosten zu kalkulatorischen **Neubaumieten**, die andere Investoren billigend in Kauf nehmen, für Wohnungsgenossenschaften aufgrund der (sozialen) Förderorientierung gegenüber ihren Mitgliedern aber in vielen Fällen nicht mehr vertretbar sind. Aktuelle Berechnungen zeigen, dass die Mietpreise für Neubauwohnungen zwischen 14 und 20 € pro Quadratmeter liegen müssten – ein Betrag, der für viele Mitglieder nicht erschwinglich ist. Andererseits stellen verschärfte technische und regulatorische Anforderungen vor allem viele kleine Wohnungsgenossenschaften vor organisatorische Probleme, weil das notwendige Knowhow und die Kapazitäten hierfür im Unternehmen nicht vorhanden sind und erst aufgebaut oder (teuer) eingekauft werden müssten. Hinzu kommen die seit 2022 sprunghaft angestiegenen Finanzierungskosten, die den Neubau von Wohnungen zusätzlich verteuern und teilweise komplett unwirtschaftlich werden lassen.

Vorstände von Wohnungsgenossenschaften stehen angesichts dieser Rahmenbedingungen in angespannten Wohnungsmärkten vor einem Dilemma: Einerseits wäre Neubau dringend erforderlich, um den wachsenden Bedarf an Wohnungen zu decken und den Mitgliedern quantitativ und qualitativ ausreichend Wohnraum zur Verfügung zu stellen. Andererseits sind die finanziellen Belastungen immens, und die Neubaumieten liegen aufgrund der hohen Investitionskosten meist deutlich über dem, was die meisten Mitglieder bezahlen können. Dieser Konflikt führt in den Wohnungsgenossenschaften nicht selten zu **Spannungen** innerhalb der Mitgliederschaft bzw. zwischen Mitgliedern und Organen. Vorstände, die trotz der schwierigen Rahmenbedingungen in Neubauprojekte investieren, sehen sich der Kritik ausgesetzt, an den Mitgliederinteressen (insbesondere in punkto Bezahlbarkeit) vorbeizuentscheiden. Demgegenüber stehen Mitgliedergruppen, die über mittlere bis hohe Haushaltseinkommen verfügen und von ihrer Genossenschaft genau solche Neubauvorhaben zur Deckung der eigenen Wohnbedürfnisse erwarten.

Hier macht sich eine zunehmende Ungleichheit innerhalb der Mitgliederschaft vieler Wohnungsgenossenschaften bemerkbar, die in gewisser Weise einen Spiegel der Gesellschaft darstellt und ähnlich wie diese, verstärkte **Polarisierungstendenzen** aufweist. So kommt die im Auftrag des GdW durchgeführte Studie „Wohntrends 2025" etwa zu dem Ergebnis: „Die soziodemographischen und -ökonomischen Entwicklungen sowie die Veränderungen des Wanderungsverhaltens haben die Entwicklung der Wohnkonzepte maßgeblich beeinflusst. Heute steht einer Gruppe finanzstarker Wohnkonzepte (…) eine Gruppe gegenüber, die durch eine geringe Kaufkraft geprägt ist. (…) Die Wohnungsnachfrage wird demnach einerseits durch die einkommensschwächeren Zielgruppen der Bescheidenen und Funktionalen mit einer hohen Preissensibilität und einer Präferenz für kleinere, einfach ausgestattete (…) Wohnungen determiniert. Andererseits wird die Wohnungsnachfrage von dem quantitativ doppelt so stark ausgeprägten Segment der Kommunikativen, Anspruchsvollen und Häuslichen bestimmt, die sehr hohe Anforderungen an die Modernität, Qualität, technische Ausstattung und auch an das Service- und Dienstleistungsangebot stellen" (GdW 2018, S. 10).

Viele Mitglieder sind gegenüber Neubauprojekten dementsprechend kritisch eingestellt, da sie befürchten, dass die finanziellen Mittel der Genossenschaft zu stark in dieses Segment fließen und für die Modernisierung und Instandhaltung des Bestandes nicht mehr ausreichend zur Verfügung stehen. Insbesondere die Sorge, dass sich bestehende Mitglieder die Neubaumieten nicht leisten können und somit die Mitgliederförderung gefährdet wird, ist ein zentrales Thema. Gleichzeitig müssen Vorstände einen Weg finden, zwischen diesen finanziellen Sorgen und den hohen qualitativen Anforderungen zahlungskräftiger Mitgliedergruppen zu balancieren, während sie gleichzeitig auch die wirtschaftliche Stabilität der Genossenschaft wahren müssen.

Hier zeigt sich, dass die **Pluralisierung** der Mitgliederinteressen eine zunehmende Herausforderung für Genossenschaftsvorstände darstellt. Aufgrund gesellschaftlicher und demografischer Entwicklungen gestalten sich die Interessen, Bedürfnisse und Einstellungen der Mitglieder zunehmend vielfältiger und stehen sich teils sogar diametral gegenüber. Dies betrifft sehr individuelle Themen, kann allerdings auch übergeordnete soziale und politische Positionen umfassen. Diese Heterogenität spiegelt sich auch in den aktuellen gesellschaftspolitischen Diskursen wider, so etwa in Bezug auf den Klimaschutz. Die Debatte um Klimawandel und Nachhaltigkeit verdeutlicht besonders anschaulich, wie polarisiert die

Mitgliederinteressen in Wohnungsgenossenschaften sein können. In den vergangenen Jahren hat das Thema – nicht zuletzt durch globale Bewegungen wie Fridays for Future oder wegweisende Beschlüsse der Vereinten Nationen und der Europäischen Union – erheblich an gesellschaftlicher Relevanz gewonnen. Es existiert eine wachsende Zahl an Menschen, die sich aktiv für den Klimaschutz einsetzen und dies durch Teilnahme an Demonstrationen, zivilgesellschaftlichem Engagement oder sogar zivilen Ungehorsam, wie im Fall der sogenannten „Klima-Kleber" der Letzten Generation, ausdrücken. Dem gegenüber steht eine ebenso zunehmende Gruppe von Menschen, die sich durch die politischen Maßnahmen zur Bewältigung der Klimakrise bevormundet fühlt und die damit verbundenen Einschränkungen und Regulierungen vehement ablehnt. Diese Kontroverse wird zunehmend emotional und dogmatisch geführt und stellt hiermit auch ein Spannungsfeld innerhalb der Mitgliedschaft von Wohnungsgenossenschaften dar.

Mau et al. (2023) charakterisieren diese besonders konfliktbehafteten Themen als so genannte **Triggerpunkte** und heben hervor, wie derartige Debatten aufgrund ihrer stark emotionalen Aufladung und gesellschaftlichen Brisanz zu erheblichen Spannungen und Konflikten – auch innerhalb von Organisationen – führen können. Wohnungsgenossenschaften können in dieser Hinsicht besonders betroffen sein, da ihre Mitgliederschaft oftmals einen Mikrokosmos der Gesellschaft bildet, in dem sich die gesamte Bandbreite der Einstellungen und Interessen widergespiegelt. Vorstände müssen sich daher bewusst sein, dass innergenossenschaftliche Diskussionen und Entscheidungen – etwa zu energetischen Sanierungen, Mietpreisgestaltungen oder Investitionsstrategien – potenziell konfliktträchtig sind und die Gefahr einer Polarisierung der Mitgliedschaft in sich bergen. „Dies betrifft Fragen der Besteuerung von CO_2, aber auch ganz alltagsnahe Aspekte des Lebensstils, der Haushaltssituation, der Wohnbedingungen und der Mobilität. (…) Die Diskussionen erreichen an dieser Stelle eine folgenreiche Weggabelung: Zwar fürchten fast alle die negativen Folgen des Klimawandels für die eigenen Lebensbedingungen. Doch während bei einigen die Furcht vor den Klima*folgen* alle anderen Aspekte übertrumpft, stehen für andere Verlustängste und die Furcht vor Einschränkungen aufgrund von Klima*schutzmaßnahmen* im Vordergrund. Klimawandel und -politik geben Anlass zu Unsicherheit und Sorgen, aber wie genau sich die Akzentuierung dieses Verhältnisses gestaltet, wird von verschiedenen sozialen Statusgruppen unterschiedlich beurteilt" (Mau et al. 2023, S. 229).

Für das Management von Genossenschaften bedeutet diese Entwicklung eine anspruchsvolle Aufgabe. Vorstände sehen sich mit der Notwendigkeit konfrontiert, vielfältige, oft widersprüchliche Positionen innerhalb der Mitgliedschaft zu berücksichtigen und zwischen diesen zu vermitteln. Es erfordert eine hohe Sensibilität, die divergierenden Interessen und Bedürfnisse auszugleichen, ohne dabei die genossenschaftlichen Werte und Ziele aus den Augen zu verlieren. Gleichzeitig besteht die Gefahr, dass Konflikte zwischen den Mitgliedern oder zwischen Mitgliedern und der Unternehmensführung ausgetragen werden, was das Gefüge der Genossenschaft als **Solidargemeinschaft** und deren gemeinsame Zielverfolgung destabilisieren kann. „Vor dem Hintergrund der polyzentrischen Konstruktion einer Genossenschaft stellt sich das Problem, wie eine Vielzahl von Mitgliedern entgegen ihrer zentrifugalen Kräfte integriert und gesteuert werden kann. Kollektives Handeln in einer Genossenschaft wird nur dann zustande kommen, wenn angesichts mehrgipfliger Führungsstrukturen ein demokratischer Konsens unter den beteiligten Akteuren erreicht wird" (Blome-Drees 2023, S. 76).

In diesem Zusammenhang gewinnen Kommunikationsstrategien und innergenossenschaftliche Entscheidungsprozesse an Bedeutung. Die bloße Vermittlung sachlicher Informationen reicht im Kontext stark emotionalisierter Debatten oft nicht mehr aus. Vielmehr sind Vorstände gefordert, empathisch und auf Augenhöhe mit den Mitgliedern zu kommunizieren, ihre Ängste und Sorgen ernst zu nehmen und „Arenen der Partizipation" (Schmale 2023, S. 566) zu schaffen. Es gilt, die Entscheidungsprozesse transparent zu gestalten und die Kriterien, die den genossenschaftlichen Maßnahmen zugrunde liegen, nachvollziehbar darzustellen. **Partizipation** erweist sich in diesem Kontext als zentrales Element zur Schaffung von Akzeptanz. Die Einbindung der Mitglieder in Entscheidungsprozesse – etwa durch Mitgliederbefragungen, Workshops oder Diskussionsforen – kann dazu beitragen, Konflikte frühzeitig zu identifizieren und zu entschärfen.

Dabei müssen die Vorstände sicherstellen, dass nicht nur die Interessen derjenigen Mitglieder gehört werden, die sich besonders lautstark und fordernd artikulieren. Im Sinne der genossenschaftlichen Gleichbehandlung ist es ebenso wichtig, die Bedürfnisse und Anliegen derjenigen Mitglieder zu berücksichtigen, die sich weniger aktiv oder öffentlich äußern. Die Herausforderung besteht darin, ein ausgewogenes Bild der **kollektiven Interessen** der gesamten Mitgliedschaft zu erlangen, um sicherzustellen, dass Entscheidungen die genossenschaftliche Gemeinschaft in ihrer Gesamtheit reflektieren und nicht nur die Meinung einer besonders aktiven Minderheit. Dies erfordert eine hohe Sensibilität in der Kommunikation und Moderation durch die Vorstände und das Bewusstsein dafür, dass in einer Genossenschaft alle Mitglieder, unabhängig von ihrer Präsenz oder ihrem Engagement, gleichberechtigt Gehör finden müssen.

Als ein Best-Practice Beispiel für diese Art der Mitgliederpartizipation kann die erweiterte Selbstverwaltung der Baugenossenschaft Freie Scholle eG in Bielefeld gesehen werden. Bereits in den 1990er-Jahren entwickelte die Genossenschaft dieses über die gesetzlichen Anforderungen hinausgehende Partizipationsmodell, da die übliche Form der Mitgliederbeteiligung als unzureichend empfunden wurde.

Das Konzept ermöglicht den Mitgliedern nicht nur, die Vertreterversammlung zu wählen, sondern auch einen so genannten Siedlungsrat zu bilden, dem neben den Vertretern auch alle sogenannten Haussprecher der Genossenschaft angehören. Die insgesamt elf Siedlungsräte mit zusammen rund 500 engagierten Mitgliedern, treten mindestens einmal jährlich zu einer Sitzung zusammen. In diesen Versammlungen geben Siedungssprecher einen Überblick über die Entwicklungen im Quartier, während Vorstand und Mitarbeitende der Genossenschaft über das zurückliegende Geschäftsjahr und die Planung des kommenden Jahres informieren.

Zusätzlich wird der Bericht zu einer gemeinsamen Begehung des **Siedlungsrats** und der technischen Bestandsverwaltung vorgestellt. Diese Ergebnisse bilden die Grundlage für Diskussionen zu Modernisierungs- und Instandhaltungsmaßnahmen und deren Finanzierbarkeit. So erhält die Geschäftsführung die Möglichkeit, zusammen mit den Mitgliedern die künftige Entwicklung des Bestands zu planen und die Geschäftspolitik an den Interessen der Mitglieder auszurichten. Die Mitglieder des Siedlungsrats übernehmen darüber hinaus weitere Aufgaben. Sie wählen beispielsweise Delegierte, die in Arbeitsgruppen an der Vorbereitung der regelmäßigen Genossenschaftskonferenz oder der Vertreterwahl mitwirken (Schlennstedt und Schlennstedt 2022, S. 48).

Für Vorstände bedeutet diese Form der erweiterten Mitgliederpartizipation, dass sie ihre Rolle als Moderatoren und Vermittler in einem Spannungsfeld unterschiedlicher Interessen stärker wahrnehmen müssen. Sie sind gefordert, eine Kultur des konstruktiven Dialogs zu etablieren und gleichzeitig klare Leitlinien und Entscheidungsstrukturen zu schaffen. „Dabei genügt es nicht, Mitgliedermeinungen einzuholen, sondern sie müssen auch in den Entscheidungen wieder auffindbar sein" (Schmale 2023, S. 563). Es bedarf der Implementierung **partizipativer Strukturen**, die einerseits die Pluralität der Interessen in der Genossenschaft abbilden und andererseits die Entscheidungsprozesse nicht übermäßig verlangsamen. Die Fähigkeit, mit Triggerpunkten umzugehen und den Pluralismus innerhalb der Mitgliedschaft aktiv zu managen, wird somit zu einer Schlüsselkompetenz der genossenschaftlichen Unternehmensführung. Nur durch ein professionelles, reflektiertes und inklusives Management der divergierenden Interessen können Wohnungsgenossenschaften ihrem Förderzweck gerecht werden, Akzeptanz für strategische Weichenstellungen schaffen und ihre Mitglieder langfristig an die Gemeinschaft binden.

Ein Thema, bei dem die Führungskompetenzen genossenschaftlicher Entscheidungsträger in den kommenden Jahren besonders gefordert sein werden, ist die **Energiewende** – also das Erreichen von Klimaneutralität im Gebäudebestand gemäß Klimaschutzgesetz bis zum Jahr 2045. Die Energiewende stellt für Wohnungsgenossenschaften derzeit eine der umfassendsten und drängendsten

Herausforderungen dar; man kann hier von einer Jahrhundertaufgabe sprechen, die in ihren Dimensionen höchstens mit den Aufbauleistungen der Wohnungswirtschaft nach den beiden Weltkriegen vergleichbar ist. Eine Untersuchung der Arbeitsgemeinschaft für zeitgemäßes Bauen e.V. (ARGE 2022) zeigt allein für die energetische Modernisierung des Wohngebäudebestandes nach aktuellen Klimaschutzvorgaben ein notwendiges Investitionsvolumen zwischen 2,6 und 5,1 Billionen Euro bis zum Jahr 2045. Rechnet man die erforderlichen Investitionen für weitere notwendige Bestandsanpassungen (z. B. Barrierefreiheit) sowie die allgemeinen Ausgaben für laufende Instandhaltung und Modernisierung hinzu, erhöht sich der Finanzierungsbedarf auf insgesamt 6,7 bis 9,9 Billionen Euro (vgl. dies. 2022, S. 86 ff.).

Die Maßnahmen zum **klimagerechten Umbau** des Bestandes umfassen die energetische Sanierung der Gebäudehülle, den Austausch fossiler Heizsysteme durch klimaneutrale Alternativen, die Nutzung erneuerbarer Energien (z. B. durch Photovoltaik und Mieterstrommodelle) sowie die Anpassung der Gebäudeinfrastruktur, etwa durch den Ausbau der E-Mobilität und Ladeinfrastruktur. Die Umsetzung dieser Maßnahmen wird durch eine Vielzahl gesetzlicher Regelungen bestimmt, die auf europäischer und nationaler Ebene zunehmend strenger werden. Der „European Green Deal" fordert eine Reduktion der CO_2-Emissionen um mindestens 55 % bis 2030 im Vergleich zu 1990. Darüber hinaus verpflichtet die in 2024 novellierte europäische Gebäuderichtlinie (EPBD) die Mitgliedstaaten dazu, Reduktionspläne für den Energieverbrauch in Gebäuden einzuführen und sicherzustellen, dass der vorhandene Wohnungsbestand schrittweise klimaneutral umgerüstet wird; mit ambitionierten Zwischenzielen für die Jahre 2030, 2035 und 2040. Auf nationaler Ebene setzt das deutsche Klimaschutzgesetz jährliche CO_2-Minderungsziele für den Gebäudesektor und das Gebäudeenergiegesetz (GEG) konkretisiert die Anforderungen an die Energieeffizienz und die Nutzung erneuerbarer Energien im Gebäudebestand, bis hin zu konkreten Vorgaben für den Einbau von Heizungssystemen oder das Erreichen bestimmter Energiestandards bei Modernisierungen.

Aus diesen Vorgaben ergibt sich für die Wohnungsgenossenschaften in Deutschland ein immenser **Investitionsbedarf**, weil nahezu jedes Gebäude in den kommenden rund zwanzig Jahren in der ein oder anderen Form energetisch modernisiert oder zumindest optimiert werden muss. Das zur Realisierung dieser Maßnahmen erforderliche Finanzierungsvolumen übersteigt regelmäßig die betriebswirtschaftlichen Möglichkeiten der Genossenschaften und stellt Vorstände vor bislang ungekannte Probleme: In der Regel wurden Modernisierungsmaßnahmen in Wohnungsgenossenschaften bislang mit dem Ziel durchgeführt, die Werthaltigkeit und Vermietbarkeit der Bestände zu steigern und damit die Zukunftsfähigkeit der

Genossenschaft insgesamt nachhaltig zu sichern. Die nunmehr durch externe Vorgaben im Raum stehenden Sanierungszwänge bedeuten für viele Genossenschaften allerdings genau im Gegenteil eine Gefährdung ihrer wirtschaftlichen Stabilität, ihrer Ausrichtung an (sozialen) Zielen der Mitgliederförderung und damit in letzter Konsequenz auch ihres Fortbestehens.

Meyer (2024) simuliert in einer umfassenden betriebswirtschaftlichen Analyse unterschiedliche Dekarbonisierungsszenarien und kommt zu dem Schluss, dass die Energiewende im Kontext gegenwärtiger Gesetzgebung für die meisten sozial orientierten Wohnungsunternehmen – wozu insbesondere auch die Wohnungsgenossenschaften zählen – allein aus finanziellen Gründen nicht zu stemmen sein wird, wobei insbesondere die Frage der **Refinanzierung** ein reales Problem darstellt. „Die Refinanzierungspotentiale aus Mieterhöhungen sind insbesondere bei den kostenintensivsten Szenarien mit schlechtem Gebäudezustand und niedrigen Ausgangsmieten gering. Hier sind die sozial orientierten Unternehmen besonders benachteiligt. Ihre niedrigen Ausgangsmieten beschränken u. a. aufgrund der Kappungsgrenzen den Refinanzierungsspielraum. (…) Zugleich können in der Realität aus sozialen und politischen Gründen die Umlagemöglichkeiten ohnehin nicht voll ausgeschöpft werden bzw. wären in strukturschwachen Märkten auch gar nicht zu realisieren. (…) Zunächst bleibt jedoch die Erkenntnis, dass ohne auskömmlichere Förderung, Abstrichen bei der Sanierungstiefe sowie neuer Geschäftsmodelle und Kostensenkungen der Dekarbonisierungspfad für viele sozial orientierte Wohnungsunternehmen nicht zu leisten sein wird und stattdessen in die Insolvenz führen würde".[4]

Wohnungsmarktexperten sprechen in diesem Zusammenhang schon von „Grünen Visionen und grauen Realitäten" (Kamis 2024). Hinzu kommt die Tatsache, dass durch die **CO_2-Bepreisung** auch das Unterlassen energetischer Modernisierungen zunehmend zu einem wirtschaftlichen Problem für die Genossenschaften wird. Seit 2021 wird gemäß Brennstoffemissionshandelsgesetz (BEHG) auf fossile Brennstoffe ein CO_2-Preis erhoben, der sich schrittweise erhöht. Im Jahr 2024 beträgt der Preis 45 € pro Tonne CO_2, was direkte Auswirkungen auf die Heizkosten und somit auf die allgemeine Wohnkostenbelastung hat. Bis 2026 soll der CO_2-Preis in Deutschland einem fest definierten Pfad folgend weiter steigen und danach in ein europäisches Emissionshandelssystem für Verkehr und Gebäudewärme überführt werden. Experten sehen hier ein unkalkulierbares und derzeit noch stark unterschätztes Kostenrisiko auf Mieter und Vermieter zukommen (vgl. Holm und Sprengard 2024). Je nachdem, wie sich die Preise für CO_2-Emissionen über einen

---

[4] https://www.deutscher-verband.org/aktivitaeten/studien/studie-klimapfade-wohnungs-unternehmen.html (abgerufen am 08.06.2024).

europäischen Zertifikatehandel ab 2027 entwickeln, könnten Mehrkosten für Wohnungsnutzer von wenigen hundert bis mehreren tausend Euro pro Jahr entstehen. Diese werden gemäß Kohlendioxidkostenaufteilungsgesetz (CO2KostAufG) je nach Energieeffizienzklasse der Wohnung zwischen Mietern und Vermietern aufgeteilt, wobei Genossenschaftsmitglieder in ihrer Doppelrolle als Nutzer und Miteigentümer des genossenschaftlichen Wohnungsbestandes am Ende immer die vollen CO_2 Kosten zu tragen haben. Dazu kommt das Risiko, dass fossile Brennstoffe vor dem Hintergrund politischer Dekarbonisierungsziele neben der CO_2-Bepreisung zukünftig noch von weiteren preissteigernden Effekten betroffen sein könnten.

Für das genossenschaftliche Management wirft diese Entwicklung ein zunehmendes **Entscheidungsproblem** auf: Einerseits müssen die rechtlichen Vorgaben und politischen Ziele umgesetzt werden, was in der Regel zu umfangreichen energetischen Modernisierungsmaßnahmen und – trotz Mietanhebungen – schlechteren betriebswirtschaftlichen Ergebnissen führt. Andererseits können Bestandsschutz-Regelungen und diverse Übergangsfristen genutzt werden, um energetische Maßnahmen so lange wie möglich in die Zukunft zu schieben, was allerdings – wie gezeigt wurde – durch steigende Energiepreise und -abgaben ebenfalls erhöhte Wohnkosten für die Mitglieder und wirtschaftliche Einbußen der Genossenschaft zur Folge haben kann. Da es sich hierbei um komplexe betriebswirtschaftliche Zusammenhänge handelt, die zudem nicht an einem bestimmten Stichtag, sondern über einen längerfristigen Zeitraum (nach aktueller Gesetzeslage bis 2045) zum Tragen kommen und in dieser Zeitspanne auch noch von vielfältigen technischen, finanziellen oder rechtlichen Entwicklungen tangiert werden können, stellt die konkrete Entscheidungsfindung im Einzelfall eine anspruchsvolle bis kaum lösbare Aufgabe dar.

Dabei haben genossenschaftliche Entscheidungsträger neben der rein wirtschaftlichen Abwägung insbesondere auch die unterschiedlichen **Einstellungen** ihrer Mitglieder zu energetischen und gegebenenfalls auch weiteren Modernisierungsmaßnahmen zu beachten. Viele Mitglieder haben ein grundsätzliches Verständnis dafür, dass ihre Wohnungsgenossenschaft aufgrund rechtlicher Vorgaben – oder aus rein ökologischen Motiven heraus – in energetische Maßnahmen investiert, bewerten konkrete Modernisierungsvorhaben aber in dem Moment, in dem sie selbst unmittelbar (z. B. finanziell) davon betroffen sind teilweise vollkommen anders. An dieser Stelle wird der Unterschied zwischen kollektiven und individuellen Mitgliederinteressen innerhalb von Genossenschaften deutlich.

Auch wenn das kollektive Interesse an strategischen Programmen (z. B. Energieeffizienz) von den Mitgliedern meist grundsätzlich anerkannt wird, stellen die **individuellen Interessen** bei der konkreten Umsetzung dieser Programme oftmals

eine höhere Priorität aus Sicht des einzelnen Mitglieds dar. Das genossenschaftliche Management muss in diesen Fällen nicht nur die Mitgliederschaft und die
verschiedenen Gremien insgesamt für umzusetzende Maßnahmen gewinnen, sondern auch viele einzelne Mitglieder vom Sinn – und im Zweifelsfall auch der
persönlichen Vorteilhaftigkeit – überzeugen. „Die Führungsspitze hat keine
Möglichkeit, einzelne Mitglieder zu einem aus ihrer Sicht konformen Verhalten zu
zwingen. Es ist vielmehr davon auszugehen, dass Führungsversuche von auto-
nomen Mitgliedern gänzlich oder zumindest teilweise ignoriert bzw. als nicht legi-
tim oder gar als irrelevant angesehen werden. Je eigensinniger die Mitglieder sind,
desto eher werden Versuche der Einflussnahme keine oder nicht intendierte Wirkungen haben" (Blome-Drees 2023, S. 76).

Hierbei ist zudem zu beachten, dass Wohnungsgenossenschaften auch **miet-
rechtlich** oft nur sehr eingeschränkte Möglichkeiten haben, strategisch relevante
Maßnahmen gegen den Willen einzelner Mitglieder durchzusetzen. Ein Beispiel ist
der Austausch von Gas-Etagenheizungen durch moderne Zentralheizungen oder
Wärmepumpen. Trotz der potenziellen Vorteile für die Genossenschaft, etwa im
Hinblick auf Energieeffizienz und Klimaschutz, erlaubt das Mietrecht den Mietern
oft die weitere Nutzung ihrer individuellen Gasheizung. Mitglieder haben hierbei
zum Beispiel gemäß § 555d BGB das Recht, bestimmte Modernisierungsmaßnahmen abzulehnen, wenn sie eine unzumutbare Härte darstellen, was den Handlungsspielraum des Managements erheblich einschränken kann. Dies führt zu
einem Spannungsfeld zwischen den strategischen Zielen der Genossenschaft und
den individuellen Rechten der Mitglieder; vor allem dann, wenn die Umsetzung
der Energiewende nur über aufwändige Modernisierungsmaßnahmen und die Refinanzierung über erhöhte Nutzungsentgelte sichergestellt werden kann, die von
der Genossenschaft gegenüber ihren Mitgliedern durchgesetzt werden müssen.

Das Verhältnis von **Mietrecht** und **Genossenschaftsrecht** ist in diesem Zusam-
menhang komplex. Einerseits regelt das Mietrecht die individuellen Rechte und
Pflichten im Mietverhältnis, andererseits stellt das Genossenschaftsrecht besondere
Anforderungen an die Mitglieder, die über das Mietverhältnis hinausgehen. Das
Mietrecht sieht klare Regeln für Modernisierungsmaßnahmen und die damit verbundene Duldungspflicht vor, während das Genossenschaftsrecht einen kollektiven
Ansatz verfolgt, der das Wohl der gesamten Genossenschaft in den Vordergrund
stellt. Wenn ein Mitglied einer Wohnungsgenossenschaft der Auffassung ist, dass
keine Duldungspflicht für eine Modernisierungsmaßnahme nach § 555d BGB besteht, könnte die Genossenschaft beispielsweise versuchen, die genossenschaftliche Treuepflicht heranzuziehen, um die Maßnahme dennoch durchzusetzen.
Hierbei handelt es sich um die (rechtliche) Verpflichtung der Mitglieder, die Interessen der Genossenschaft zu wahren und deren Ziele zu fördern, auch wenn dazu

persönliche Interessen zurückgestellt werden müssen. Wohnungsgenossenschaften könnten bei energetischen Modernisierungen demnach argumentieren, dass die Maßnahmen dem Wohl der Genossenschaft insgesamt dienen und somit im Interesse aller Mitglieder liegen, auch wenn einzelne, unmittelbar betroffene Mitglieder gegen diese Maßnahmen sind. Ob diese Argumentation allerdings juristisch tragfähig ist, hängt von den genauen Umständen ab, insbesondere von den Regelungen der jeweiligen Satzung der Genossenschaft und der Frage, ob die Treuepflicht tatsächlich so weit reicht, dass sie die Ablehnung einer Modernisierungsmaßnahme durch ein Mitglied nach den Bestimmungen des BGB übertrumpfen kann. „Die Treuepflicht verbindet die genossenschaftliche Gemeinschaft. Die Beziehung des Mitglieds zur Genossenschaft beinhaltet die Verpflichtung, die Interessen dieser Gemeinschaft, der man seit Begründung der Mitgliedschaft angehört, zu wahren und zu unterstützen und jedes Verhalten zu vermeiden, das zu einer Schädigung der Gemeinschaft führen könnte. Eine Grenze findet diese Verpflichtung nur, wenn übergeordnete allgemeine oder persönliche Interessen entgegenstehen" (Schlüter et al. 2023, S. 138).

Derartige juristische Auseinandersetzungen zwischen Wohnungsgenossenschaften und ihren Mitgliedern zur Durchsetzung strategischer Programme stellen bislang eher die Ausnahme dar. Angesichts des wachsenden Drucks durch externe regulatorische Vorgaben und wirtschaftliche Zwänge ist in jüngerer Zeit jedoch aus einzelnen Unternehmen und auch von Seite der Wohnungsverbände zumindest von einem zunehmendem Diskussions- und **Konfliktpotenzial** bei umfangreichen (energetischen) Sanierungsmaßnahmen zu hören. Aus Sicht des genossenschaftlichen Managements stellt ein juristisches Durchdrücken von Entscheidungen gegen die Mitglieder in jedem Fall nur das letzte Mittel dar, weil ja gerade die Mitgliederförderung und eine demokratische, konsensorientierte Willensbildung Wohnungsgenossenschaften von anderen Vermietern unterscheiden sollen. Vorstände sind deshalb zunehmend gefordert, ihre Entscheidungen in transparenter Weise zu begründen und mit nachvollziehbaren Sachargumenten zu untermauern, um bei den Mitgliedern Verständnis und im besten Fall auch Akzeptanz – gegebenenfalls auch für unpopuläre Entscheidungen – zu erzeugen.

Dabei gestaltet sich der Aufbau schlüssiger **Argumentationsketten** aus Sicht der genossenschaftlichen Unternehmensführung angesichts komplexer werdender Rahmenbedingungen zunehmend schwierig. Während Genossenschaften früher weitgehend eigenständig abwägen konnten, welche Maßnahmen aus technischer, finanzieller und sozialer Sicht für ihre Mitglieder sinnvoll waren, wird diese Entscheidungsfreiheit heute stark durch umfassende gesetzliche und regulatorische Vorgaben, insbesondere im Bereich des Klimaschutzes und der Energiewende, eingeschränkt. Vorstände sind häufig gezwungen, Maßnahmen in einem Tempo und

Umfang umzusetzen, welche sie selbst unter betriebswirtschaftlichen und sozialen Gesichtspunkten nicht für optimal, geschweige denn sinnvoll erachten. Ein besonders herausforderndes Beispiel in diesem Zusammenhang ist die Wahl der geeigneten Energieträger und Technologien im Heizungsbereich. Statt kostengünstige und pragmatische Lösungen zu wählen, sehen sich genossenschaftliche Entscheidungsträger zunehmend verpflichtet, in teure und komplexe Systeme wie Wärmepumpen oder Lüftungsanlagen zu investieren, auch wenn für diese in der wohnungswirtschaftlichen Praxis in der Breite noch nicht ausreichend Erfahrungswerte vorliegen. Diese Unsicherheit in der richtigen technologischen Entscheidungsfindung – von der oftmals Investitionen und Folgekosten in Millionenhöhe ausgehen – wird weiter verstärkt durch eine unklare kommunale Wärmeplanung, die in vielen Kommunen noch nicht abgeschlossen ist und gesetzlich (je nach Einwohnerzahl) erst bis 2026 bzw. 2028 verpflichtend vorliegen muss.[5] Genossenschaften können ohne diese Informationen oft nicht absehen, wo in Zukunft auf Fernwärme zugegriffen werden kann oder welche Pläne Kommunen und Energieversorger etwa für den Ausbau von Nahwärmenetzen oder die Nutzung neuer Energieträger wie Wasserstoff, Tiefengeothermie oder Windkraft verfolgen. Diese Unsicherheit führt dazu, dass Entscheidungen häufig auf **unvollständigen Informationen** basieren und die langfristigen finanziellen Auswirkungen schwer kalkulierbar sind.

Diese Unsicherheit und die erhöhte Komplexität haben erhebliche Auswirkungen auf das genossenschaftliche Management. Vorstände müssen ihre Entscheidungsprozesse anpassen, sich stärker mit Risikomanagement und strategischer Flexibilität auseinandersetzen und die zunehmenden externen Anforderungen mit den Interessen der Mitglieder in Einklang bringen. Außerdem werden wichtige Ressourcen blockiert, die ansonsten für andere genossenschaftliche Maßnahmen – wie z. B. Investitionen in soziale Angebote und Dienstleistungen – eingesetzt werden könnten. Gleichzeitig müssen die Genossenschaften Innovationen in der technischen und organisatorischen Umsetzung vorantreiben, um den regulatorischen Anforderungen gerecht zu werden und gleichzeitig ihre Wettbewerbsfähigkeit zu sichern. Somit wird die Innovationsfähigkeit des genossenschaftlichen Managements zu einem zentralen Erfolgsfaktor, um den vielfältigen Anforderungen der Zukunft gerecht zu werden.

Innovation gewinnt damit auch für Wohnungsgenossenschaften, deren Geschäftsmodell traditionell eher als stabil und konservativ gilt, zunehmend an Bedeutung, um den gegenwärtigen und zukünftigen Herausforderungen, insbesondere im Kontext der Energiewende, adäquat begegnen zu können. Die Transformation

---

[5] Vgl. § 4 Abs. 2 Wärmeplanungsgesetz (WPG).

hin zu einer klimaneutralen Wohnungswirtschaft erfordert die Implementierung neuer Technologien und Strategien, etwa durch die Förderung energieeffizienter Bauweisen, den Einsatz erneuerbarer Energien sowie die Entwicklung intelligenter Energiemanagementsysteme. Diese Maßnahmen sind nicht nur notwendig, um ökologische Zielvorgaben zu erfüllen, sondern auch, um den langfristigen Erhalt der Wettbewerbsfähigkeit der Genossenschaften sicherzustellen. Darüber hinaus bieten innovative Mobilitätskonzepte, wie beispielsweise die Integration von Carsharing-Modellen oder der Ausbau von Ladeinfrastrukturen für Elektromobilität, zukunftsorientierte Lösungsansätze, die zur Attraktivität der Wohnanlagen beitragen und gegebenenfalls sogar neue Einnahmequellen erschließen.

Zudem erfordert die fortschreitende **Digitalisierung** die Anpassung interner Prozesse und externer Serviceangebote, etwa durch automatisierte Buchhaltungssysteme, digitale Kommunikationsplattformen oder datenbasierte Monitoringkonzepte, um Effizienzgewinne zu realisieren und auf veränderte Bedürfnisse der Genossenschaftsmitglieder einzugehen (vgl. Kamis 2024). „Die digitale Transformation zwingt das Management und die Mitarbeiter zu neuen Denkmustern und zu verändertem Verhalten. Die handelnden Akteure müssen akzeptieren lernen, dass es keine endgültigen Lösungen mehr gibt, sondern dass die Antworten, wenn sie denn gegeben werden, kurze Halbwertzeiten haben" (Kamis 2019, S. 147). Innovationsbereitschaft wird somit zu einem zentralen Erfolgsfaktor, um nicht nur technologische und ökologische Umbrüche erfolgreich zu bewältigen, sondern auch die soziale und wirtschaftliche Stabilität der Genossenschaften im Sinne ihrer Mitglieder langfristig zu sichern.

Die Unternehmensberatung KPMG kommt in einer Studie zur **Innovationsfähigkeit** der Immobilienwirtschaft aus dem Jahr 2024 zu dem Ergebnis, dass Immobilienunternehmen vor erheblichen Herausforderungen stehen, wenn es darum geht, ihre Innovationskraft zu steigern. Eines der zentralen Hemmnisse ist demnach eine konservative **Unternehmenskultur**, die bei mehr als der Hälfte der befragten Unternehmen die Einführung und Umsetzung von Innovationen behindert. „Diese Feststellung ist inhaltlich verbunden mit der Erkenntnis, dass es bei einem Viertel der Unternehmen in der Unternehmensführung an innovativ denkenden und agierenden Persönlichkeiten fehlt, welche die entsprechenden Impulse und Denkweisen in das Unternehmen transportieren" (KPMG 2024, S. 43). Zudem werden in 50 % der Unternehmen unzureichende personelle Ressourcen als Problem identifiziert, was die erfolgreiche Durchführung von Innovationsprozessen erschwert. Komplexe und oft starre interne Entscheidungsprozesse wirken ebenfalls innovationshemmend und verhindern in mehr als einem Drittel der Unternehmen die zügige Umsetzung von neuen Ideen. Weiterhin fehlt es bei etwa einem Viertel der Unternehmen an zeitlichen Freiräumen, um Innovationen zu entwickeln, sowie an einem fundierten Wissen über Innovationsmethoden und -werkzeuge, die für die erfolgreiche Durchführung solcher Prozesse notwendig sind. Auch die mangelnde Vernetzung mit externen Innovationstreibenden, wie Start-ups oder Forschungsinstitutionen, führt dazu, dass Potenziale zur Entwicklung disruptiver Geschäftsmodelle und neuer Lösungen nicht ausgeschöpft werden. Diese Herausforderungen verdeutlichen, dass die Wohnungswirtschaft in vielerlei Hinsicht strukturellen und kulturellen Anpassungen bedarf, um langfristig innovationsfähig zu bleiben (Abb. 7.3).

„Für Unternehmen der Immobilienwirtschaft bedeutet dies, dass sie sich teilweise grundlegend neu ausrichten und ihre Unternehmenskultur an die ‚neuen' Anforderungen im Markt anpassen müssen. Es reicht nicht mehr aus, nur auf kurzfristige Trends zu reagieren. Stattdessen müssen sie Nachhaltigkeit, Digitalisierung und Flexibilität zu Kernprinzipien ihrer Geschäftsmodelle machen. Die digitale Anbindung an vertikal integrierte Informationsketten, die Entwicklung innovativer Bautechnologien, die Implementierung flexibler Nutzungskonzepte und die Integration sozialer Aspekte in Immobilienprojekte werden entscheidend für den zukünftigen Erfolg sein" (ZIA e.V. 2024, S. 50).

Die Studie zeigt auch, welche Bedeutung die Themen **Personalgewinnung** und -entwicklung für die Steigerung der Innovationsfähigkeit im Immobiliensektor haben. Der Fachkräftemangel ist mittlerweile auch für Wohnungsgenossenschaften eine Herausforderung, die die Umsetzung der oben beschriebenen Maßnahmen

Abb. 7.3 Innovationshemmnisse in den Unternehmen der Immobilienwirtschaft. (Quelle: KPMG Deutschland 2024, S. 44)

erschwert. Die Wohnungs- und Immobilienwirtschaft leidet wie viele andere Branchen unter einem Mangel an qualifiziertem Personal (vgl. Stohr et al. 2024). Besonders Fachkräfte in den Bereichen energetische Gebäudesanierung, Haustechnik, IT und Digitalisierung sind schwer zu finden. Um den steigenden Anforderungen gerecht zu werden, sind Wohnungsgenossenschaften angehalten, gezielte Personalentwicklungsstrategien zu entwickeln. Der Aufbau von internem Know-how durch Weiterbildungsprogramme, die Gewinnung von Nachwuchskräften sowie Kooperationen mit Bildungseinrichtungen und Universitäten sind essenziell, um die langfristige Zukunftsfähigkeit der Genossenschaften zu sichern.

Dabei können Wohnungsgenossenschaften auf den ersten Blick mit ihrem nachhaltigen und sozial ausgerichteten Geschäftsmodell als interessante Arbeitgeber gegenüber jungen Menschen auf dem Bewerbermarkt punkten, da diesen bei der Berufswahl – wie in anderen Lebensbereichen auch – eine zunehmende **Purpose-Orientierung** nachgesagt wird. Eine bundesweite EBZ-Studie zur Arbeitgeberattraktivität kommt jedoch zu dem Ergebnis, dass eine sinnstiftende und nachhaltige Ausrichtung des Arbeitgebers zwar „wichtige, aber keine sehr wichtigen Attraktivitätstreiber" (Küper und Altenbernd 2023, S. 13) sind. „Auf Basis der durchgeführten Studie und externen Studienergebnissen zeigt sich, dass eine Kultur der gegenseitigen Wertschätzung, sowie eine gute Teamkultur und Zusammenarbeit zentrale Attraktivitätsfaktoren für die Arbeitgeberattraktivität darstellen. Sehr wichtig sind zudem die Attraktivitätsfaktoren Arbeitsplatzsicherheit, flexible Arbeitszeitmodelle sowie das Gehalt" (Küper und Altenbernd 2023, S. 13).

Einige der genannten Attraktivitätsfaktoren – wie eine wertschätzende Kultur und ein hohes Maß an Sicherheit – passen zwar grundsätzlich gut zur Rechtsform der Genossenschaft, finden hier aber sicherlich keine Exklusivität. Darüber hinaus haben Wohnungsgenossenschaften bei anderen Punkten, wie flexiblen Arbeitszeitmodellen und hohen Gehältern aufgrund ihrer besonderen Strukturen oftmals eher Probleme, mit den Möglichkeiten anderer (größerer) Wohnungsunternehmen und -konzerne mitzuhalten. Damit stehen Genossenschaften voll im **Wettbewerb** mit anderen Akteuren, wenn es um die Gewinnung von Auszubildenden und Fachkräften zur langfristigen Sicherung der Unternehmensentwicklung und einer angemessenen Personalausstattung geht.

Dabei greift allerdings auch zunehmend die Erkenntnis um sich, dass anstelle eines intensiveren Wettbewerbs viel größere Potenziale – gerade für die zahlreichen kleinen Wohnungsgenossenschaften – in einer verstärkten **Kooperation** untereinander liegen. In Anbetracht der vielfältigen Herausforderungen, denen Wohnungsgenossenschaften aktuell gegenüberstehen – insbesondere der Energiewende, der Digitalisierung, des Fachkräftemangels und der Wohnungsknappheit – gestaltet sich die Zusammenarbeit einzelner Genossenschaften untereinander sowie mit externen Partnern zu einem zunehmenden Erfolgsfaktor. Kooperationen mit anderen Genossenschaften, Unternehmen, Stadtwerken, Kommunen, Mobilitätsanbietern, Energiegenossenschaften und weiteren Akteuren können die Ressourcen und Kompetenzen bündeln, die erforderlich sind, um die anstehenden Aufgaben effektiv zu bewältigen, ohne dass jede Genossenschaft die dazu notwendigen Ressourcen selbst vorhalten muss.

Beispiele aus der Praxis zeigen, dass Kooperationen erheblich zur Bewältigung des Transformationsprozesses der Wohnungswirtschaft beitragen können. Ein erfolgreiches Beispiel hierfür ist die Isarwatt eG in München. Sechs Münchener Wohnungsgenossenschaften schlossen sich 2017 zu einer gemeinsamen **Energiegenossenschaft** zusammen, um die Strom- und Energieversorgung für ihre Mitglieder selbst in die Hand zu nehmen und so einen Beitrag zur Energiewende zu leisten, durch gemeinschaftliche Investitionen in erneuerbare Energien und lokale Energieproduktion Synergien zu nutzen und eine kosteneffiziente und umweltfreundliche Energieversorgung zu gewährleisten.[6]

Die Isarwatt eG hat sich seither erfolgreich entwickelt und ermöglicht es den mittlerweile 24 beteiligten Unternehmen, ihre energetische Infrastruktur effizient zu gestalten und gleichzeitig die Energiepreise für ihre Mitglieder zu stabilisieren, ohne dabei selbst personelle und finanzielle Ressourcen in der eigenen Organisation zu binden. Durch die Gründung einer eigenen Energiegenossenschaft konnten die beteiligten Wohnungsgenossenschaften zudem Fördermittel gezielt abrufen und neben Mieterstrom-Modellen gemeinsam auch weitere innovative Angebote – beispielsweise ein integriertes Mobilitätskonzept sowie eine digitale Sharing-Plattform – für ihre Mitglieder entwickeln.

Das Beispiel zeigt, wie Kooperationen als wirksame Strategie für Wohnungsgenossenschaften funktionieren können, um den hohen Investitionsbedarf in energetische Modernisierung und erneuerbare Energien zu bewältigen. Durch die gemeinsame Nutzung von Ressourcen und Know-how werden Effizienzsteigerungen und Kosteneinsparungen ermöglicht, die für einzelne Genossenschaften nur schwer oder gar nicht zu realisieren wären. Gleichzeitig erhöhen Kooperationen die Verhandlungsstärke gegenüber Dienstleistern und Energieanbietern und schaffen somit eine stärkere Position im Markt. Die Möglichkeiten für Kooperationen sind vielfältig und beschränken sich nicht bloß auf die Zusammenarbeit zwischen Wohnungsgenossenschaften. Erfolgreiche Kooperationen können beispielsweise mit Stadtwerken, Kommunen und Mobilitätsanbietern erfolgen. Die Kooperation mit Stadtwerken bietet Wohnungsgenossenschaften Zugang zu lokal erzeugtem Strom, Fernwärme und E-Mobilitätskonzepten, was zur Umsetzung nachhaltiger

---

[6] Vgl. www.isarwatt.de (abgerufen am 27.07.2024).

Energiemodelle beitragen kann. Eine enge Zusammenarbeit mit Kommunen kann zudem den Zugang zu Fördermitteln, Flächen für Neubauprojekte oder sozialpolitische Unterstützung bei der Integration von Geflüchteten und sozial Schwächeren erleichtern. Die Potenziale in diesem Bereich wurden bereits durch ein Forschungsprojekt unter dem Titel „Wohnungsgenossenschaften als Partner der Kommunen" (2016) im Rahmen des Bündnisses für bezahlbares Wohnen ausführlich beleuchtet. „Insgesamt verfügen Wohnungsgenossenschaften und Kommunen über zahlreiche vergleichbare und gemeinsame Interessen, die im Rahmen einer Kooperation genutzt und in gemeinsame Maßnahmen münden können" (BBSR 2016, S. 14).

Die Umsetzung erfolgreicher Kooperationen stellt jedoch auch hohe Anforderungen an die Vorstände von Wohnungsgenossenschaften. Kooperationen verlangen eine bestimmte **Führungs- und Organisationskultur**, die Offenheit, Vertrauen und eine klare Kommunikation sowohl innerhalb der Genossenschaft als auch gegenüber den Kooperationspartnern erfordert. Diese Kompetenzen waren aufgrund des wohnungswirtschaftlichen Geschäftsmodells und der grundsätzlichen Unabhängigkeit von Wohnungsgenossenschaften gegenüber anderen Stakeholdern in der Vergangenheit nicht in der Form notwendig, wie sie es aktuell werden.

Ein zentrales Element für den Erfolg von Kooperationen ist die Fähigkeit der Vorstände, Netzwerke zu pflegen und **strategische Allianzen** zu bilden. Dies beinhaltet auch die Fähigkeit, Verhandlungen zu führen und gemeinsame Ziele mit den Partnern zu definieren. Die Führungskräfte müssen sicherstellen, dass die Interessen der Genossenschaft und ihrer Mitglieder in den Kooperationsprojekten gewahrt bleiben, während gleichzeitig die Bedürfnisse und Ziele der Kooperationspartner berücksichtigt werden. „Auf der strategischen Ebene verliert die frühere Wagenburgmentalität an Bedeutung und weicht zunehmend einem Verständnis, in dem die anderen Marktteilnehmer nicht als Gegner, sondern eher als Kooperationspartner betrachtet werden. Dieser Sinneswandel geht einher mit der Erkenntnis, dass an der Spitze keine Draufgänger und Haudegen gebraucht werden, sondern eine Art Leader-Figuren, die sich vor allem durch integrative Fähigkeiten auszeichnet" (Frehner 2023, S. 213). Diese neue Balance zwischen der Verfolgung eigener und der Berücksichtigung fremder Interessen erfordert diplomatisches Geschick und Verhandlungskompetenz. Darüber hinaus müssen Vorstände eine interne Organisationsstruktur schaffen, die Mitarbeitende in die Lage versetzt, erfolgreich mit externen Partnern zusammenzuarbeiten. Dies umfasst die Einführung geeigneter **Projektmanagement**-Methoden, um die Kooperationsprojekte effizient zu steuern, sowie die Bereitstellung von Fortbildungsmaßnahmen, damit Mitarbeitende die notwendigen Fähigkeiten im Umgang mit externen Akteuren entwickeln können (vgl. Helmold 2022, S. 147 ff.). Zudem ist eine klare Rollenverteilung entscheidend: Mitarbeitende sollten genau wissen, welche Aufgaben und Verantwortlichkeiten sie im Rahmen der Kooperationen haben.

In vielen Wohnungsgenossenschaften erfordern die vergleichsweise kleinen Betriebsgrößen von den Vorständen, selbst aktiv in Kooperationsprojekten mitzuarbeiten, da oft keine ausreichenden personellen Ressourcen vorhanden sind, um die Projektarbeit an einzelne Mitarbeiter oder ganze Teams delegieren zu können. Diese begrenzten personellen Kapazitäten bedeuten, dass die Vorstände neben ihrer Verantwortung für das Tagesgeschäft und die Unternehmensführung auch die Projektarbeit übernehmen müssen. Das parallele Managen von Routineaufgaben und strategischen Projekten stellt eine erhebliche Herausforderung dar, weil beide Bereiche unterschiedliche Anforderungen an Zeit, Ressourcen und Fähigkeiten stellen. In der Praxis bedeutet dies, dass Vorstände von Wohnungsgenossenschaften flexibel zwischen dem operativen Geschäft, wie etwa dem Mietermanagement oder Instandhaltungsmaßnahmen, und strategischen Themen, wie Digitalisierungsvorhaben, Kooperationsprojekten oder dem Aufbau neuer Geschäftsmodelle wechseln müssen. Da oftmals keine oder nur wenige Mitarbeiter vorhanden sind, die diese Projektarbeit übernehmen könnten, sind die Vorstände selbst direkt in die Projektarbeit involviert. Das erfordert ein hohes Maß an Selbstorganisation und die Fähigkeit, kurzfristige Anforderungen des Tagesgeschäfts mit den langfristigen Zielen der Genossenschaft zu verbinden. Diese Fähigkeit, die in der Managementforschung mit dem Konzept der **Ambidextrie** („beidhändiges Führen") beschrieben wird (vgl. Frehner 2023 sowie Nussbaum 2022), stellt somit für das Management von Wohnungsgenossenschaften eine zunehmend wichtige Kompetenz dar, um den wachsenden Anforderungen gerecht zu werden und gleichzeitig die operative Stabilität im Tagesgeschäft sowie die strategische Weiterentwicklung der Genossenschaft zu sichern.

Trotz der aufgezeigten Herausforderungen, mit denen Wohnungsgenossenschaften und ihr Management in der aktuellen Wohnungsmarktkrise konfrontiert sind, bieten ihre besonderen Strukturen und Prinzipien auch klare **Vorteile** gegenüber Wohnungsunternehmen anderer Rechtsformen. Ein wesentlicher Vorteil von (gerade kleineren) Genossenschaften besteht in ihrer Flexibilität und Dynamik. Aufgrund ihrer überschaubaren Größe haben sie oft kürzere Entscheidungswege und können schneller auf veränderte Rahmenbedingungen oder neue Herausforderungen reagieren. Im Gegensatz zu großen, oft trägeren Organisationen, sind sie in der Lage, ihre Prozesse effizienter anzupassen und Entscheidungen mit weniger bürokratischen Hürden umzusetzen. Dies ermöglicht es ihnen, auf die sich rasch verändernden Anforderungen des Wohnungsmarktes flexibel einzugehen. Dabei sind sie auch unabhängig von wechselnden politischen Konstellationen (die beispielsweise in kommunalen Gesellschaften eine große Rolle spielen können) oder kurzfristigen Investoren-Interessen, an denen sich etwa große kapitalmarkt-orientierte Unternehmen ausrichten müssen.

Darüber hinaus verfügen Genossenschaften aufgrund ihrer Nähe zu den Mit-gliedern und ihrer wertebasierten Unternehmensführung häufig über ein hohes Maß an **Vertrauen** innerhalb ihrer Gemeinschaft. Diese Nähe führt zu einer posi-tiven und stabilen Unternehmenskultur, die auf langfristigen sozialen Zielen und dem genossenschaftlichen Förderzweck basiert, anstatt auf der Maximierung von Gewinnen. Dies ist insbesondere in Krisenzeiten von Vorteil, da das Vertrauen in die Organisation die Akzeptanz für notwendige Veränderungen erhöht und die Loyalität der Mitglieder stärkt (vgl. Theurl 2023, S. 15). Im Gegensatz zu profit-orientierten Unternehmen sind Genossenschaften zudem nicht gezwungen, hohe Gewinne zu erwirtschaften. Stattdessen können sie ihre Mieten – trotz aller Not-wendigkeit zu wirtschaftlichem Handeln – gegenüber Wettbewerbern oft auf einem sozial verträglicherem Niveau halten und einen größeren Teil ihrer Erträge in die Instandhaltung des Bestands oder in Serviceangebote für ihre Mitglieder investie-ren, was zur langfristigen Stabilität beiträgt. Weiterhin zeichnen sich Genossen-schaften durch ihre in der Regel ausgeprägte Mitgliederpartizipation aus, die in herkömmlichen Wohnungsunternehmen oft nicht zu finden ist. Die Einbindung der Mitglieder in Entscheidungsprozesse kann zu einem stärkeren Zusammenhalt und einer höheren Akzeptanz für strategische Maßnahmen führen. Dies kann gerade in Krisenzeiten dazu beitragen, Konflikte innerhalb der Organisation zu minimieren und eine gemeinsame Ausrichtung zu fördern. Schließlich sind Wohnungs-genossenschaften häufig stark regional verankert und verfügen über ein umfang-reiches lokales Netzwerk, was ihnen den Zugang zu regionalen Entscheidungs-trägern und Kooperationen erleichtert. Diese Vernetzung ermöglicht es ihnen, in-novative Lösungen gemeinsam mit lokalen Partnern zu entwickeln und umzusetzen.

Darüber hinaus zeichnet sich aktuell eine Entwicklung ab, die dazu beitragen kann, genossenschaftsspezifische Wesensmerkmale auch im Kontext regulatori-scher Vorgaben wieder stärker als Chance, denn als Belastung zu sehen. Wie be-reits ausführlich dargelegt, stellen die gestiegenen Anforderungen an Nachhaltig-keit und Klimaschutz erhebliche Herausforderungen für Genossenschaften dar, insbesondere aufgrund ihrer spezifischen Organisations- und Finanzierungs-strukturen. Diese Anforderungen beruhen unter anderem auf den **ESG-Vorgaben** der Europäischen Union, also den Nachhaltigkeitskriterien in den drei Dimensio-nen Environmental, Social und Governance. Hier deutet sich an, dass der soziale Aspekt zukünftig stärker in den Fokus rücken wird als bisher. Dies wird durch den Gesetzgeber vorangetrieben, aber auch durch andere Marktteilnehmer, wie etwa Banken und Kunden, die soziale Kriterien bei Investitionsentscheidungen und dem

Abschluss von Mietverhältnissen inzwischen eine größere Bedeutung beimessen. „Der Fokus der ESG-Richtlinien und Anforderungen liegt bislang auf dem E – also auf klima- und umweltbezogenen Aspekten. Die SOZIALE KOMPONENTE des Akronyms, die sich hinter dem S verbirgt, kommt jedoch zunehmend zum Vorschein: ein neues Auswahlkriterium für Investoren und Mieter" (Haimann 2023, S. 86; vgl. auch gif 2024).

Sollte sich diese Entwicklung fortsetzen, könnten Wohnungsgenossenschaften ihre besonderen Stärken im Bereich der **sozialen Nachhaltigkeit** zukünftig konsequenter herausstellen und sich in einem zunehmend sozial orientierten Marktumfeld behaupten. Soziale Nachhaltigkeit im Sinne der ESG-Kriterien umfasst in der Wohnungswirtschaft verschiedene Aspekte, die in Wohnungsgenossenschaften tendenziell besonders ausgeprägt sind, wie beispielsweise eine sozialverträgliche Mietpreisgestaltung. Da Genossenschaften nicht auf Gewinnmaximierung ausgerichtet sind, haben sie eine größere Flexibilität, die Mieten (auf einem wirtschaftlich auskömmlichen Niveau) so gering wie möglich zu halten und ihre Erträge in soziale Leistungen und gemeinwohlwirksame Maßnahmen zu investieren. Ein weiterer wichtiger Beitrag besteht in der Förderung von sozialen Strukturen innerhalb der Wohnquartiere. Wohnungsgenossenschaften fördern regelmäßig die Beteiligung ihrer Mitglieder durch partizipative Entscheidungsprozesse und die Schaffung gemeinschaftlich genutzter Räume, wodurch sie aktiv zum sozialen Zusammenhalt und zur Integration in den Quartieren beitragen. Diese soziale Ausrichtung kann nicht nur in einem stärker an sozialer Nachhaltigkeit ausgerichteten Umfeld einen Wettbewerbsvorteil darstellen, sondern sie eröffnet Genossenschaften auch die Möglichkeit, Quartiere als lebendige Gemeinschaften zu gestalten. Die Rolle von Wohnungsgenossenschaften in der Förderung solcher nachhaltigen und sozialen Nachbarschaften wird im folgenden Kapitel ausführlich betrachtet.

Literatur

ARGE eV (Hg.) 2022: Wohnungsbau: Die Zukunft des Bestandes. Bauforschungsbericht Nr. 82, Kiel

BBSR, 2016: Wohnungsgenossenschaften als Partner der Kommunen. Bonn

Blome-Drees, J., 2023: Konzeptionelle Überlegungen zu einer Besonderen Betriebswirtschaftslehre der Genossenschaften als Führungslehre, in: J. Blome-Drees et al. (Hg.), Handbuch Genossenschaftswesen, a.a.O., S. 57ff

Blome-Drees, J./Thimm, P./Wieg, A., 2023: Genossenschaftliche Geschäftsmodelle – Semantik, Morphologie und Typologie, in: Blome-Drees et al. (Hg.), Handbuch Genossenschaftswesen, a.a.O., S. 363ff

Böttiger, J.-M., 2009: MemberValue für Wohnungsgenossenschaften, Münster

Frehner, T., 2023: Führung heute. Erfolgsfaktoren des New Leadership, Berlin/Heidelberg

GdW (Hg.) 2023: Wohnungswirtschaftliche Daten und Trends 2023/2024. Zahlen und Analysen aus der Jahresstatistik des GdW, Berlin

GdW (Hg.) 2018: Wohntrends 2035. GdW Branchenbericht 7, Berlin

Haimann, R. 2023: Auf der Suche nach dem S, in: Immobilienwirtschaft H. 05/2023, S. 86ff

Helmold, M., 2022: Leadership. Agile, virtuelle und globale Führungskonzepte in Zeiten von neuen Megatrends, Wiesbaden

Holm, A./Sprengard, C., 2024: Auswirkungen der Marktpreisbildung für CO2 des Brennstoffemissionshandelsgesetz (BEHG) und europäischen Emissionshandels für Brennstoffe (EU-ETS 2) ab 2027 auf Gebäudeeigentümer und Mieter, München

Kamis, A., 2019: Digitalisierung in der Wohnungs- und Immobilienwirtschaft, Freiburg

Kamis, A., 2024: Grüne Visionen, graue Realitäten: Die Realität der Klimaneutralität in der (kommunalen) Wohnungswirtschaft und ihre Hürden unter dem Druck der kommunalen Haushalte, in: die immobilienanalyse, Ausgabe 33, Mai 2024, Bochum

Kamis, A., 2024: Digitalisierung in der Immobilienwirtschaft, 2. Aufl., Freiburg

KPMG (Hg.), 2024: Road to Disruption. Studie zur Innovationsfähigkeit und zu Innovationsstrategien der Immobilienwirtschaft, Frankfurt/M.

Kühl, R./Höhler, J., 2023. Strategisches Management von Genossenschaften, in: J. Blome-Drees et al. (eds) Handbuch Genossenschaftswesen, a.a.O., S. 435ff

Küper, L./Altenbernd, J., 2023: Was macht einen attraktiven Arbeitgeber in der Wohnungswirtschaft aus? Ergebnisse der bundesweiten EBZ-Studie 2023, Bochum

Mau, S./Lux, T./Westheuser, L., 2023: Triggerpunkte. Konsens und Konflikt in der Gegenwartsgesellschaft, Berlin

Meyer, H., 2024: Klimaziele für sozial orientierte Wohnungsunternehmen außer Reichweite, Diskussionspapier Deutscher Verband für Wohnungswesen, Städtebau und Raumordnung eV, Berlin

Metzger, J., 2021: Genossenschaften und die Wohnungsfrage. Konflikte im Feld der Sozialen Wohnungswirtschaft, Münster

Nussbaum, J. 2022: Beidhändig führen, in: Kaudela-Baum et al. (eds) Leadership und People Management . Springer Gabler, Wiesbaden

Ringle, G., 2023: Genossenschaftliches Management als „Mitglieder-Fördermanagement", in: J. Blome-Drees et al. (Hg.), Handbuch Genossenschaftswesen, a.a.O., S. 411ff

Schäfer, V./Vogt, B./Wink, T./Zimmermann, Y., 2021: Kennzeichen und Potentiale genossenschaftlicher Führung. Ergebnisse empirischer Erhebungen in Genossenschaftsbanken und Unternehmen mit kooperativ-genossenschaftlichem Hintergrund, Berlin

Schlennstedt, A./Schlennstedt, J. 2022: 111 Dinge die man über die Freie Scholle wissen muss, Bielefeld

Schlüter, T./Philipp, M./Roth, S. 2023: Handbuch Wohnungsgenossenschaften. Genossenschaftsrecht für die Praxis. 3. Aufl. Haufe, Freiburg

Schmale, I., 2023: Partizipation in Genossenschaften und Aspekte der Führung, in: J. Blome-Drees et al. (Hg.), Handbuch Genossenschaftswesen, a.a.O., S. 557ff

Stohr, D./Spies, S./Müller, L./Fries, J. L., 2024: Transformation der Bau- und Immobilienbranche Wie decken wir den Fachkräftebedarf von morgen mit den Fachkräften von heute?, FES diskurs, Berlin

Theurl, T., 2017: Genossenschaftliche Mitgliedschaft und Member Value als Konzepte für die Zukunft; in: Zeitschrift für das gesamte Genossenschaftswesen, H. 1, S.136ff

Theurl, T., 2023: Wohnungsgenossenschaften in herausfordernden Zeiten, in: Wirtschaftsdienst H. 1/2023, S. 12ff

ZIA e.V. (Hg.), 2024: Immobilienwirtschaft 2035 + 2050. Szenario-Studie über die Zukünfte der deutschen Bau- und Immobilienwirtschaft Zwischen Erbe und Innovation: Die Bau- und Immobilienwirtschaft im Wandel, Berlin

Zimmermann, Y./Schäfer, V., 2020: Potenziale einer genossenschaftlichen Leadership; in: bm bank und markt, Zeitschrift für Banking, 12/2020, S.2-3

(Wohnungs)Genossenschaften im Sozialraum: Synergien durch Vernetzung

In den letzten Jahren wurde sowohl das Thema Wohnen einerseits als neue soziale Frage wieder stärker thematisiert, da es für immer mehr Bevölkerungsgruppen (gerade für sozial schwächere Schichten und in gewissen Regionen) schwieriger geworden ist, adäquaten und bezahlbaren Wohnraum zu bekommen. Zugleich wurde aber auch der Blick über die Immobilie hinaus in das Wohnumfeld gerichtet. Sowohl in gesellschafts- und sozialpolitischen Fragen als auch in der Wohnungswirtschaft wird in diesem Kontext der Quartiersbegriff verwandt. Die Fokussierung auf das **Quartier** bzw. den **Ortsteil** ist ausgesprochen populär und wird manchmal schon zum Zauberwort zur Bearbeitung vieler Problemlagen (etwa bei der Versorgung der alternden Bevölkerung, die eine wohnortnahe Versorgung wünscht). In aktuellen Beiträgen zum Wohnen wird nachdrücklich gefordert, dass man den Anforderungen der Zukunft nur gerecht wird, wenn nicht nur der Bau von Wohnhäusern angestrebt wird, sondern zukunftsweisende Sozialräume entstehen, die energieeffiziente Lösungen mit intelligenten Mobilitätskonzepten und integrierter sozialer Versorgung verknüpfen (vgl. etwa die Beiträge in H. 10/2024 der Zeitschrift „Die Wohnungswirtschaft"). Die Geschäftsführerin der Unternehmensgruppe Nassauische Heimstätte/Wohnstadt (Frankfurt/M.) hat es so formuliert: „Wir leben nicht auf einer Insel, sondern sind Teil eines sozialen Gemeinwesens. Wir bauen nicht für uns, sondern für die Menschen, die bei uns wohnen, Einkaufen, zur Schule gehen, ihre Freizeit verbringen etc. Wenn wir das Gemeinwohl nicht von Anfang an mitdenken, sind Quartiere zum Scheitern verurteilt" (Fontaine-Kretschmer 2024, S. 260). Und auch in Wohnungsgenossenschaften ist die Quartiersperspektive ein Thema von zentraler Bedeutung. „Genossenschaftlich getragene Quartiersentwicklung ist eine zukunftsträchtige Alternative zu rein privatwirtschaftlichen Wohnprojekten und vorwiegend kommunal organisierter

R. G. Heinze, D. Wilde, *Wohnungsgenossenschaften*,
https://doi.org/10.1007/978-3-658-47197-2_8

Wohnversorgung. Wichtig bei Quartiersprojekten ist das Zusammenspiel aller Akteure. Von Bedeutung ist zudem die Analyse der individuellen Bedarfe sowie der Rahmenbedingungen vor Ort" (Reifschneider und Müller 2024, S. 130).

In diesem Kapitel soll die **soziale Einbettung des Wohnens** skizziert und diskutiert werden, wie sich das „Quartier von morgen" gestalten lässt. Menschen verbringen in Deutschland allgemein rund mehr als die Hälfte ihrer wachen Zeit in der Wohnung und dem Wohnumfeld und deshalb ist diese Sphäre auch der zentrale sozialräumliche Lebensschwerpunkt. „Weil Wohnen nicht mit dem Verlassen der eigenen vier Wände endet, sind zum Beispiel der tägliche Zwischenstopp im Zeitungskiosk, die Parkplatzsuche im Quartier, der Plausch mit Nachbar*innen und andere Routinen funktional untrennbar, aber auch eng mit einem subjektiven Wohngefühl verknüpft, das sich an Situationen koppeln lässt. Das ganzheitliche Verständnis von Wohnen z. B. auch auf die Sphäre der Nachbarschaft im Quartierskontext auszudehnen, erscheint deshalb als folgerichtig" (Schnur 2021, S. 234; vgl. auch ders. 2024 sowie Siebel 2010). Da die Lebenserwartung der Menschen in allen westlichen Ländern ansteigt und insbesondere in Deutschland in den nächsten Jahren die „Boomer-Generation" das Erwerbsleben verlässt, ist das Wohnumfeld (der Sozialraum) ein wichtiger werdender Ort des gesellschaftlichen Zusammenhalts. In einer aktuellen Befragung der Körber Stiftung gaben 60 % der heute 55- bis 65-Jährigen an, in der Rentenzeit ein **Engagement an ihrem Wohnort** auszuüben. „Bei den Betätigungsfeldern der aktuell ehrenamtlich engagierten Älteren wird die Stadtteil- und Nachbarschaftshilfe am häufigsten genannt (26 %). Es folgen Sport und Bewegung und Soziales/Gesundheit (beide 23 %). Im ländlichen Raum wird der Sport überdurchschnittlich genannt (30 %), während sich die Menschen in den Großstädten häufiger in Stadtteil- und Nachbarschaftshilfe (30 %) sowie im sozialen Bereich engagieren (32 %). In diesen beiden Feldern am Wohnort sind die Frauen überdurchschnittlich aktiv (35 und 27 %)" (Körber Stiftung 2024, S. 8). Die weiter anwachsenden Zeitkontingente für freiwilliges soziales Engagement werden aber nur dann zur gesellschaftlichen Ressource, wenn eine öffentliche Infrastruktur vorhanden ist (Engagement braucht Räume) und die „Babyboomer-Generation" persönlich angesprochen und auch dementsprechend „gewürdigt" wird.

Im Quartier bzw. dem Ortsteil bündeln sich verschiedene Alltagsressourcen: von Einrichtungen der Daseinsvorsorge über Vereine, Sozialorganisationen bis hin zu informellen Kontakten in der Nachbarschaft. Gerade wenn es um sozialintegriertes und sicheres Wohnen geht, richtet sich der Blick explizit auf die Wohnungsgenossenschaften, die aufgrund ihrer historischen Erfahrungen als Orte gemeinwohlorientierten Handelns gelten (als Infrastrukturen des Gemeinsamen) und sowohl erfolgreich bei der Bekämpfung von Wohnungsnot waren als auch hinsichtlich einer integrativen Sozialraumgestaltung. „Auch viele Wohnungs-genossenschaften sind Akteure in den nachbarschaftlichen Quartieren, nicht nur als urbane Kategorie sozialer Inklusion vor dem viel diskutierten Hintergrund von Gentrifizierung einerseits und Segregation und sozialer Ausgrenzung andererseits definiert, sondern auch im dörflichen Kontext im ländlichen Raum analytisch fass-bar im Wohnumfeld ihrer Wohnraumbestände – auch in strategischen Bündnissen ganz im Sinne einer Gemeinwesensozialarbeit: als Arbeit am Gemeinwesen" (Schulz-Nieswandt 2023, S. 69).

Mit Blick auf den sozialen Zusammenhalt ist der Wohnbereich ein bedeut-sames Feld, weil darüber an erster Stelle ein fester Grund für die Verortung und damit die Sozialintegration geschaffen wird. Hier können auch die derzeit oft dia-gnostizierten Verunsicherungen und die affektive Reorientierung am Lokalen (an der „Heimat") aufgegriffen werden. Gerade weil die globalen Herausforderungen angewachsen sind und sich multiple Krisen überlagern, fühlen sich viele Men-schen überfordert und deshalb könnten lokale Identifikationsangebote eine psychosoziale Stabilisierung bewirken. Die **soziale Infrastruktur** vor Ort hat einen wesentlichen Einfluss auf die Lebensqualität und Versorgungssicherheit der Bevölkerung – und dies gilt vor allem für das Wohnen als elementaren Bereich der Daseinsvorsorge. Hier richtet sich deshalb auch der Blick speziell auf die gemeinnützige Wohnungswirtschaft, seien es kommunale Unternehmen oder Genossenschaften, weil diese ein gemeinschaftsorientiertes Gegengewicht gegen-über reinen Marktkalkülen setzen können. „Das innovative Potenzial der Ge-nossenschaften liegt in ihrer hybriden Mischlogik. Die Logik genossenschaftlichen Handelns ist geprägt von neuen Mischungsverhältnissen zwischen den Logiken des Marktes und des Staates und Formen der Gemeinschaftlichkeit. Als Selbst-hilfeorganisationen sind sie gekennzeichnet durch freie Vereinbarung, Reziprozi-tät und direkte soziale Beziehungen. Sie brechen die einseitigen Logiken des Marktes und des Staates und können solidarische, demokratische, zivil-gesellschaftliche und lebensweltliche Belange in wirtschaftliches Handeln inte-grieren" (Blome-Drees und Schmale 2019, S. 71).

Die Wiederentdeckung des Sozialraums kann auch als Gegenbewegung zur Globalisierung und als Suche nach neuen Orientierungspunkten gesehen wer-den. Der Sozialraum bietet Anerkennung, Zugehörigkeit und damit Sicherheit, die gerade in Zeiten multipler Krisen gesucht wird. Um die Kräfte der zivil-gesellschaftlichen Solidarität und Selbstorganisation (wie Sozialverbände, Ver-eine und Kirchen) jedoch wirken zu lassen, sind allerdings öffentliche Infra-strukturen (Begegnungsräume, Treffpunkte etc.) erforderlich. Vor einer Aus-beutung zivilgesellschaftlicher Ressourcen ist zu warnen, benötigt werden ebenso staatliche Grundsicherungsleistungen (vgl. Heinze und Schupp 2022).

Die Gründung von gemeinnützigen bzw. gemeinwohlorientierten Organisationen wird zur Behebung eines sozialen und/oder infrastrukturellen Missstands vor allem dann interessant, wenn passende Lösungen am Markt oder durch staatliche Intervention auf sich warten lassen oder der Staat sich aus entsprechenden Feldern teilweise zurückgezogen hat (etwa dem Wohnen). Genossenschaften können hier sozialintegrative Lösungen anbieten, indem sie unterschiedlichen Handlungslogiken der sozialen Institutionen (Markt, Organisation, soziale Netzwerke etc.) verknüpfen. Es breiten sich dementsprechend Bürger-, Sozial- und Seniorengenossenschaften, aber auch neue Formen wie Social-Entrepreneurship-Projekte, lokale Selbsthilfeinitiativen, selbstverwaltete Unternehmen, Tauschringe und andere selbstorganisierte Projekte aus. Sie sind „eine partizipative Organisationsform kollektiver Leistungserbringung zum Zweck gemeinschaftlicher Daseinsbewältigung. Eine so organisierte Fundamentalökonomie wäre demokratisch nicht nur im liberalen Sinn individuell frei gewählter Meinungen und Lebensweisen, sondern auch in Bezug auf die praktische Gestaltung tatsächlicher Lebensverhältnisse und die Gewährleistung sozialer Solidarität bei der Arbeit an gemeinsamen materiellen wie ideellen Interessen" (Streeck 2019, S. 19; vgl. auch Brocchi 2023 und Sittler 2024).

Die sozialintegrierende Wirkung von Wohnungsgenossenschaften ist insbesondere in Stadtteilen gefragt, in denen sich soziale Probleme kumulieren. Solche **Segregationsprozesse** zeigen sich in vielen Kommunen, sind allerdings räumlich ungleich verteilt. Konsens besteht darin, dass „es einen starken Zusammenhang zwischen der sozialen Lage des Wohnquartiers und verschiedenen sozialen Indikatoren gibt. […]In Stadtteilen mit höheren Armutsquoten ist der Anteil der Inobhutnahmen durch das Jugendamt höher. Die Kinder in diesen Stadtteilen schneiden bei den Einschulungsuntersuchungen schlechter ab, haben häufiger motorische Probleme, sind häufiger übergewichtig etc." (Helbig 2023, S. 136). Soziale Fragmentierungen führen zu sozialer Exklusion und Ruckzugsverhalten, was sich bspw. auch im Wahlverhalten und der Anfälligkeit für populistische Parolen in den „abgehängten" Stadtteilen zeigt. Um diese sozialen Benachteiligungen offensiv anzugehen, sind sozialräumliche Handlungsstrategien erforderlich, die ressortübergreifend organisiert werden müssen. Lokale Anstrengungen müssen demnach u. a. auf eine Verringerung der Bildungsbenachteiligungen von Kindern hinwirken, die in finanziell und sozial prekären Verhältnissen aufwachsen. Diese Probleme sind mittlerweile erkannt, aber nicht immer leicht abzustellen. Das Motto „Ungleiches muss ungleich behandelt werden" hat sich in der Bildungspolitik erst langsam durchgesetzt, aber die Fokussierung auf ein Politikfeld reicht nicht aus. Erforderlich sind kombinierte Maßnahmen zur Verbesserung der Wohnsituation und des Umfelds, die Belebung öffentlicher Räume sowie die Stärkung der lokalen Ökonomie.

Wohnungsgenossenschaften können als Akteure der **Quartiersentwicklung** durch ihre gemeinwohlorientierte Organisationsform sozialintegrativ wirken, Wohnungsmärkte und Sozialräume stabilisieren und auch die lokale Wirtschaft stärken. „Dies gilt für Wohnquartiere und Stadtteile ebenso wie für Standorte im ländlichen Raum, also für den Wohnungsmarkt insgesamt. Hinzu kommt, dass erfolgreiche Wohnungsgenossenschaften Arbeits- und Ausbildungsplätze schaffen und entsprechende Möglichkeiten bieten, Einkommen zu erzielen. Sie vergeben Aufträge, tragen zum Steueraufkommen bei und investieren in Infrastrukturen. Auf diese Weise können Lebens- und Wirtschaftsräume aufgewertet und die Lebensqualität von Menschen erhöht werden" (Theurl 2020, S. 36). In der Genossenschaftsforschung wird jedoch kritisch angemerkt, ob diese Gemeinwohlorientierung a priori für alle gilt oder ob es nicht in der Realität eine erhebliche Bandbreite zwischen gemeinwohlorientierten, innenfokussierten und eher an Marktlogiken orientierten Genossenschaften gibt und deshalb die jeweils spezifische Praxis evaluiert werden muss (vgl. u. a. Göler von Ravensburg 2023). Generell ist für alle Wohnungsunternehmen „die Orientierung am Quartier und die Förderung des sozialen Zusammenhalts eine Reaktion auf die Problemlagen in vielen Bestandsquartieren. Für die bestandshaltenden Wohnungsunternehmen sind zusätzliche Maßnahmen erforderlich, um in diesen belasteten Quartieren das Zusammenleben zu stabilisieren, die soziale Integration ärmerer Bevölkerungsgruppen zu ermöglichen und die Stigmatisierung der Quartiere zu minimieren. Die Quartiersorientierung ist für die Wohnungsunternehmen außerdem relevant, da sie feststellen, dass die Wohnansprüche der Mieterinnen sich vervielfältigen. Insgesamt wird also die Zufriedenheit der Bewohner zunehmend wichtiger, um Mieteinnahmen zu stabilisieren, aber auch zu erhöhen. Die Gestaltung des Wohnumfeldes, also des Quartiers, ist daher neben der Wohnung ein immer bedeutenderes Handlungsfeld für Wohnungsunternehmen" (Prytula et al. 2023, S. 23).

Wenngleich Wohnungsgenossenschaften sich in unterschiedlichem Ausmaß in diesem Handlungsfeld engagieren, gibt es in den letzten Jahren einen Schwenk in Richtung sozialräumlicher Versorgungskonzepte. Vorzugsweise die jüngeren Genossenschaftsgründungen betonen explizit ihre **Verbundenheit** mit gemeinnützigen Zielen und setzen auf eine enge Kooperation mit anderen zivilgesellschaftlichen Organisationen und fördern das soziale Engagement vor Ort. „Die Entstehung der jungen Genossenschaften verläuft oft ähnlich den Baugruppen, mit dem Unterschied, dass hier das investierte Kapital der einzelnen Mitglieder geringer ist und sie gemeinschaftliches Eigentum bilden. Die besondere Betonung des Gemeinschaftlichen drückt sich in der gelebten Praxis kollektiver Selbstverwaltung, einer partizipativen Planung – wobei individuelle Wünsche mit gemeinsamen Prinzipien balanciert werden – und der Bereitstellung von Gemeinschaftseinrichtungen aus. Im Unterschied zu Baugruppen werden hier weitaus häufiger Wohnungen explizit für Wohngemeinschaften geplant" (Stattbau Berlin 2024, S. 46).

Diese explizite Gemeinwohlorientierung und auf Koproduktion setzende Strategie gilt aber nicht für alle Wohnungsgenossenschaften. Die Zweckorientierung der Genossenschaften, nämlich kostengünstig Leistungen für ihre Mitglieder zu erbringen, kann auch heißen, erwirtschaftete Überschüsse organisationsintern zu verwalten. Allerdings werden solche Praktiken zunehmend kritisch hinterfragt und es gab auch immer Wohnungsgenossenschaften, die sich primär am Pol des Gemeinwohls orientierten und sich sozial engagierten. Die allgemein in der Öffentlichkeit und der Politik zu beobachtende Skepsis gegenüber Marktlösungen hat diese strategische Ausrichtung in den letzten Jahren gestärkt und es sind insbesondere in Großstädten solchermaßen orientierte Wohnungsgenossenschaften gegründet worden.

Zudem wurde sowohl in der Wohnungswirtschaft als auch in sozial- und gesundheitspolitischen Debatten nun vermehrt der Blick in das Wohnumfeld oder Sozialraum gerichtet und in diesem Kontext wird oft der Quartiersbegriff verwandt. Konsens besteht darin, dass mit dem **Quartier** oder auch dem Sozialraum administrative Bezeichnungen wie Orts- oder Stadtteil umgangen werden und sich vielmehr auf gewachsene und soziokulturell geprägte räumliche Strukturen konzentriert wird. Ein Sozialraum oder Quartier ist überschaubar (ein Dorf in der Stadt bzw. ein Ortsteil), basiert auf räumlichen und kulturell-sozialen Gegebenheiten (u. a. lokale Identität, hohe Interaktionsdichte, Aktivitäten in Vereinen) und zeichnet sich durch eine eigenständige städtebauliche, infrastrukturelle und soziale Vielfalt aus (vgl. Heinze und Drewing 2021 sowie die Beiträge in Kessl und Reutlinger 2022).

Ein **energetischer Quartiersansatz** wird inzwischen von vielen Akteuren als ein Dreh- und Angelpunkt für die kommunale Wärmewende angesehen und in vielen Kommunen ist eine dementsprechende Ausrichtung zu konstatieren. Dies wiederum tangiert auch die Wohnungsgenossenschaften, die sich deshalb mit Quartiersansätzen beschäftigen müssen, weil sie diesbezüglich unter Handlungsdruck stehen. Zentral bleibt hierbei die Frage, wie ein Quartier definiert wird, was bspw. vom Verband kommunaler Unternehmen explizit formuliert wird: „Beim räumlichen Zuschnitt des Quartiers sollten wärmewirtschaftliche Aspekte, wie vorhandene Infrastrukturen, Wärmequellen und -senken, stärker Berücksichtigung finden. Zudem sollte die Festlegung des Quartiers nicht über pauschale rechtliche Vorgaben eingeengt werden. Dies wäre nicht sachgerecht, da dadurch auf die zunehmende Vielfalt an Zielsetzungen, unter anderem die Optimierung der Energieversorgung, nicht adäquat eingegangen und auf lokale Gegebenheiten nicht ausreichend Rücksicht genommen werden kann."[1] Die Vorteile einer quartiersbezogenen Energiesteuerung wurde in verschiedenen Projekten u. a. von der Deutschen Energieagentur (dena) herausgearbeitet wobei zwischen Quartierstypen unterschieden werden muss: „Als Ergebnis konnte gezeigt werden, dass die quartiersoptimierte Versorgung deutliche ökonomische Vorteile gegenüber der Einzelgebäudeversorgung aufweist, wenn eine ausreichende Wärmebedarfsdichte vorhanden ist. Nur in ländlichen Gebieten mit geringer Wärmebedarfsdichte ist nicht die quartiersoptimierte Versorgung generell, sondern die quartiersoptimierte Stromversorgung bei einzelgebäudebezogener Wärmeversorgung im Vorteil, da sich ein Wärmenetz nicht ökonomisch betreiben lässt" (dena 2022, S. 6). Auch hier wird betont, dass Quartierslösungen ein sinnvoller und nachhaltiger Weg zur Transformation des Energiesystems sein können, allerdings der regulatorische Rahmen weiterentwickelt werden muss.

Generell schwingt das **Pendel** in allen vergleichbaren europäischen Ländern auch in Wohnfragen von einer reinen Marktorientierung wieder um in Richtung einer Renaissance öffentlicher oder gemischtwirtschaftlicher Regulierungen. Wenngleich Genossenschaften bei der Gestaltung assoziativer Sozialräum eine wichtige Rolle spielen (können), werden sie allerdings bislang nur selten als Akteure im Quartier genannt. Dies mag einerseits an der generell oft festzustellenden Unterschätzung von Wohnungsgenossenschaften liegen, andererseits ist es auf das unterschiedliche Aktivitätsniveau zurückzuführen. Empirische Fallbeispiele (etwa aus Berlin) verweisen darauf, dass es in Quartieren mit einem großen Bestand an genossenschaftlichen Immobilien ein stärkeres Engagement gibt als in Quartieren mit kleineren Beständen (vgl. Kitzmann 2019).

Verfassungsmäßig liegt die Verantwortung für die Ausgestaltung der sozialen Infrastruktur beim Staat und den Kommunen, in Deutschland werden aber soziale Aufgaben in vielen Bereichen der Daseinsvorsorge auf Akteure wie Wohlfahrtsverbände und auch Genossenschaften übertragen. Wie bereits aufgezeigt, verbinden Wohnungsgenossenschaften Vereinselemente als Mitgliederorganisation mit Kapitalgesellschaftsmerkmalen, sind aber nicht auf kurzfristige Renditeerwartungen programmiert, sondern können in ihren Wohnsiedlungen ihre Bestände und das Umfeld nachhaltig gestalten, was an einzelnen Beispiele gut aufgezeigt werden kann „Schon das Angebot sicherer Wohnverhältnisse mit Langfristperspektive und die damit verbundene relative Stabilität der Bewohnerstrukturen kann wesentliche Bedeutung für das Quartier in seiner Gesamtheit haben. Darüber hinaus ist die verlässliche Pflege und Entwicklung genossenschaftlicher Wohnungs-

---

[1] https://www.vku.de/fileadmin/user_upload/180704_VKU_Lobbyblatt_Quartier_RZ-WEB.pdf/ (abgerufen am 22.05.2024).

bestände ebenfalls ein Beitrag zu Stabilisierung bzw. Entwicklung von Stadtteilen und kann zudem Impulswirkung für das Reinvestitionsverhalten anderer Bestandshalter haben" (Decker und Selle 2021, S. 73 f.; vgl. auch Reutlinger und Lingg 2021 und Micken et al. 2023 sowie die Beiträge in Abt et al. 2022).

Um eine allgemeine Verbesserung der quartiersbezogenen Infrastruktur zu erreichen, müssen jedoch neue Allianzen auf kommunaler Ebene gebildet und die verschiedenen Akteure motiviert werden, besser zusammenzuarbeiten. In diese Koproduktion bei der Daseinsvorsorge ist in den letzten Jahren auch Dynamik gekommen und in verschiedenen Regionen und Kommunen breiten sich neue Kooperationsformen aus. Im Ruhrgebiet kann in diesem Kontext auf die Emschergenossenschaft verwiesen werden, die sich als mit ihrer integrierten Wasser- und Stadtentwicklungspolitik auf eine gemeinwohlverträgliche Gestaltung des Strukturwandels in dieser „altindustriellen" Region zielt. Sie unterstützt die Quartiere bei der Gestaltung der unterschiedlichen Herausforderungen zur Sicherung und Verbesserung ihrer Standortattraktivität und Lebensqualität (vgl. Paetzel 2023). Solche Vorreiterprojekte können nicht nur Innovationspotenziale vor Ort freisetzen, sondern auch eine positive Signalwirkung für andere Kommunen entfalten und Spill-Over-Effekte anstoßen. Ein wichtiges Merkmal dieser auch überregional anerkannten kooperativen Strategie des Emscherumbaus ist die ressortübergreifende Vernetzung von Stadtentwicklungs-, Wohnungs-, Bildungs- und Strukturpolitik. Insbesondere für das Ruhrgebiet ist es essenziell, ressortübergreifende Programme für benachteiligte Sozialräume aufzulegen, um deprivierte Stadtteile und Quartiere zusätzlich zu unterstützen. Diese sozioökonomischen Folgewirkungen, der „Mehrwert" der Genossenschaft, wird allerdings in den einschlägigen Debatten in der Öffentlichkeit noch zu wenig beachtet.

Die Wiederentdeckung der Lokalität wurde vorangetrieben durch die multiplen globalen Krisen und die aufgetretenen Engpässe bei der Versorgung der Bevölkerung mit lebenswichtigen Gütern und Dienstleistungen. Im Windschatten dieser Schocks hat die Diskussion um die Zivilgesellschaft[2] und speziell auch um lokale Handlungsfelder (seien es Quartiere oder Nachbarschaften) eine verstärkte mediale Aufmerksamkeit erfahren. Gesucht wird nach einer neuen Komplementarität zwischen gemeinschaftlicher Handlungsfähigkeit, organisatorischer Effizienz und

---

[2] Da die Orte zivilgesellschaftlichen Engagements on den letzten Jahren vielfältiger geworden sind, verschwimmt auch die traditionelle sektorale Gliederung (Staat, Wirtschaft, Dritter Sektor) und es breiten sich fließende Übergänge aus. Neben dem traditionellen Engagement mit rechtsfähigen Strukturen (z. B. als Verein oder Genossenschaft) breitet sich informelles Engagement aus, das häufig situativ und kurzfristig orientiert ist, aber durchaus verbindlich sein kann (vgl. hierzu Kühn et al. 2024).

nachhaltiger Wirkung. Dies zeigt sich exemplarisch an den neu gegründeten **Sozial-, Bürger- und Seniorengenossenschaften**, die in Ergänzung zu den traditionellen Genossenschaften auf dezentraler Ebene innovative Organisationsformen darstellen und integrierte Versorgungskonzepte aufbauen. Manche Bezeichnungen wie bspw. Seniorengenossenschaft sind vielleicht etwas irreführend und deshalb wird in den Diskursen um neue gesellschaftliche Ressourcen, die sich in der Daseinsvorsorge engagieren, auch diskutiert, ob nicht andere Begriffe wie Sozial- oder Bürgergenossenschaft das neue Engagementpotenzial besser beschreiben. Die Gestaltung des Wohnumfeldes ist nicht nur für ältere Menschen von erheblicher Bedeutung für Lebensqualität und gesellschaftliche Teilhabe. Integrierte Wohnstrukturen, die ein individuelles und selbstbestimmtes Leben für ältere Menschen mit Unterstützungsbedarf ermöglichen, bieten viele Vorteile auch für Familien mit Kindern oder Alleinstehende, da sie bspw. Vereinsamungstendenzen entgegenwirken können und viele informelle Alltagshilfen bereitstellen. Zwei Beispiele können diesen Trend illustrieren.

„Anders wohnen im Cluster" (Bau- und Wohngenossenschaft Spreefeld)

„Wohn-Cluster sind hierzulande eine neue Wohnform. Darin leben mehrere Personen in einer großen Wohnung, die sich aus kleinen privaten Apartments und vergleichsweise großen Gemeinschaftsbereichen wie einer Gemeinschaftsküche und/oder einem gemeinsamen Wohnzimmer zusammensetzt. Das bietet mehr Freiräume als das Wohnen in Wohngemeinschaften, spart Wohnkosten und ist eine Alternative zum Alleine-Wohnen. Das Projekt verbindet gemeinschaftliches Wohnen und Arbeiten und basiert auf einer Mischform von individuellem und genossenschaftlichem Eigentum. Integrierte Clusterwohnungen und Wohngemeinschaften schaffen Wohnangebote für unterschiedliche Bedarfe im Projekt. Besondere Wohnqualitäten entstehen durch eine damit verbundene Reduzierung individueller Wohnflächen zugunsten gemeinschaftlicher Wohnbereiche. Räumlichkeiten für Musik, Sport, Werkstätten und eine Kita erweitern die Nutzungsmöglichkeiten nach innen, ein Cateringbetrieb und sog. Optionsräume, die die Genossenschaft für künstlerische, kulturelle, wissenschaftliche und soziale Zwecke vermietet, öffnen das Projekt nach außen." (Forum Gemeinschaftliches Wohnen 2023, S. 16). ◄

„Anders wohnen in junger Genossenschaft" (Wohnprojekt Ro70 eG)

„Junge Genossenschaften sind eine bedeutsame Organisationsform für selbstorganisiertes gemeinschaftliches Wohnen. Dort sind die Nutzerinnen und Nutzer der Wohnungen zugleich Anteilseigner der Genossenschaft und haben als solche gesetzlich verbürgte Mitbestimmungsrechte. Das schafft Gestaltungs-spielräume beim Planen, verlangt aber auch ein hohes Maß an finanziellem Engagement und Verantwortungsbereitschaft. Mit der Entstehung von genossen-schaftlichen Projekten gemeinschaftlichen Wohnens ist eine Renaissance der Genossenschaftsbewegung verbunden, die Einfluss auf die Kultur des Wohnens allgemein ausgeübt hat. Die Stadt Weimar veräußerte ein seit längerem leer-stehendes Gebäudeensemble, das zuvor als städtisches Krankenhaus genutzt worden war, per Konzeptverfahren an eine Gruppe, die aus der Transition-Town-Initiative „Weimar im Wandel" hervorgegangen ist und sich 2015 zur jun-gen Genossenschaft „Wohnprojekt Ro70 eG" zusammenschloss, um gemein-schaftliches Wohnen zu verwirklichen. Mit hohem bürgerschaftlichem Engage-ment und viel Selbsthilfe entstanden auf dem Gelände Wohnangebote für alle Generationen. Heute leben dort mehr als 200 Personen, darunter zehn junge Menschen mit Assistenzbedarf in einer Wohngruppe des Lebenshilfewerks Weimar/Apolda" (Forum Gemeinschaftliches Wohnen 2023, S. 10: https://www.ro70-weimar.de/). ◄

Gemeinschaftliche Wohnprojekte genießen auch deshalb Aufmerksamkeit, weil gerade ältere Menschen in ihrer Wohnumgebung verweilen wollen und es zudem gerade vulnerablen Gruppen in den Boomstädten schwerfällt, adäquaten Wohn-raum zu bekommen. Allgemein wird eine ausgeprägte Sesshaftigkeit in der deut-schen Bevölkerung konstatiert, die oft lange an einem Ort leben und sich dort nach empirischen Untersuchungen wohl fühlen. Hinsichtlich der Lebensqualität und der Versorgung spielt folglich das **Quartier** und die **Nachbarschaft** eine zentrale Rolle. Es gibt dabei eine räumliche sowie eine durch diese konstituierte soziale Komponente von Nachbarschaft, wobei an dieser Auffassung u. a. kritisiert wurde, dass bloße räumliche Nähe nicht zwangsläufig zu nachbarschaftlichen Kontakten führt. Historisch gesehen war es allerdings zumeist die räumliche Nähe, aufgrund derer Beziehungen zu Nachbarn bestanden. Wir verstehen im Folgenden unter Nachbarschaft face-to-face-Beziehungen einer zumeist sich aus dem Wohnort er-gebenden sozialen Gruppe, während das Quartier eher die allgemeine Wohn-umgebung beschreibt. Es kann als „Setting" bezeichnet werden, in dem Nachbar-schaften agieren. Neben der Funktion als Ort des Wohnens kommt dem Quartier als Ort des sozialen Austauschs und der Teilhabe an gesellschaftlichen Institutio-nen (wie Genossenschaften und Vereinen) eine wichtige Bedeutung zu.

Der Quartiers- und Nachbarschaftsbezug kann folglich als ein Identitätsanker wirken, unterliegt aber auch Wandlungsprozessen, wenngleich Befragungen be-legen, dass nachbarschaftliche Beziehungen in den letzten Jahrzehnten zu-genommen haben. Allerdings wurden die **Leistungen** und **Erwartungen**, welche die Nachbarschaft früherer Zeiten konstituierten, durch die Individualisierungs-prozesse sowie die gesteigerte Mobilität deutlich gelockert. Dies bedeutet jedoch nicht das Ende der Nachbarschaft, vielmehr werden nachbarschaftliche Beziehungen stärker individuell gestaltet. Es sind weitgehend selbst gewählte Beziehungen zu bestimmten Personen, die in räumlicher Nähe zur eigenen Wohnung leben und bei denen die Privatsphäre des anderen respektiert und bei Bedarf Unterstützung gewährt wird. So gesehen ist nachbarschaftliche Unterstützung gerade derzeit keine Ausnahme, muss aber im Kontext der jeweiligen Situation vor Ort betrachtet werden. „Die Bedeutung von Nachbarschaft ist dabei grundsätzlich abhängig von Lebensphase, Lebenslage und Lebensstil der Menschen: Menschen mit höheren Einkommen und höherer Bildung stehen meistens Zugänge zu vielfältigen Bezugsgruppen offen, die über die engere Nachbarschaft hinausgehen. Nachbarschaft wird umso wichtiger, je mehr andere Bezugssysteme fehlen oder bestimmte lebensweltliche Konstellationen vorherrschen. Beispielsweise nutzen Kinder und Senior*innen häufiger und regelmäßiger als andere Altersgruppen nachbarschaftliche Ressourcen. Auch für Hausfrauen/Hausmänner, Familien, Arbeitslose oder Freelancer ist das nachbarschaftliche Umfeld relevant. Daneben beeinflussen strukturelle Rahmenbedingungen die Nachbarschaftsbeziehungen, wie etwa die Bevölkerungsstruktur (z. B. sozioökonomisch, demografisch, kulturell), die Struktur des Wohnungsbestands (z. B. Neubau, Bestand, Quartierstypen wie Einfamilienhausquartier oder Großsiedlung) und die ‚städtischen‘ Handlungsspielräume" (Schnur 2021, S. 236; vgl. auch Kurtenbach 2024).

Die Quartiersdebatte fokussierte zunächst auf den demografischen Wandel und den Wunsch der großen Mehrheit älterer Menschen, so lange wie eben möglich, in ihren Wohnungen zu verbleiben. Inzwischen hat sich durch den **Klimawandel** und die Nachhaltigkeitsdebatte der Rahmen ausgeweitet; in Großstadtquartieren entwickelt sich ein Urbanismus von unten mit experimentellen Co-Working/Living-Systemen. „Mittlerweile gibt es zahlreiche Projekte und Formen alternativen Wirtschaftens überall in Deutschland in ganz unterschiedlichen Bereichen, in denen Nachhaltigkeit und solidarische Lebensweise keine Fernziele mehr sind, sondern gelebte Praxis: angefangen von Solidarischer Landwirtschaft, über Food-Coops, Umsonstläden, Verschenk-Webseiten wie Freecycle, Book-Crossing, Leihnetzwerke, Repair-Cafés und Fab Labs, alternative Wohnprojekte, Ökodörfer bis hin zu freier Software-Produktion und Energiegenossenschaften" (Gottschlich 2022, S. 685 f.).

Der Bedeutungsgewinn einer lokalen Daseinsvorsorge resultiert auch aus den Umbrüchen in der Wirtschaftslandschaft: Die Digitalisierung führt zu einer Dezentralisierung von Leben und Arbeiten und mehr **Home-Offices**. Dieser Trend dürfte nicht in allen Regionen in Deutschland aufzufinden sein, aber sicherlich über die

Metropolen und Schwarmstädte hinausgehen. Stadtforscher sehen schon eine durchmischte Urbanität als Zukunftsvision, die derzeit aber auch schon punktuell gelebt wird: „Es werden gesunde, aktivierende Städte sein, die lässiger, leiser, luftiger sind, in denen Menschen sich auf Bürgersteigen und Parks begegnen – zum Reden, zum Boule-Spielen, zum Sportmachen, zum Kulturgenuss, Städte, in denen man auch gern alt werden will, weil es neben der Pflegedienstleistung eine Nachbarschaft gibt. Es wird eine Stadt, in der sich Kinder wieder mit dem Fahrrad oder zu Fuß – ohne Begleitung der Eltern – morgens selbst zur Schule bewegen können" (Jansen 2024, S. 97).

Die durch die Digitalisierung getriebene neue Verflechtung zwischen Arbeit und Wohnen wird die Raumstrukturen grundlegend verändern, was sich auf das Erscheinungsbild der Städte und Dörfer auswirken wird. Wenn überall flächendeckend schnelles Internet verfügbar ist, lassen sich viele Tätigkeiten ortsunabhängig ausführen (Mobile Working) und damit ist die lokale Ebene mit sozialen Ankerpunkten gefragt. Treiber für neue Versorgungsmodelle können verschiedene Akteure sein, die als „Spinne" im Sozialraum wirken und dialogorientierte integrierte Handlungskonzepte umsetzen. Allerdings reicht es nicht, „runde Tische" zu bilden, da eine aktive Prozesssteuerung nötig ist, damit aus „runden Tischen" nicht „lange Bänke" werden. Um aus der „Pilotitis" und Insellösungen herauszukommen, müssen zukunftsfähige Gestaltungsstrukturen aufgebaut und umgesetzt werden. Ein Weg sind **Reallabore** mit Projekten zur integrierten Versorgung, um ein „Learning by Seeing" der neuen Nutzungsoptionen zu ermöglichen. Beispiele auch für genossenschaftliche Lösungen lassen sich auffinden, allerdings beziehen sich diese zumeist auf großstädtische Räume.

So ist das Digital Urban Center for Aging and Health (DUCAH) in Berlin, das einen neuartig vernetztes Format zwischen Digitalisierung, Urbanisierung und Gesundheit darstellt, **genossenschaftlich** organisiert. Ziel ist, dass „unser Leben, unsere Gesundheit und unser Altern in einer digitalen Gesellschaft individueller, datenbasierter, vernetzter, vorsorgender, würdevoller und zugleich günstiger wird und dass dies mit digitalen und sozialen Innovationen gelingt – zwischen den Forschungsdisziplinen, zwischen den Branchen, zwischen Staat, Wirtschaft und Zivilgesellschaft" (https://ducah.de, abgerufen am 26.02.2024; vgl. auch DUCAH 2023). Wenngleich bislang zur besseren Performance von Quartierslösungen nur wenig evidenzbasierte Ergebnisse vorliegen, breiten sich solche ressortübergreifenden interdisziplinären Initiativen in verschiedenen Städten aus. Sie sollten beobachtet und deren Wirkung empirisch überprüft werden. Der „Mehrwert" ist jedoch methodisch schwer zu ermitteln, Studien zur sozialen Wirkung, dem „social impact" stehen erst am Anfang.

Der Gestaltungsoptimismus ist zudem sozial ungleich verteilt und mit Blick in viele Kommunen muss insbesondere in manchen Problemquartieren ein grassierender Gestaltungspessimismus überwunden werden. Gefragt sind zudem nicht nur temporäre Förderungen, sondern langfristig angelegte kooperative Lösungen sowie neue (auch alternative) Finanzierungsmodelle wie bspw. Quartiersfonds. Es gibt nicht den „Königsweg" für eine zukunftsfähige Sozialraumentwicklung, die regionale Vielfalt wächst. Die lokalen Projekte begrenzen sich nicht auf großstädtische Milieus, sondern sind auch in ländlichen Regionen aufzufinden. Hier ist der Quartiersbegriff oftmals schwierig zu verwenden, denn es handelt sich z. T. um einen unscharf konturierten Sozialraum, der allerdings überschaubare alltägliche Lebenswelten umfasst (etwa Dorfgemeinschaften). Das Transformationsnarrativ wird sich jedoch nicht mehr verflüchtigen. Ein Politikwechsel fällt allerdings in einem historisch erfolgreichen Wohlstandsmodell schwer, auch wenn die „Weiter so"-Strategien verblassen. Dennoch hat sich eine Experimentierlandschaft entwickelt, aus deren Dynamik gelernt werden kann (vgl. u. a. Heinze 2020, S. 131 ff. sowie die Beiträge in Wössner 2020).

Mit Blick auf die quantitativ immer größer werdende Gruppe der **älteren Menschen** sind sozialraumorientierte Versorgungskonzepte ein wichtiger Baustein der Daseinsvorsorge. Ohne quartiersnahe Versorgungskonzepte und einen Welfare-Mix wären hilfs- und pflegebedürftige Ältere oft alternativlos auf eine Heimunterbringung verwiesen. Einen frühzeitigen Umzug in eine stationäre Einrichtung lehnt jedoch die große Mehrheit der Älteren nach verschiedenen Umfragen ab. Der DAK-Pflegereport 2022 zeigt auf, dass die Bereitschaft zur Familienpflege in Deutschland weiterhin hoch ist, aber schrumpft (vgl. Rothgang und Müller 2021). Es mangelt sowohl an unterstützenden Infrastrukturen als auch an der Neuausrichtung der Primärversorgung (z. B. durch Community Health Nurses oder Lotsen). Die gesellschaftspolitische Brisanz der wachsenden Zahl pflegebedürftiger alter Menschen ist in der Öffentlichkeit bislang nur unzureichend wahrgenommen, obwohl schon die Wachstumsdynamik genug Anlass wäre, sich intensiver mit der „Care-Problematik" zu befassen. Die Zahl der Pflegebedürftigen ist allein in den letzten 25 Jahren von gut 2 Mio. auf rund 5 Mio. derzeit angestiegen – und der demografische Wandel verbunden mit einer Alterung der Gesellschaft wird sich in den nächsten Jahren eher noch verstärken (vgl. u. a. „Pflegereport 2024" und Storm 2024). Von verschiedenen Sozialverbänden sowie Selbsthilfegruppen pflegender Angehöriger wird massiv auf die Verschlechterung der Pflegesituation und insbesondere den markanten Rückgang regelmäßiger institutioneller Unterstützung trotz stark wachsenden Pflegebedarfs hingewiesen. „Seit Jahren hält der Ausbau von Pflegeheimen und ambulanten Diensten mit der Zunahme der pflegebedürftigen Menschen nicht Schritt: die Versorgungsquote der vollstationären Pflege sank seit

2013 von 28 % auf 16 % im Jahr 2021, die der ambulanten Dienste seit 2017 von 24 % auf 21 % im Jahr 2021" (Bundesverband Wir pflegen 2024, S. 5).

Es geht aber nicht nur um die rund 4,2 Mio. zuhause lebenden **Pflegebedürftigen**, die über 84 % von An- und Zugehörigen mit steigender Tendenz versorgt werden und auf angemessene Wohnungen sowie auf unterstützungsfreundliche Wohnquartiere und Dienstleistungen angewiesen sind. Hinzu kommen noch zahlreiche weitere Menschen mit vielfältigen geistigen und körperlichen Handicaps bzw. (Schwer-)Behinderungen sowie Mobilitätseinschränkungen (rund 5,8 Mio. Menschen), denen nur etwa zwei bis drei Prozent des Wohnungsbestands gegenüberstehen, der (mehr oder weniger) barrierefrei sein soll. Damit bestünde rein rechnerisch bereits heute ein Nachholbedarf von mehreren Millionen barrierereduzierten Wohnungen (https://nullbarriere.de/bedarf-barrierefreie-wohnung. htm). Während der Bedarf an sozialen Diensten weiter zunimmt, droht ein „Care-Kollaps" in den sozialen Einrichtungen und Diensten. „Beschäftigung im sozialen Sektor erfolgt überproportional in Teilzeit, die Ausgestaltung der Arbeitszeiten ist häufig weniger attraktiv, Verträge werden immer noch öfter befristet als in den übrigen Sektoren, die Löhne sind zum Teil kaum konkurrenzfähig. Hinzu kommt eine problematische Diskrepanz zwischen professionellen Ansprüchen der Beschäftigten, ihre Aufgaben (Menschen zu pflegen, zu unterstützen, Hilfe in sozialen Problemlagen zu leisten etc.) entsprechend ihres Berufsethos in angemessener Weise zu erfüllen und der Realität von Zeit- und Ressourcenknappheit, die eine solche Erfüllung nicht in zufriedenstellender Weise erlaubt" (Hohendanner et al. 2024, S. 63).

Gerade Menschen im fortgeschrittenen Lebensalter haben häufig einen **starken Bezug** zu ihrem Wohnumfeld. In der vertrauten Umgebung finden sie sich auch bei einsetzenden Beeinträchtigungen zurecht. Nicht selten bestehen langjährige Beziehungen zu Nachbarn, die der Vereinsamung entgegenwirken und den Älteren (im Notfall) helfend zur Seite stehen. Umziehen möchten die meisten älteren Menschen **nicht** bzw. nur, wenn es aufgrund ihres Gesundheitszustands unumgänglich ist. Integrierte Wohnstrukturen, die bspw. ein individuelles und selbstbestimmtes Leben für ältere Menschen mit Pflege- und Unterstützungsbedarf im Quartier und nachbarschaftlicher Einbindung ermöglichen, bieten viele Vorteile. So können Bewohner ihr Leben auch bei Beeinträchtigungen selbstbestimmt gestalten und in einer Gemeinschaft mit verbindlichem Nachbarschaftskontext leben. Sie sind so auch im Alter nicht allein, bleiben aktiv und können ihre Potenziale bis ins hohe Alter besser entfalten. Im Siebten Altenbericht der Bundesregierung wurde sowohl auf die steigende Bedeutung als auch die Notwendigkeit unterstützender Netzwerkstrukturen explizit hingewiesen. „Insbesondere die unterschiedlichen Formen nachbarschaftlicher, ehrenamtlicher und genossenschaftlicher Unterstützung werden in Zukunft wichtiger werden: zum einen, weil die Anzahl der Menschen mit Unterstützungsbedarf, unter ihnen viele Menschen mit Demenz, deutlich steigen wird (jüngsten Szenarien zufolge ist, wie bereits in der Einleitung niedergelegt, von einer Verdreifachung der Anzahl von demenzkranken Menschen bis zum Jahre 2050 auszugehen); zum anderen, weil die familiären Hilfe- und Pflegeressourcen erkennbar zurückgehen werden und an ihre Belastungsgrenzen stoßen, und dies aus mehreren Gründen:

- wegen des sich kontinuierlich verändernden quantitativen Verhältnisses zwischen auf Pflege und Unterstützung angewiesenen Familienmitgliedern und pflegenden Angehörigen;
- wegen der sich deutlich erhöhenden, berufsbedingten Mobilität der mittleren Generation;
- wegen der sich weiter erhöhenden (und auch so gewollten) Erwerbsbeteiligung von Frauen;
- wegen der Tendenz zur zeitlichen und räumlichen Entgrenzung der Berufstätigkeit, die eine Vereinbarung mit Sorgearbeit (ob sie sich auf Kinder, Menschen mit Einschränkungen oder ältere unterstützungsbedürftige Menschen bezieht) erschwert;
- wegen des sozialen und kulturellen Wandels, der sich in einer zurückgehenden Bereitschaft und Möglichkeit zur Übernahme von umfassenden Sorgeaufgaben in Familie und Nachbarschaft ausdrückt" (BMFSFJ 2016, S. 49).

Vernetzte Wohnformen, wie sie in Wohnungsgenossenschaften potenziell besser als etwa in Eigenheimsiedlungen oder marktlichen Mietverhältnissen realisiert werden können, wirken so Vereinsamung und Vereinzelung durch die Ausdünnung familiärer Netzwerke im höheren Alter entgegen. Wohnungsgenossenschaften können aufgrund ihrer Organisationsstruktur eine gute Folie für nachbarschaftliche Beziehungen sein und diese wirken nicht nur sozialintegrativ, sondern haben auch Einfluss auf das gesundheitliche Befinden der Menschen. Gerontologische Untersuchungen zeigen, dass es Zusammenhänge zwischen der Nachbarschaft und dem **Gesundheitsstatus** der dort lebenden Menschen gibt und sich „das Nachbarschaftserleben oder die Identifikation mit dem Stadtteil auf psychisches Wohlbefinden auswirken. Teilhabe in der Nachbarschaft kann also substanziell zum Wohlbefinden beitragen, gerade im sehr hohen Alter und bei Beeinträchtigung" (Oswald und Wahl 2016, S. 123; vgl. auch die Beiträge in Schubert 2019).

Durch die Digitalisierung können die gewachsenen Wünsche nach guten nachbarschaftlichen Kontakten und Austauschbeziehungen in Form von Nachbarschaftsportalen vereinfacht werden (vgl. die Beiträge in Heinze et al. 2019).

Digitale Nachbarschaftsplattformen können ebenfalls Anknüpfungspunkte für soziales Engagement und Nachbarschaftshilfe bieten und zu Antriebsmotoren und Beschleunigern für lokale Netzwerke werden. Vor dem Hintergrund einer Pluralisierung von Organisationsformen abseits etablierter Verbände und Vereine ist allgemein die Bedeutung digitaler Medien gewachsen und kann die Organisationskraft kleinerer Communities steigern. Einzelne Wohnungsgenossenschaften sind in dieser Frage ebenfalls in den letzten Jahren aktiv gewesen und haben digitale Plattformen aufgebaut.[3]

Durch den demografischen Wandel kommen generell auch auf die Wohnungswirtschaft neue Aufgaben zu, da die häusliche Umgebung oft nicht den Anforderungen für Betreuung und Pflege genügt. Zudem werden **branchenübergreifende Wertschöpfungsnetzwerke** (bspw. eine Kooperation zwischen Wohnungsgenossenschaften und wohlfahrtsverbandlichen Anbietern erforderlich). Ein Beispiel aus Karlsruhe kann aufzeigen, wie sich die Wohnungsgenossenschaft „Volkswohl" dazu aufgestellt hat. Das Vorhaben „GUT VERSORGT DAHEIM – SELBSTBESTIMMT WOHNEN OHNE BETREUUNGSPAUSCHALE" betreibt die Genossenschaft in Kooperation mit der Arbeiterwohlfahrt Karlsruhe seit 2012, wobei die AWO vor Ort Hilfe und Betreuungsangebote koordiniert und die Menschen im Quartier rund um die Uhr pflegt – zuhause oder in den fünf dafür von der Volkswohnung umgebauten Wohnungen: „Auf eigens dafür erweiterten Flächen im Erdgeschoss des Gebäudes bietet die AWO Karlsruhe ein umfangreiches Angebot: In der ganztägig geöffneten Einrichtung, die das Wohn-Café und Büroräume umfasst, gibt sie u. a. Tipps für die Alltagsorganisation, informiert über Pflegedienstleistungen, berät Menschen mit Behinderungen, hilft beim Umgang mit Behörden und fördert die Gemeinwesenarbeit. Im Wohn-Café kann man Kontakte knüpfen, gemeinsam kochen und essen sowie Veranstaltungen und nachbarschaftliche Hilfen organisieren. Bei „Gut versorgt daheim" sind ehrenamtlich engagierte Menschen für andere da und übernehmen Verantwortung – in der Küche, bei der Hausaufgabenbetreuung, beim Einkaufsservice oder Besuchsdienst." (AWO Karlsruhe, Broschüre „Gesundheit und Pflege" o. J., S. 34).

In Fragen des zukünftigen Wohnens gerät in letzter Zeit auch in der Wohnungswirtschaft selbst die sozialräumliche Dimension wieder in den Mittelpunkt, wobei der Quartiersbegriff inzwischen inflationär verwendet wird (Containerbegriff). **Konsens** ist: der Raum ist ein soziales Produkt; mit sozialräumlichen Konzepten sollen Bedarfe erfasst und ressort- und sektorenübergreifend Ressourcen gebündelt

---

[3] Beispielsweise haben die Münchener Wohnungsgenossenschaften mit der gemeinsamen Plattform klink ein digitales Sharing-Angebot auf Quartiersebene aufgebaut (vgl. www.isarwatt.de/klink).

werden. Die soziale Bindung erfolgt nicht über administrative Grenzen, sondern über Vernetzung. Darüber soll die überkommene funktionale Versäulung (Silos) überwunden werden, was allerdings in einem fragmentierten Sozialsystem (wie in deutschen Kommunen) schwierig ist. Die dezentrale Ebene und zivilgesellschaftliche Strukturen (wie sie Wohlfahrtsverbände und auch viele Wohnungsgenossenschaften repräsentieren) werden auch bedeutsamer, weil Wahrnehmungen und Handlungen der Menschen hierüber besser erreicht werden können. Allerdings ist vor zu hohen Erwartungen an soziale Gemeinschaften zu warnen, die auch von der Politik benutzt werden, um Lücken in der Daseinsvorsorge zu schließen.

Inzwischen liegen auch erste Erfahrungen mit einer quartiersbezogenen Versorgungssteuerung vor: bspw. in Hannover: „Quartierentwicklung kostet zunächst einmal Geld; sie bietet aber auch eine Vielzahl von Einsparmöglichkeiten, die genutzt werden können. Spareffekte sind:

- Ausbau der ambulanten häuslichen Versorgung: Finanzieller Vorteil wegen Ressourcenorientierung und dem Hauszögern bzw. Vermeiden des Übergangs in die stationäre Versorgung.
- Aktivieren von Nachbarschaften: Ermöglicht rechtzeitiges Eingreifen bei drohender sozialer Isolation, Verarmung, chronischer Erkrankung ....
- Präventive und gesundheitsfördernde Maßnahmen: Verzögert z. B. das Eintreten von Pflegebedürftigkeit.
- Aktivieren der Zivilgesellschaft zur (Mit-)Gestaltung des Wohn-, Sozial- und Lebensumfeldes: Einsparungen durch bürgerschaftliche Hilfe und Unterstützung (z. B. handwerkliche Dienstleistungen, Behördengänge, Einkäufe).
- Lokale Online-Gemeinschaften: Erhöhen der Kompetenz für den Umgang mit neuen Technologien und Einsparungen im Bereich Information ..." (Vogt-Janssen 2015, S. 359 f.).

Solch **integrative Versorgungsangebote** stoßen allerdings auf zahlreiche institutionelle Hürden (bspw. existiert für sie häufig keine klare Finanzierungsverantwortung), die ohne eine Regelveränderung in den institutionellen Strukturen kaum zu überwinden sind. Vor diesem Hintergrund ist es keine leichte Aufgabe, kleinteilig vernetzte Versorgungsstrukturen zu etablieren, die es hilfebedürftigen Menschen möglich machen, Versorgungsleistungen einschließlich Pflege und Betreuung in für sie erreichbaren Distanzen zu erhalten und so im Nahbereich um ihre Wohnung herum soziale Kontakte zu erleben und zu pflegen. Eine solche Neustrukturierung der sozialen Dienste in Richtung sozialintegrierter, vernetzter Versorgung setzt ein strategisches Umdenken der zentralen Akteure voraus. Gefordert ist ein Schnittstellenmanagement, das politisch-institutionelle Silos aufbricht.

„Zur Aufhebung der sektoralen Fragmentierung sollen die leistungsrechtlichen, leistungserbringungsrechtlichen und ordnungsrechtlichen Unterschiede zwischen den Sektoren aufgehoben werden, sodass formelle Pflege unabhängig vom Ort der Pflege unter gleichen Regeln erfolgen kann. Dies führt dazu, dass die bisherige Abgrenzung von ambulanter und stationärer professioneller Pflege durch eine Unterscheidung entlang der Trennlinie ‚Pflege' und ‚Wohnen' ersetzt und Freiraum für innovative Formen der Leistungserbringung geschaffen wird" (Rothgang und Kalwitzki 2019, S. 5; vgl. mit Blick auf die Wohnungswirtschaft minor und von Oswald et al. 2020).

Die Fokussierung auf integrierte, wohnquartiersbezogene Versorgungsstrukturen impliziert also einen erheblichen politischen Handlungsbedarf. Auf kommunaler Ebene ergibt sich dieser daraus, dass neben den offensichtlicher werdenden Versorgungsproblemen vor allem die fiskalischen Kosten im Sozialbereich angestiegen sind und durch die demografische Alterung weiter wachsen (insbesondere gilt dies für die Sozialhilfe für Pflegebedürftige). Kommunen können hier als Verantwortungsinstanz ein zentraler Akteur sein und durch kluges Schnittstellenmanagement eine adäquate Daseinsvorsorge vor Ort ermöglichen. Dabei ist eine ressortübergreifende Querschnittspolitik gefragt, um sowohl Doppelstrukturen zu vermeiden als auch neue strategische Allianzen mit Akteuren aus verschiedenen Handlungsfeldern (z. B. dem Wohnungswesen und den sozialen Diensten) aufzubauen. Weiterhin dürfen weder die traditionellen Nachbarschaften noch die neu entstandenen Engagementformen vernachlässigt werden.

Es gilt, Gelegenheitsstrukturen (in verschiedenen Organisationsformen) auf lokaler Ebene zu schaffen, um gemeinsam Handlungsstrategien zu entwickeln. Und hier zeigt sich inzwischen auch in manchen Kommunen eine Bereitschaft, neue Wege bei der Daseinsvorsorge zu beschreiten – so die Ergebnisse einer Fallstudie aus Nordrhein-Westfalen: „Die institutionelle Umwelt der Kommunalverwaltungen hat die Logiken der Vernetzung und des Managements allerdings anerkannt und diese zur Prämisse für die Zuschreibung von Legitimität erklärt, weshalb sich das gemeinsame Verständnis der Umwelt darüber, dass sich die Vernetzung im Sinne einer Gemeinwohlorientierung und sozialanwaltschaftlichen Agentschaft für ältere und pflegebedürftige Menschen langfristig auch ökonomisch für die Kommunen „auszahlen" wird, verändert. Die empirischen Ergebnisse hinsichtlich eines institutionellen Wandels zeigen, dass es sich bei den Aktivitäten rund um eine Kommunalisierung der Pflege um mehr als eine kurzlebige Modeerscheinung handelt" (Kemna 2022, S. 263). Dementsprechend zukunftsfähige Quartiersentwicklungen können auch wesentlich durch Genossenschaften mitgeprägt werden, wie es bspw. in der Schweiz in einem Modellprojekt „Lebendiges Quartier statt Siedlung" geschieht (vgl. die Beiträge in Reutlinger et al. 2017). Auch viele Wohnungsgenossenschaften in Deutschland haben sich in den letzten Jahren verstärkt um den Ausbau des Service-Wohnens gekümmert (vgl. hierzu bspw. die Angebote der Wohnungsgenossenschaft Essen (GEWOBAU) oder der Wohnungsgenossenschaft Hameln (WGH) im Bereich des Service-Wohnens).

Mit Blick auf die auch in Deutschland inzwischen forcierte Digitalisierung ergeben sich neue Optionen für **vernetztes Wohnen** und dies auch im Hinblick auf „Smart Homes" oder „Ambient Assisted Living" (AAL). Seit rund 20 Jahren sind die technologischen Grundlagen vorhanden, Wohnungen „intelligent" zu machen. Inzwischen haben sich auch altersgerechte Assistenzsysteme mit verschiedenen Unterstützungskomponenten (Sensorik zur Lokalisierung und Unterstützung der Nutzer, Assistenz in Gefahrensituationen, aber auch bei der Bestimmung von Vitalparametern und im Rahmen von Präventions- und Rehabilitationsmaßnahmen) ausgebreitet. Sicherheit und Unabhängigkeit im Alter können durch technische Assistenzsysteme verbessert werden und auch die Wohnungsunternehmen können davon profitieren, dass die Verweildauer verlängert wird und das Wohnumfeld stabil bleibt. Die Zielgruppen für vernetztes Wohnen sind grundsätzlich breit gefasst, dennoch fokussieren viele Projekte derzeit in Deutschland auf die Zielgruppe der Älteren. Für den Markterfolg bedarf es allerdings der Akzeptanz der Nutzer – und da gibt es Probleme, denn es fehlt bislang an Geschäftsmodellen. Allerdings breiten sich auf Konsumentenseite – bedingt durch rasante Fortschritte in der Sensortechnologie – sowohl Smartphone-Lösungen als auch weitere technologische Assistenzen immer mehr aus.

Wenn auch bislang „Smart Home"-Lösungen nur langsam Einzug in deutsche Haushalte erhalten, gehen verschiedene Experten davon aus, dass das „Internet der Dinge" dieser Entwicklung zukünftig einen neuen Schub verleihen wird. Die Option einer integrierten Steuerung von Heizung, Licht, aber auch Sicherheitstechnologien ist schon länger vorhanden, allerdings ist die Nachrüstung in Bestandsimmobilien der Wohnungswirtschaft ein Kostenfaktor. Deshalb wird es nur über gemeinsame Lösungen (mit anderen Akteuren wie Kommunen, Krankenkassen) beim altengerechten Wohnen gehen. Hierzu gibt es bei verschiedenen Wohnungsunternehmen interessante Projekte zum „**Service-Wohnen**", die die Quartiersorientierung mit den Digitalisierungsoptionen verknüpft (bspw. beim kommunalen Wohnungsunternehmen GESOBAU in Berlin („Pflege@Quartier")). Ziel ist die Erhaltung der Selbstständigkeit durch technische Assistenz und persönliche Dienstleistungen.

Zudem wurden in einzelnen Wohnungsgenossenschaften **interaktive Plattformen** geschaffen, die die Mieter ganz nach Ihrem persönlichen Bedarf nutzen können. Die veränderte Mieterstruktur (immer weniger klassische Familien) mit neuen Ansprüchen war oft Anstoß für diese digitalen Plattformen für nützliche

Informationen, Kontakte und Services. In manchen Wohnungsunternehmen bekommt jeder Haushalt beim Einzug einen Tablet-PC, der über das Internet einerseits den Zugang zur Plattform bietet, aber auch für private Zwecke genutzt werden kann. Dadurch soll auch die Internetpräsenz bisher unterrepräsentierter Gruppen gesteigert werden (gegen „digitale Spaltung"). Es kann auch älteren Menschen helfen, technikunterstützte Assistenzsysteme in Anspruch zu nehmen und damit länger in der Wohnung zu verbleiben. Vernetztes Wohnen im Quartier stellt somit ein gutes „Testfeld" für soziale Innovationen dar: gefordert sind dezentrale Strukturen, eine kreative Kooperation über Organisationsgrenzen hinweg sowie die Koproduktion mit den Nutzern.

Hinsichtlich einer integrierten Versorgung vor Ort und als **Infrastrukturinstrument** bieten Genossenschaften in verschiedenen Ländern interessante Modelle im Rahmen der Daseinsvorsorge vor Ort an. Insbesondere gilt dies für strukturschwache Regionen, in denen sich marktförmige Organisationsstrukturen nicht „rechnen" und zudem auch der Staat allein überfordert ist. Ein Beispiel aus Nordschweden zeigt, wie genossenschaftliche Organisationsformen als Lösungsansatz für die soziale Daseinsvorsorge funktionieren. Dort wird über die genossenschaftliche Rechtsform nicht nur seit über 20 Jahren eine Grundschule betrieben, sondern „neben einem genossenschaftlich geführten Hotel und weiteren öko-touristischen Einrichtungen ist auch das zentrale Geschäft im Ort eine Kooperative, das neben landwirtschaftlichen Geräten und Schmuck aus der Region einen Gemeinschaftsraum mit einem Dutzend Webstühlen betreibt. Hier treffen sich regelmäßig die älteren Frauen des Orts und tauschen sich aus" (Koch 2022, S. 330).

Auch in Deutschland wird in einigen Regionen mit solchen genossenschaftlichen Modellen versucht, innovative lokale Versorgungsnetzwerke aufzubauen (vgl. u. a. Schubert et al. 2023). Vor dem Hintergrund der „Ausdünnung" der lokalen Nahversorgung und Infrastrukturen haben solche Experimente an Bedeutung gewonnen; bspw. die genossenschaftliche Organisation von Gasthäusern, die über die Rettung der Betriebsstätte hinaus die sozialen Beziehungen vor Ort gefestigt bzw. neu inszeniert haben (vgl. Lübbers 2024). In diesem Kontext sind auch Bürgergenossenschaften zu nennen. Diese wollen „zugleich unterschiedliche Aufgaben unter einem Dach verbinden: Energie- und Nahversorgung, Pflege und Begleitung, Mobilität oder Kultur" (Klie et al. 2018, S. 10; vgl. auch Schulz-Nieswandt 2023 sowie Hanrath 2011, Kluth 2019 und 2023 sowie Rappen 2022) und können **komplementär** zu den Wohnungsgenossenschaften als innovativer Pfad in der zukünftigen Versorgungslandschaft verstanden werden. Ein Beispiel ist die Bocholter Bürgergenossenschaft aus NRW, die 2013 von Engagierten als eG gegründet wurde. Sie ist eine anerkannte steuerbegünstigte Körperschaft und verfolgt gemeinnützige und mildtätige Zwecke; damit ist sie in der Lage, Spendenbescheinigungen auszustellen. Schon seit einiger Zeit hatten sich verschiedene Bürgerinnen und Bürger in Bocholt Gedanken darüber gemacht, wie man insbesondere Angebote für Seniorinnen und Senioren sowie Familien in Bocholt bündeln und die städtischen Leistungen ergänzen könnte. Ziel war es, den demografischen Wandel als Chance zu begreifen und durch die gezielte Aktivierung von Ehrenamt die unterschiedlichen gesellschaftlichen Gruppen in stärkeren Austausch zu bringen und einen Beitrag zur Sicherung von Lebensqualität zu bieten (vgl. https://bocholter-bg.de/). Die Gründung einer Genossenschaft wurde als eine Möglichkeit gesehen, die Akquisition und Organisation von Ehrenamt und die Abwicklung eines Leistungsbezugs institutionell umzusetzen und gleichzeitig eine nicht-gewinnorientierte Organisationsform zu finden. Bewusst hat man in der Satzung den Zweck der Genossenschaft sehr weit gefasst und auf die „Förderung der Alten- und Jugendhilfe" bezogen.

Die Bürgergenossenschaft versteht sich aber weniger als Anbieter von Leistungen, sondern eher als Plattform, um die Hilfe von Mensch zu Mensch zu organisieren. Hier besteht eine gewisse Ähnlichkeit zu Tauschringen und Sozialwährungsprojekten, wie es sie schon seit vielen Jahrzehnten gibt (vgl. Offe und Heinze 1990 sowie Heinze 2020). Allerdings führt die hier gewählte genossenschaftliche Organisationsform einerseits zu einer größeren Ablauf- und Rechtssicherheit, zur Förderfähigkeit und auch zu einer „sauberen" steuerlichen und juristischen Bewertung – die Genossenschaft ist als juristische Person handlungs- und vertragsfähig. Die Helferinnen und Helfer können die geleisteten Stunden auf einem Zeitkonto ansparen und sie bei Bedarf selbst in Anspruch nehmen. Für die Leistungen wird ein Satz von derzeit 10 € pro Stunde berechnet – sofern nicht die „angesparten" Leistungen eingesetzt werden – wovon ein kleiner Teil für die Verwaltung benötigt wird und ein Teil als Aufwandsentschädigung für die Helfenden vorgesehen ist (5,50 €/die diese aber wiederum spenden können oder ansparen).

Die Genossenschaft leistet mit über 500 Mitgliedern einen wichtigen Beitrag zur Sicherung der **Versorgungs- und Lebensqualität** in Bocholt. Fast ein Viertel sind „helfende" Mitglieder, bieten also ihre Hilfe aktiv an; etwa die Hälfte sind Empfänger von Hilfeleistungen. Zu den Leistungen gehören neben Angeboten der Freizeitgestaltung für Seniorinnen und Senioren sowie der Begleitung von Patientinnen und Patienten auch Einkaufsdienste, Einkaufshilfen im Haushalt, die Haustierversorgung oder Garten- und Grabpflege, aber auch Kinderbetreuung oder handwerkliche Dienste (vgl. FfG 2015). Die Finanzierung der Genossenschaft insgesamt gelingt auch, weil Sponsoren (insbes. die örtliche Sparkasse und die Genossenschaftsbank) unterstützen. Zudem wird ein (geringer) Mitgliedsbeitrag von derzeit 24 € pro Jahr von allen Mitgliedern erhoben. In der Gründungsphase ist es gelungen, Fördermittel des Landes zu beantragen, um die umfangreichen Vorarbeiten fachlich unterstützen und organisieren zu können. Für das Gelingen der Bürgergenossenschaft waren verschiedene Aspekte von besonderer Bedeutung: zum einen war dies von vornherein eine Etablierung des Vorhabens in lokal anerkannten Netzwerken. Der Ansatz wurde zudem von vornherein so gewählt, dass (auch) institutionelle Partner gewonnen werden konnten, um eine Grundfinanzierung der Idee zu sichern. Ähnlich wie in vielen anderen Projekten gab es die engagierten Personen, die als wesentliche **Treiber** des Vorhabens immer wieder für neuen Schwung gesorgt haben und viel Zeit und (unbezahlte) Arbeit in dieses Projekt gesteckt haben. Zudem ist es andererseits gelungen, das Projekt schnell mit der notwendigen fachlichen Expertise zu unterfüttern.

In einer Studie zu den Bürgergenossenschaften wird darüber hinaus eine Netzwerkbildung und die Gründung von Sekundärgenossenschaften empfohlen. „Bürgergenossenschaften und Gründungsinitiativen profitieren vom unmittelbaren und effizienten Austausch untereinander. Die Entwicklung branchenbezogener Netzwerke der Bürgergenossenschaften sollte deshalb vorangetrieben werden. Branchenspezifische Gründungen können durch sogenannte „**Sekundärgenossenschaften**" gestärkt werden. Dabei handelt es sich um Zusammenschlüsse einzelner Genossenschaften, den „Primärgenossenschaften", die zusammenarbeiten, um sich gegenseitig zu unterstützen. Sie bündeln Know-how und Ressourcen und stabilisieren sich so wirtschaftlich. Unterstützungsleistungen für den Aufbau solcher Sekundärgenossenschaften auf Landesebene können helfen, bestimmte Tätigkeitsbereiche von Bürgergenossenschaften entscheidend voranzubringen" (Bayer et al. 2021, S. 95 f.). Eine neuere Befragung von über 200 Bürgergenossenschaften weist ebenfalls darauf hin, dass die Potenziale dieser Organisationsform für die Bewältigung sozialer und ökologischer Herausforderungen bei weitem nicht genutzt werden, was auch an der mangelnden Zusammenarbeit mit anderen Einrichtungen und Organisationen vor Ort liegt. Neben einer Intensivierung der Kontakte zu anderen Akteuren (bspw. der Kommune und Verwaltung) gilt es auch, das Leistungspotenzial der Bürgergenossenschaften offensiv in der Öffentlichkeit bekanntzumachen (auch um ehrenamtliches Engagement zu akquirieren bzw. weiter einzubinden). Die bisherigen Praxiserfahrungen mit den **Bürgergenossenschaften** können belegen, dass sie gerade angesichts der massiven Herausforderungen für die soziale Infrastruktur eine innovative Option für die Erbringung von Daseinsvorsorgeleistungen sind. Allerdings muss auch auf die Grenzen hingewiesen werden: sozial schwache Gruppen mit wenig Ressourcen sind zumeist hier nicht vertreten und zudem sind sie eher in prosperierenden Regionen anzutreffen. Trotz dieser Einschränkungen könnte es in vielen Kommunen gelingen, über Bürgergenossenschaften „Einrichtungen und Infrastrukturen zu sichern und zu professionalisieren, die regionale Wirtschaft zu fördern und damit gesellschaftliche Teilhabe und demokratische Mitbestimmung zu stärken" (Thürling und Bayer 2023, S. 44). In vergleichbaren Ländern haben Bürger- und Sozialgenossenschaften in verschiedenen Orten und Handlungsfeldern ihre sozialintegrierende und wirtschaftlich stabilisierende Funktion bereits unter Beweis gestellt und werden auch hinsichtlich der Leistungspotenziale besser genutzt: „Die Entwicklung in Italien hat in der Vergangenheit bereits mehrfach bewiesen, dass Sozial- und Bürgergenossenschaften gesellschaftliche Belange schneller als der Gesetzgeber oder effizienter als staatliche Institutionen erkennen und entsprechend reagieren können, weil ihre Grundsätze – Bündelung der Kräfte, Demokratie, Selbsthilfe und Selbstorganisation – eine in sozialer und wirtschaftlicher Hinsicht wirksame Strategie für eine aktive Bürgergesellschaft darstellen" (Kiesswetter 2023, S. 1093; vgl. auch Schulz-Nieswandt 2023). Allerdings müssen die Hinweise der Gründer etwa von Bürgergenossenschaften in Deutschland, die auf den hohen bürokratischen Aufwand hinweisen, ernst genommen werden und deshalb gelingen viele Gründungen nur, wenn hoch engagierte Persönlichkeiten vor Ort dafür eintreten. Ein aktuelles Beispiel aus der Schlei-Region in Schleswig-Holstein kann dies anhand des Aufbaus eines Markttreffs verdeutlichen: „Sie brauchen unbedingt viel Ausdauer und Zeit für die Gründungsphase der Genossenschaft. Und dann nochmal, um den „ganzen Laden" zum Laufen zu bringen und zu halten. Eins ist klar: Für Ungeduldige ist das Genossenschaftsmodell nicht geeignet. Denken Sie daran, unbedingt die Menschen ihrer Region mitzunehmen, denn sie brauchen eine gewisse Anzahl an Zeichnern und Genossenschaftsanteilen, sonst wird das nichts. Bei der Überwindung von Hürden hilft vor allem hohe Transparenz. Das gilt übrigens auch für den Betrieb: Bis heute informieren wir im Eingangsbereich des MarktTreff über die Ergebnisse und wirtschaftlichen Entwicklungen unserer Genossenschaft. Die Leute sollen sehen, wie es läuft" (Carmen Marxsen, Vorstand der Bürgergenossenschaft Schleidörfer eG, https://markttreff-sh.de/index.php?seid=6668; abgerufen am 01.10.2024).

In die gleiche Richtung wie die Bürgergenossenschaften zielen die **Bürgerstiftungen**, die sich in den letzten 25 Jahren bundesweit in über 400 Kommunen ausgebreitet haben. „Von null auf mehr als eine halbe Mrd. Euro an Stiftungsvermögen. Von null auf über 50.000 Stifterinnen und Stifter, Spendende, Aktive. Alles aus eigener Kraft, ohne staatliches Modellprogramm! Allein schon die Idee, den Gedanken ehrenamtlichen Engagements aus dem Vereinsmodell mit der Kapitalbildung der Stiftung in dem Konzept Bürgerstiftung zu kombinieren, war innovativ" (Nährlich 2023, S. 6). Die Ausbreitung von Stiftungen und Bürgergenossenschaften weist auf die Abgrenzungsprobleme zwischen Genossenschaften und anderen zivilgesellschaftlichen Organisationen hin. Im deutschen

Genossenschaftswesen wird allerdings der Förderauftrag durch die Mitglieder stärker betont als in vergleichbaren europäischen Ländern; auch Wohnungsgenossenschaften können dadurch eher einen Clubcharakter bekommen. „Es lässt sich aber argumentieren, dass innerhalb dieses Geflechts gerade Genossenschaften (im sozioökonomischen, nicht im rechtlichen Sinne) betriebsmorphologisch eine besondere Form ausmachen, insofern sie mit der demokratischen Entscheidungsfindung ein politisches Kernmerkmal von Zivilgesellschaftlichkeit auch innerhalb wirtschaftlicher Organisationsformen institutionalisieren. Zudem unterscheiden sich Ausschüttungen von Überschüssen an Mitglieder etwa in Form von Rückvergütungen fundamental von Dividenden auf eingesetztes Kapital, da sie nicht als Rendite, sondern als Preisnachlass auf in Anspruch genommene Leistungen fungieren" (Degens und Lapschieß 2021, S. 23).

Schon diese wenigen Hinweise verdeutlichen, wie **vielgestaltig** der zivilgesellschaftliche Sektor in Deutschland inzwischen ist und das manche Überschneidungen zum Wirtschaftssektor existieren, was in Wohnungsgenossenschaften ohnehin der Fall ist. Diese Diversität sollte allerdings nicht zu Abgrenzungen führen, sondern es geht um einen ausgewogenen „Wohlfahrtsmix", bei denen bspw. Wohnungsgenossenschaften in den Quartieren eine wichtige Rolle spielen, was auch von den Genossenschaftsakteuren so gesehen wird (vgl. bspw. BWGV 2021 zu den Modellprojekten in Baden-Württemberg). Vor dem Hintergrund des sozialen Wandels und insbesondere der subjektiven Verunsicherungen sind solche gemeinwohl- und sozialraumorientierten Organisationsformen wichtiger geworden, um die Menschen aus den oft abgeschotteten familiären und sozialen Netzwerken miteinander in Kontakt zu bringen. Diese sozialen „Leitplanken" erfüllen in einer individualisierten und singularisierten Gesellschaft **Sicherheits- und Schutzbedürfnisse**. Allerdings müssen auch die Verschiebungen innerhalb der Zivilgesellschaft zur Kenntnis genommen werden, die von der Tendenz her sich weg von den traditionellen Organisationen und hin zu informellen und losen, oft projektförmigen und befristeten Zusammenschlüssen bewegen.

Am Beispiel der Bürgergenossenschaften wird sichtbar, welche Bedeutung das Thema „Wohnen im Alter" für die Wohnungswirtschaft generell und speziell auch für Wohnungsgenossenschaften hat. Nicht nur im Wohnungsmarktbericht der NRW Bank von 2023 wird explizit auf die wachsende Nachfrage nach **altersgerechtem Wohnraum** in allen Kreisen und Städten verwiesen. Um den Wunsch der meisten älteren Menschen, so lange wie möglich selbstständig in ihren eigenen vier Wänden zu bleiben, realisieren zu können, müssen in den nächsten Jahren viele Immobilien nicht nur altersgerecht modernisiert werden, sondern auch im Quartier vernetzt werden. Die häufig eingeschränktere Mobilität primär älterer Menschen (nicht nur Pflegebedürftiger) bedingt zudem die Notwendigkeit einer wohnortnahen Versorgung mit Gütern und Dienstleistungen des täglichen Bedarfs. Neben Einkaufsmöglichkeiten fallen hierunter ärztliche und medizinische Versorgungsangebote (z. B. Apotheken, Sanitätshäuser oder PhysiotherapeutInnen), ambulante Pflegeanbieter sowie Freizeit- und Begegnungsangebote. Aufgrund des altersstrukturellen Wandels wird die Gruppe der hilfs- und pflegebedürftigen Menschen in den nächsten Jahren in Deutschland weiter ansteigen. „Für 2030 werden 988.000 beziehungsweise 967.000 Pflegebedürftige im Pflegeheim und 1,17 Mio. beziehungsweise 1,15 Mio. Pflegebedürftige mit ambulanter Pflege projiziert" (Rothgang und Müller 2021, S. 18).

Zwar sind die meisten Probleme in den Quartieren nicht dort entstanden (Klimawandel, demografische Umbrüche) und deshalb auch mit quartiersbezogener Politik allein nicht zu bewältigen, dennoch führen sie zu einer Neuausrichtung auf den Sozialraum. Hinzu kommen mit Blick auf den demografischen Wandel und die steigende Zahl hilfebedürftiger Menschen die Engpässe bei der stationären Versorgung, die zu einem Bedeutungsgewinn des ambulanten Wohnbereichs führen – gerade im Zusammenhang mit der Nutzung digitaler Optionen. Es hat sich bereits eine **Experimentierlandschaft** entwickelt, aus deren Dynamik auch Wohnungsgenossenschaften noch lernen können, wie ein sozialintegratives Wohnen gestaltet werden kann. Um die Kräfte der Selbstorganisation (wie Genossenschaften) wirken zu lassen, sind allerdings öffentliche Infrastrukturen (Begegnungsräume, Bürgerhäuser etc.) und Fördermaßnahmen in der Wohnpolitik erforderlich. Der Gesamtverband der sozial orientierten Wohnungswirtschaft hat sich hier mit Blick auf die Politik klar positioniert, um pflegebedürftigen Menschen lange das Wohnen in den eigenen vier Wänden ermöglichen: „Neben einer Förderung von Umbaumaßnahmen sollten auch gemeinschaftliche Wohnformen sowie ambulant betreute Wohngemeinschaften unter dem Dach von Wohnungsgenossenschaften bzw. unter wohnungsgenossenschaftlicher Beteiligung stärker gefördert werden. Denkbar erscheinen Förderprogramme zur Kostenübernahme von Koordinationsstellen oder ambulante Kräfte, die die Bewohner unterstützen" (GdW 2024, 23).

Der Schub für integrierte Lösungen auf lokaler Ebene wird nur unter Einbeziehung aller betroffenen Akteure gelingen. Um Projekte auf den Weg zu bringen, spielen oft Impulse von motivierten Schlüsselpersonen oder Treibern eine wichtige Rolle. „Sie sind es, die bestimmte Probleme überhaupt erst als solche erkennen, lösungsorientiert denken und ganz neue Entwicklungspotenziale nutzen möchten" (Christmann und Federwischer 2019, S. 28). Solche Gelingensfaktoren sind allerdings regional unterschiedlich anzutreffen und deshalb müssen neben den sozioökonomischen Bedingungen und den jeweiligen Organisationslogiken immer auch die politisch-kulturelle Ebene und die Kommunikationsstrukturen vor Ort betrachtet werden. Hierfür müssen neue **Kooperationsformen**, vor allem zwischen Wohnungsunternehmen, sozialen und Gesundheitsdiensten und -anbietern, der Informations- und Kommunikationswirtschaft, den Kommunen, den Krankenkassen sowie den Selbsthilfeverbänden und bürgerschaftlich Engagierten entwickelt werden. Abhängig von den jeweiligen Akteurskonstellationen vor Ort werden Treiber für neue strategische Partnerschaften benötigt. Dies gilt auch für andere Handlungsfelder wie die Realisierung der Energiewende oder in Mobilitätsfragen. Doch schon bei der Kooperation zwischen Kommunen und Akteuren aus der Wohnungs- und Sozialwirtschaft sind Defizite zu konstatieren. Viele sehen sich aufgrund von Überbelastungen außerstande, den Vernetzungsaufgaben aktiv nachzugehen, zumal ihnen oft an finanzieller Ausstattung dafür fehlt. Praxisbeispiele demonstrieren aber immer wieder, wie auch unter schwierigen Rahmenbedingungen Kommunen handlungsfähig sind – aber nur, wenn „Treiber" vor Ort aktiv sind. Eine zentrale Aufgabe für die Kommunen besteht darin, die Akteure vor Ort zu vernetzen und gleichzeitig eine effiziente administrative Begleitung von Maßnahmen abzusichern. „Durch kluges Kooperieren, effektives Kontextmanagement und die Nutzung politischer Steuerungsmöglichkeiten lassen sich (Innen-)Städte gemeinwohlorientiert gestalten. Dabei ist es wichtig, auf die in der Regel diverse Investorenlandschaft einzugehen und diese in angemessener Form zu begleiten. Eine hohe Identifikation mit dem Standort, eine vertrauensvolle Kommunikation und Verwaltungsbegleitung sowie eine möglichst parteiübergreifende Zusammenarbeit bei der Unterstützung von Schlüsselprojekten sind dabei zentrale Erfolgsfaktoren" (Schneidewind 2024, S. 240).

Untersuchungen weisen allerdings darauf hin, dass nicht immer von den Potenzialen auf die Umsetzung in der lokalen Praxis geschlossen werden kann, wenngleich auch erfolgreiche Modelle (wie bspw. Wohnungsgenossenschaften) potenziell vorhanden sind. „Die Gründung einer Genossenschaft ist jedoch sehr voraussetzungsvoll, was finanzielle Ressourcen und Kompetenzen der Genossinnen und Genossen betrifft sowie maßgeblich von der Initiative und Einsatzbereitschaft Einzelner abhängig. Erwirtschaftete Vorteile bleiben auf eben diesen Mitgliederkreis begrenzt. Sofern soziale Zielsetzungen und die Orientierung am Gemeinwohl handlungsleitend sind, können diese immer nur unter der Maßgabe der Wirtschaftlichkeit realisiert werden, denn als Wirtschaftsorganisationen sind sie denselben Regeln des Wettbewerbs unterworfen, wie andere Unternehmen auch. Genossenschaften sind in vielen Geschäftsfeldern nicht nur wirtschaftlich erfolgreich, sondern leisten oftmals auch einen wertvollen gesellschaftlichen Beitrag. Es gibt zahlreiche Beispiele, in denen Genossenschaften in öffentlichen Bereichen agieren und dort bestimmte (Versorgungs-)Leistungen kostengünstig sicherstellen, dabei die regionale Wertschöpfung stärken, stabile Arbeitsplätze schaffen und darüber hinaus das soziale Miteinander durch partizipative Strukturen und die Einbindung bürgerschaftlichen Engagements fördern" (Thürling 2014, S. 25 f.; vgl. auch die Beiträge in Pleister 2001 sowie Blome-Drees et al. 2015).

So zeigen bspw. die Genossenschaftsbanken schon seit Jahrzehnten freiwilliges gesellschaftliches Engagement vor Ort – durch Spenden, Sponsoring, aber auch mit Zeit der Mitarbeitenden und kostenlosem Service. Aus einer Untersuchung der Stiftung Aktive Bürgerschaft im Frühjahr 2024 geht hervor, dass insbesondere örtliche Vereine und Initiativen davon profitieren (65 % der Zuwendungen kommen ihnen zugute, 20 % gehen an öffentliche Einrichtungen wie Schulen oder auch Kindergärten, 10 % an Kirchengemeinden. Zentrale Zielgruppe sind Kinder und Jugendliche, denen fast die Hälfte aller Aktivitäten und Mittel von Genossenschaftsbanken zukommt (vgl. BVR 2024).

Mit Blick auf eine zukunftsfähige soziale Infrastruktur müssen die **Digitalisierungsoptionen** weitaus stärker genutzt werden – was auch für die Wohnungsgenossenschaften gilt. Die Digitalisierung führt zu einer Dezentralisierung von Leben und Arbeiten und wird in vielen Fragen das Wohnen verändern und hier müssen die Genossenschaften frühzeitig Weichen stellen, um den neuen Herausforderungen gerecht zu werden. So haben sich Home-Offices ausgebreitet, die auf eine Transformation der Arbeit hinweisen, die durch die Digitalisierung beschleunigt wird. Viele Arbeitsplätze sind einem hohen Automatisierung- bzw. Änderungsrisiko ausgesetzt, wenngleich nicht alle Berufsgruppen diese Option wählen können. Zudem werden soziale Ungleichheiten bei der Nutzung teilweise sogar verschärft, weil die Wohnsituationen und sozialen Absicherungen unterschiedlich sind. Für manche Erwerbstätige, die über ausreichend Wohnfläche und eine gute digitale Ausstattung verfügen, eröffnen sich hier neue Freiheitsspielräume (und hat auch positive ökologische Effekte). Wohnungsgenossenschaften könnten sich auf den Trend zu dezentraler Arbeit insofern produktiv einstellen, dass sie Co-Working-Places anbieten, da viele zwar im heimischen Wohnumfeld arbeiten möchten, aber nicht isoliert in ihren Immobilien. Wenn überall flächendeckend schnelles Internet verfügbar ist, lassen sich viele Tätigkeiten überall ausführen und damit können auch genossenschaftliche Projekte vor Ort Aufwind bekommen.

Gleichzeitig wandeln sich die qualitativen Ansprüche, die vor allem jüngere Kohorten auch an genossenschaftliche Organisationsformen formulieren. Empirische Untersuchungen zum sozialen Engagement weisen auf neue Subjektivierungen hin (vgl. Heinze et al. 2017 sowie die Beiträge in Hombach et al. 2022). Es zeigt sich eine hohe Präferenz für das Einbringen **persönlicher Interessen** und Fähigkeiten, was auch bedeutet, nicht „irgendetwas" zu machen, sondern die Tätigkeiten nach eigenen Vorlieben zu gestalten. Vorgaben zur konkreten Tätigkeit seitens der Organisation werden oft nicht gewünscht. Vielmehr wird der dialogische Charakter im Zusammenspiel mit der Organisation betont, was auch für die Wohnungsgenossenschaften zu beachten ist. Organisationen, die auf die ehrenamtliche Mitarbeit setzen, sollten sich zudem die Bedeutung der digitalen Sichtbarkeit klarmachen. Das Internet ist gerade für jüngere Menschen die zentrale Informationsquelle und folglich ist für Organisationen wie Genossenschaften die digitale Sphäre unerlässlich, um vital zu bleiben.

Dass zukunftsfähige Quartiersentwicklungen wesentlich durch Genossenschaften mitgeprägt werden können, zeigt sich bspw. in der **Schweiz** in dem Modellprojekt „Lebendiges Quartier statt Siedlung". 2010 übernahm die Baugenossenschaft „mehr als wohnen" das Hunziker Areal in Zürich und entwickelt dort seitdem ein exemplarisches Genossenschaftsquartier, das Wohnen, Leben und Arbeiten verbindet (vgl. https://www.mehralswohnen.ch//; abgerufen am 02.02.2024). Seit 2015 bietet das Hunziker Areal Wohnraum für über 1200 Personen und etwa 150 Arbeitsplätze. Die Mieter sind zugleich Genossenschafter und gestalten das Quartier aktiv mit. „mehr als wohnen" gibt Antworten auf veränderte Wohnbedürfnisse. Mit Wohnungen für altbewährte und neue Wohnformen, zu mietbaren Wohn- und Arbeitszimmern, einem breiten Angebot an „Allmenderäumen" und Freizeitinfrastruktur sollen langfristige Wohnperspektiven entstehen. Vision ist die „2000-Watt-Gesellschaft": Energieeffiziente Gebäude, neue Technologien und wenig Autos unterstützen einen umweltschonenden Lebensstil und sparen Ressourcen. Wert wird auf hochwertige Architektur, auf Qualität in der Bauausführung und auf Nachhaltigkeit im Unterhalt der Gebäude gelegt. Demokratische Mitwirkungsrechte und eine Vielfalt von Lebensrealitäten unter den Bewohnenden sollen zur sozialen Nachhaltigkeit beitragen.

In einer ersten Auswertung der Baugenossenschaft „mehr als wohnen" in Zürich wird auf verschiedene positive **soziale Folgewirkungen** hingewiesen: „Der Wohnungsmarkt führt vielerorts zur sozialen Entmischung. Das ist in einem gewissen Maß auch bei Genossenschaften nicht anders, die tendenziell stark im Mittelstand verankert sind und auch meist einen überdurchschnittlich hohen Anteil an Schweizer_innen aufweisen. *mehr als wohnen* hat eine soziale Durchmischung nach verschiedenen Schichtungsfaktoren angestrebt, was beispielsweise bei der Herkunft der Bewohnenden, nicht aber bei der Alterszusammensetzung gelungen ist. Für weitere Zielsetzungen, die im Hunziker Areal verfolgt werden, bildet eine große soziale Durchmischung keine notwendige Voraussetzung. So zeigt sich hier und in anderen Projekten, dass eine intensive Mitwirkung und Mitgestaltung durch Bewohnende meist an ein bestimmtes soziales Milieu gebunden ist. Dennoch kann es gelingen, dass auch Personen, die bisher keine Erfahrung mit Mitwirkungsprozessen hatten, dazu angeregt werden, sich verstärkt in ihrem Umfeld einzubringen" (Hoffmann 2019, S. 95).

Gemeinwohlwirksame Organisationen wie Genossenschaften sind an sich gut geeignet, integrierte Programme für benachteiligte Sozialräume aufzulegen, um sowohl deprivierte Stadtteile und Quartiere zusätzlich zu unterstützen als auch neue Herausforderungen etwa im Feld Energieeffizienz, integrierter Gesundheitsversorgung oder alternativer Mobilitätskonzepte aktiv anzugehen. Quartiersinitiativen „von unten" stoßen jedoch in Deutschland auf zahlreiche institutionelle Hindernisse. „BürgerInnen, die gemeinsam die eigene Straße beleben und verschönern wollen, werden zuerst mit einer Reihe Vorschriften konfrontiert statt von den Stadtverwaltungen unterstützt. In Deutschland gibt es kaum Spielräume für eine echte Selbstverwaltung und Autonomie im Lokalen, wie es z. B. in der Schweiz der Fall ist. Es braucht an dieser Stelle eine radikale Reform, die Governance von „unten nach oben" organisiert (nach dem Prinzip der Subsidiarität) und Dezentralisierung mit Föderalismus und Mechanismen der gerechten Umverteilung kombiniert" (Brocchi 2018, S. 177).

Trotz dieser positiven Wirkungsmöglichkeiten findet dennoch nur **begrenzt** eine Renaissance der Genossenschaften in Deutschland statt, obwohl hierüber der soziale Zusammenhalt vor Ort aktiviert und neue Gestaltungsfreiräume für Infrastrukturangebote erschlossen werden können. Dies hat verschiedene Gründe; hingewiesen wurde bereits darauf, dass Genossenschaften als Wirtschafts- und Rechtsform wenig bekannt sind. Und „auch das Wissen um das spezifische Potenzial der Rechtsform (wird) nicht vermittelt. Im Gegenteil werden die höheren formalen und inhaltlichen Anforderungen an die Gründung einer Genossenschaft als Nachteil im Vergleich zur flexiblen GmbH eingestuft und nicht als Garantie oder Unterstützung für bessere Geschäftsmodelle" (Kluth 2019, S. 20).

Sowohl Bedarfsanalysen zum Wohnen als auch die neuen Netzwerke und Genossenschaften auf lokaler Ebene zeigen allerdings **Handlungsspielräume** für wohnungsgenossenschaftliche Modelle auf. Die vielfältigen Projekte verweisen ebenfalls auf die Notwendigkeit einer kooperativen Strategie, insbesondere mit den Kommunen, denn eine sozialintegrierte Versorgungsstruktur impliziert einen erheblichen politischen Handlungsbedarf. Eine vernetzte Versorgung bedeutet das Ineinandergreifen unterschiedlicher Hilfen und Unterstützungsformen, was wiederum impliziert, die starren Sektorenabgrenzungen zu lockern und verschiedene Professionen zu vernetzen. Konkret heißt dies bspw. die Kooperation sozialer Dienste (eines Wohlfahrtsverbandes), eines Kostenträgers (Kranken- und Pflegeversicherung), die Unterstützung durch kommunale Institutionen und bspw. Wohnungsgenossenschaften. Und um integrierte Versorgungslösungen realisieren zu können, muss ein Klima der Innovationsbereitschaft erzeugt werden. „Die Politik muss innovativer denken; die sozialwirtschaftlichen /sozialunternehmerischen Anbieter der Einrichtungen müssen die Möglichkeiten nicht-stationärer Konzepte als Modernisierung ihres nicht nur architektonisch-wohnkonzeptionellen Designs, sondern auch ihrer normativen Handlungslogik begreifen und willentlich akzeptieren" (Schulz-Nieswandt et al. 2012, S. 117 f.).

Ohne neue Initiativen des Bundes und auch der Länder dürfte dieser Policywechsel kaum gelingen. Wenn auch die sozialräumliche Dimension sozialer Versorgung erkannt wird und „**Community Building**" ein Schlüsselwort für neue Kooperationen zwischen sozialen Diensten, Netzwerken, Kommunen und anderen Trägern (bspw.

des Wohnungswesens) geworden ist, bleiben noch viele Handlungsvorschläge im Konzeptionellen stecken. Im deutschen System der sozialen Dienste existiert ein hoher Regulierungsgrad entlang der Säulen der Sozialgesetzgebung und deshalb stoßen neue integrative Angebote auf zahlreiche institutionelle Hürden. Es existiert für sie häufig keine klare öffentliche Finanzierungsverantwortung. Hier ist die Politik gefordert, die aber schon bei der Bewältigung der Wohnungskrise überfordert erscheint. Die Wohnungsgenossenschaften stehen selbst vor großen Herausforderungen (etwa bei der energetischen Sanierung der Bestände) und deshalb dürfen die Erwartungen an sie nicht zu hoch gesteckt werden. Allein werden Genossenschaften nicht die derzeitige Wohnkrise lösen können und sie sind auch kein Ersatz für die öffentliche Zuständigkeit gerade für einkommensschwache Haushalte, die auf dem Wohnungsmarkt derzeit große Probleme haben.

Perspektivisch kann auf eine Strategie der **aktivierenden Kooperation** vor Ort gesetzt werden, um die Akteure vom konkreten Mehrwert gemeinsamen Handelns zu überzeugen. Solch zukunftsfähige Quartiersentwicklungen können auch wesentlich durch Genossenschaften mitgeprägt werden. Allerdings darf das Beharrungsvermögen und die Eigeninteressen der traditionellen Akteure auch hinsichtlich der Verbreitung genossenschaftlicher Strukturen nicht unterschätzt werden. Max Weber sprach nicht umsonst vom „langsamen Bohren von harten Brettern". Wenngleich sich in den letzten Jahren Schleichwege aus der traditionellen Pfadabhängigkeit zeigen, bewegen sich die Innovationen nur langsam. Die offizielle Politik schreckt weiterhin vor größeren institutionellen Reformen zurück und auch wenn man von einer schleichenden Transformation sprechen kann, gilt es nachdrücklich, die Detailversessenheit sowie übertriebene Regulierungsfreude in den Verwaltungen zu überwinden. Erneuerungsstrategien haben bislang aber nur Inseln geschaffen. Abhängig von den jeweiligen Akteurskonstellationen vor Ort werden deshalb Treiber für strategische Partnerschaften benötigt. Besonders wichtig sind Projekte, in denen es nicht nur um das „Mitreden" geht, sondern das „Mitmachen".

Wohnungsgenossenschaften können in diesem Kontext „Haltegriffe" in einer verunsicherten Welt sein, sie benötigen aber auch ein Transformationsdesign und **handlungswillige Gestaltungsakteure**. Untersuchungen haben darauf hingewiesen, dass Wohnungsgenossenschaften noch immer über Qualitäten verfügen, die sie positiv von anderen Akteuren in der Wohnversorgung abheben und auch über Ressourcen verfügen, noch stärker gemeinschaftsorientierten, nachhaltigen Zielen zu dienen. „Voraussetzung ist jedoch eine kreative und innovationsfreundliche Öffnung der bestehenden Wohnungsgenossenschaften" (König 2004, S. 228). Die bisher auf lokaler Ebene oft nebeneinanderstehenden Einrichtungen müssen neu vernetzt werden, sodass Ressourcen gebündelt werden in Richtung des Aufbaus einer nachhaltigen sozialen Infrastruktur. „Aus den entsprechenden lokalen Aufbrüchen und Suchbewegungen haben sich aber bislang kaum generalisierte

Modelle entwickelt. Sie können aber nicht am grünen Tisch oder im Rahmen akademischer Konzeptbildungen entstehen, sondern nur entlang von Prozessen des Suchens und demokratischen Experimentierens. Lokale Politik könnte eine Art Labor für erfahrungsgestützte Prozesse der Suche nach post-korporativen Formen der Zusammenarbeit und Aufgabenteilung sein" (Evers 2017, S. 248; vgl. auch Sabel 2012 und Sabel et al. 2017). Gefragt sind also Strategien, die das gemeinwohlorientierte Potenzial der Wohnungsgenossenschaften in die Realität transformiert. Dafür wird eine breite Kommunikation der „Good-Practice-Bespiele" genossenschaftlichen Wohnens benötigt, um deren Handlungsmöglichkeiten besser zur Geltung zu bringen. Wenn es auch keine Patentrezepte gibt, ist dennoch ein „Learning by Seeing" und Evaluation von Experimenten nötig und möglich.

Praxisbeispiele für solch kooperative organsierte Wohnformen sind inzwischen in vielen Kommunen zu besichtigen, wobei in wachsenden Großstädten wie Berlin, München oder Köln solche kooperativ organisierten Projekte eher aufzufinden sind. Über ein „**Learning by Seeing**" könnten auch manche, der auf das Innenleben fokussierten Wohnungsgenossenschaften sensibilisiert werden, die bislang Kooperationen nur dann suchen, wenn es aus organisatorischen Gründen erforderlich ist. „Das Quartier als Handlungsraum jenseits des eigenen Wohnungsbestandes ist nur dann bedeutsam, wenn Entwicklungen ein Eingreifen erfordern, um die Realisierung von Unternehmenszielen zu unterstützen bzw. um diese nicht zu gefährden" (Kitzmann 2019, S. 431). Diese auf Basis von Erfahrungen bei Berliner Wohnungsgenossenschaften festzustellende Beschreibung sind sicherlich nicht verallgemeinerbar, geben aber einen generellen Trend an. Dennoch gibt es auch hier Aufbrüche aus der Innenfokussierung der Genossenschaft in Richtung einer Neukonfiguration sozialer Arrangements und einer aktiven Rolle bei der Sozialraumentwicklung, auf die bereits hingewiesen wurde. In verschiedenen Kommunen zeigt sich in den letzten Jahren eine verstärkte Aufmerksamkeit auf Community Building und Gemeinschaftsaktivitäten, allerdings gibt es hinsichtlich der „Umsetzung des Genossenschaftspotenzials offensichtlich noch viel ‚Luft nach oben'" (Decker und Selle 2021, S. 133).

Dass solche lokalen Innovationen nur langsam vorankommen, liegt sicherlich auch an dem in Deutschland ausgeprägten Zukunftspessimismus und die geringe Toleranz gegenüber Ungewissheiten. Aktuell kommt eine **Veränderungserschöpfung** bei vielen Menschen hinzu, die die massiven Erschütterungen des alltäglichen Lebens als Bedrohung erleben und sich eher ins Private flüchten (vgl. u. a. Mau et al. 2023 und Gaub 2024). Diese Haltung schwächt allgemein die Macht kollektiver Organisationen und lässt auch die Leistungspotenziale der Wohnungsgenossenschaften nur begrenzt zur Entfaltung kommen. Die durch die neuen sozialen Medien entfachten und verstärkten Individualisierungsprozesse fördern eher Verdrängungs- und Vermeidungsdiskurse und verstellen sich dadurch konstruktive und pragmatische Wege, um bspw. die Wohnungskrise zu lindern.

Auftrieb bekommen neue sozialräumlich ausgerichtete Initiativen andererseits durch verschiedene **Megatrends.** Genannt wurden bereits der demografische Wandel mit der Alterung und Sesshaftigkeit der Älteren, die neuen Optionen für Arbeiten zuhause, die Energiewende, aber auch weitere mit dem Klimawandel einhergehende Tendenzen zur Fokussierung auf die lokale und regionale Ebene. Hinzukommen muss aber auch ein Gestaltungswille, der durch eine positive Fortschrittserzählung begleitet wird. Vor dem Hintergrund der gewachsenen Politikverdrossenheit könnten solche gemeinwesenorientierten Initiativen auf lokaler Ebene, in der real kreative Lösungen erfahrbar werden, mithelfen, die Zivilgesellschaft zu aktivieren und gleichzeitig noch Lösungen für soziale Probleme bereitzustellen. Der Schub für nachhaltige Umgestaltungen wird durch ein abgestimmtes Handeln zwischen den involvierten Akteuren begünstigt, wobei ein effizientes **Schnittstellen- bzw. Quartiersmanagement** zwischen verschiedenen Sektoren und Verantwortlichkeiten notwendig ist.

Ein entscheidender Faktor für sozialintegrierende Initiativen ist eine stärkere ressortübergreifende Vernetzung, wobei solche Zielsetzungen nicht nur für benachteiligte Sozialräume von zentraler Bedeutung sind. Das Wohnquartier ist eine Handlungsebene, auf der sich losgelöst von abstrakten Programmen – die nicht selten für einen Großteil der Bevölkerung (insbesondere in benachteiligten Quartieren) unsichtbar sind – direkte Verbesserungen in der unmittelbaren Lebenswelt der Bewohner umsetzen lassen. Es ist die lokale Ebene, in der vormals abstrakte Politik wirksam und erfahrbar werden kann. Und wenn es gelingt, den sozialen Zusammenhalt stärkende Maßnahmen umzusetzen, wirkt dies der grassierenden **Politikverdrossenheit** entgegen. Dem Quartier kommt somit auch eine demokratiefördernde Funktion zu. Mit einer „reflexiven" Architektur, die bauliche und infrastrukturelle Elemente mit sozialen Technologien der Gemeinschaftsbildung modellhaft verknüpft, können generations- und lebensformübergreifend attraktive Wohn- und Lebensräume gestaltet werden. Dabei mag es Zielgruppen geben, deren umfassende Aktivierung unrealistisch ist, allerdings können Positivbeispiele ausstrahlen und weitere Organisationen und Bevölkerungsgruppen motivieren, sich stärker vor Ort zu engagieren. Studien über die Umsetzung von Innovationen in Kommunen verweisen in diesem Kontext auf die Bedeutung von gemeinsam geteilten lokalen Erzählungen bzw. Narrativen. „Nur wenn die kommunikativen Mechanismen genutzt werden und die ‚gute Geschichte' über Innovation mit einem lokal vorherrschenden Erzählmuster verbunden wer-den kann, wird eine strategische und praktische Veränderung möglich. Dann können lokale Akteure davon überzeugt werden, dieser neuen Erzählung darüber zu folgen, wie man in einem bestimmten lokalen Kontext innovativ sein kann" (Heinelt und Terizakis 2021, S. 49).

Hierfür braucht es Schlüsselpersonen, die als Motivator, Ideengeber und Moderator den Prozess an sich nehmen, sich mit der Idee gemein machen und eigene

Kraft einbringen, um Projekte zum Erfolg zu führen. Oftmals treten sie auch dann, wenn ein Projekt bereits etabliert ist, noch als „Graue Eminenz" im Hintergrund auf. Ziel sollte allerdings sein, das umfangreiche Engagement einzelner Personen, das diese meist gar nicht über längere Zeit aufrechterhalten können, in eine gemeinschaftlich getragene Struktur zu übertragen (z. B. eine Genossenschaft) – das Engagement also zu institutionalisieren. Zur Förderung solch integrativer Versorgungsmodelle sind in den letzten Jahren viele Modellprogramme aufgelegt worden, allerdings bestehen weniger **Wissens- denn Umsetzungsdefizite.** „Bislang richten Kommunen ihre Vergabekriterien nur zum Teil auf nachhaltige Projekte, und zwar im Sinne einer sozialen, wirtschaftlichen und ökologischen Nachhaltigkeit. Auch die lokale Verankerung, die nachhaltige regionale Wertschöpfung fördert, kommt erst allmählich in den Fokus von Förderprogrammen. Hier wären Genossenschaften zweifelsfrei im Vorteil, denn in der Regel orientieren sich Genossenschaften mit ihren Geschäftsfeldern an lokalen Bedürfnissen und finden lokale Lösungen für lokale Probleme. Im Sinne eines solidarischen Miteinanders spielen die genossenschaftlichen Ansätze kollektiver Verantwortungsübernahme eine besondere Rolle, da die Verantwortung nicht einzelnen Individuen übertragen und auch nicht dem Staat oder den Unternehmen zugeschoben wird, sondern Gruppen durch gemeinsame Aktivitäten und durch ein demokratisches Miteinander selbstverantwortlich tätig werden" (Walk 2019, S. 140).

Empirische Untersuchungen zeigen, dass in der Bevölkerung durchaus ein Interesse an Engagement und Gestaltung besteht, insbesondere bei den Gruppen mit einer hohen lokalen Verbundenheit. In einer Befragung aus dem Jahr 2024 (mit über 5000 Befragten) stimmen der Aussage „Ich fühle mich mit der Gemeinde, in der ich wohne, sehr verbunden" fast zwei Drittel zu (fast 26 % eindeutig, gut 38 % eher) (vgl. Friedrich Naumann Stiftung und Assmann 2024). Die Bereitschaft zur Mitwirkung auf lokaler Ebene ist folglich auch angesichts des Dauerkrisenmodus und des vielerorts zu beobachtenden Rückzugs in das Private noch vorhanden. Krisenzeiten können eben auch Lernprozesse auslösen, und es kann zu einem Schubs („nudging") in Richtung auf soziale Infrastrukturmaßnahmen führen. Ein solcher Paradigmenwandel muss aber auch in den Organisationen (bspw. den Wohnungsgenossenschaften) umgesetzt werden, was oft schwierig zu realisieren ist, denn in der Praxis zählt erst einmal die Vordringlichkeit des Tagesgeschäfts. Und dies verweist wieder auf die unterschiedlichen Handlungsmöglichkeiten; größere Wohnungsgenossenschaften mit strategischer Führung sind eher in der Lage konstruktiv auf die neuern Herausforderungen einzugehen und können in manchen Wohnquartieren sogar zur „Spinne" im Netz einer integrierten Versorgung vor Ort agieren. Allerdings wird in empirischen Untersuchungen auch eine Lücke zwischen Ideal und Wirklichkeit bei ihnen konstatiert. Deshalb „dürfen die Erwartungen an die Wohnungsgenossenschaft nicht zu hoch gesteckt werden. Sie kann nicht die alleinige Verantwortung jener Haushalte übernehmen, die auf dem Wohnungsmarkt die größte Benachteiligung erfahren, und kann auch nicht Ersatz für öffentliche Zuständigkeit sein" (König 2004, S. 228). Die Umsetzungsprobleme für eine zukunftsfähige Daseinsvorsorge, die ganz zentral auch das existenzielle Grundbedürfnis des Wohnens beinhaltet, liegen auf kommunaler Ebene nicht nur in den finanziellen Rahmenbedingungen begründet, sondern ebenso in den **Kooperationsstrukturen** der zentralen Akteure, die zumeist nicht integrativ organisiert sind und stattdessen auf ihren Eigeninteressen beharren.

Allerdings wird eine integrative, sektorenübergreifende Herangehensweise immer dringender, denn sowohl die sozialen Probleme der Menschen (etwa die zunehmende Wohnungslosigkeit und unzumutbare Wohnverhältnisse) wie auch die großen Herausforderungen durch den Klimawandel, demografische Umbrüche oder Migrationsbewegungen orientieren sich nicht an klassischen politisch-institutionellen Zuständigkeiten, sondern verlangen koordinierte Vernetzungsstrategien. Dafür werden vor Ort Initiatoren und Moderatoren benötigt und diese handlungswilligen Gestaltungsakteure können auch aus den Wohnungsgenossenschaften kommen. Es gibt viele Möglichkeiten, das Wohnen und das sozialräumliche Umfeld zu fördern und zu stärken, wenn der Bereitschaft zum Engagement auch geeignete Gelegenheiten an die Seite gestellt werden. Folgende Anknüpfungspunkte werden bspw. aufgelistet:

- „mehr (öffentliche) Angebote in den Bereichen Kultur, Bildung, Gesundheit, Grün- und Wasserflächen;
- mehr (soziales/genossenschaftliches) Wohnen im unmittelbaren Innenstadtzusammenhang;
- mehr Flächen für Verkehre des Umweltverbunds, mehr ÖPNV-Angebote, nachhaltige Gestaltung der Liefer- und KEP-Verkehre (KEP: Kurier-, Express- und Paketdienste);
- mehr Initiativen im öffentlichen Raum, mehr attraktiver öffentlicher Raum;
- mehr soziale Infrastruktureinrichtungen;
- mehr kleinteilige Läden, Handwerksbetriebe, Existenzgründungen;
- mehr Einbeziehung, Beratung und Verantwortungsübernahme der lokalen Wirtschaft;
- mehr Berücksichtigung des Klimaschutzes;
- mehr Beteiligung der Bevölkerung" (Hatzfeld und Weis 2021, S. 3).

In diese Richtung zielen auch Stadtentwicklungsprojekte, die sich in einigen deutschen Großstädten in den letzten Jahren ausbreiten und auf die wir bereits hingewiesen haben (vgl. Prytula et al. 2023). Hinsichtlich der Fokussierung auf **Wohnen** als soziales Problem (insbesondere in Boomstädten wie Berlin, München und Hamburg) wird bewusst auf die Organisationsform der Genossenschaft gesetzt, um den vielfältigen Wohnbedürfnissen nachzukommen. Ein Beispiel ist die GENIUS Wohnbau eG, die 2020 als „ein Zusammenschluss von 16 mittleren und größeren freien Trägern aus den Bereichen Alten-, Behinderten-, Eingliederungs-, Sucht-, Kinder- und Jugendhilfe unter dem Dach des Paritätischen Wohlfahrtsverbandes gegründet. Ziel der Genossenschaft ist es, für die eigenen Arbeitsfelder selbst Wohnungsbau zu betreiben bzw. als Generalmieterin von Wohnungsbestand aufzutreten und die Gebäude für die Zielgruppen langfristig zu sichern. GENIUS verfolgt dabei ein inklusives Konzept und sorgt für einen ausgeglichenen Bewohnermix in den Häusern. Grundkonzept der Genossenschaft ist das inklusive Zusammenleben im Gemeinwesen und – angesichts der Wohnungsknappheit in Berlin – die Wohnraumbeschaffung und Versorgung von benachteiligten Zielgruppen. Dabei ist die Idee „Ein Stück Stadt im Haus" richtungsweisend, die versucht, die Vielfalt der Stadtgesellschaft in einem inklusiven Wohnprojekt abzubilden. In den Gebäuden soll eine Mischung von körperlich und psychisch beeinträchtigten Menschen, von benachteiligten Jugendlichen aber auch anderen Wohnungssuchenden mit Wohnberechtigungsschein ein Zuhause finden" (http://www.genius-eg.de/home; abgerufen am 15.07.2024). Ähnlich organisierte Quartiersprojekte für soziales und betreutes Wohnen entstehen ebenfalls in anderen Stadtteilen Berlins; etwa das Kiezquartier Gotenburger Straße, das exemplarisch für das Motto steht: „Public Civil Partnership" (vgl. u. a. https://www.stattbau.de/referenzen).

Auch in anderen Kommunen entstehen neue Kooperationsprojekte zwischen Wohnungsgesellschaften (auch Genossenschaften) und kommunalen sowie teilweise privaten Investoren (Public-Private-Partnership); bspw. im Prinz-Eugen-Park in München: „Die Förderung des Zusammenhalts und räumlicher Möglichkeiten der Bauparteien wird durch die Vernetzung von Nachbar:innen und gemeinschaftlichen Projekten innerhalb des Quartiers gefördert. Das Bauherrenkonsortium gab den Impuls und die Befähigung zur quartiersbezogenen Bewohnerarbeit, woraus das genossenschaftliche Quartiersmanagement entstand" (Reicher et al. 2024, S. 50). Angesichts der weit verbreiteten subjektiven Verunsicherungen und Veränderungserschöpfungen sind sozialintegrierende Gestaltungsoptionen wie Genossenschaften gefragt, die eine **(Re-)Sozialisierung** des Wohnungswesens mitgestalten können. Dadurch werden die sozialen Disparitäten nicht nur eingedämmt, sondern auch der gesellschaftliche Zusammenhalt neu gestärkt. Das Motto auch für die Wohnungsgenossenschaften könnte lauten: „making places out of spaces".

Um genossenschaftliche Wohnformen und kooperative Versorgungsformen in der Daseinsvorsorge stärker zu etablieren und abzusichern, werden eine produktive Kommunikationskultur und positive Narrative (Erzählungen) benötigt. „Es braucht das Vertrauen in die gemeinsame Lösungsorientierung aller Diskursbeteiligten, ohne die verständigungsorientiertes Handeln unmöglich wird. Politische und gesellschaftliche Kommunikation kann dann gelingen, wenn die Beteiligten neugierig sind auf gute Lösungen. Dabei sollen nicht politische Interessen auf dem Altar der Harmonie geopfert werden. Im Gegenteil muss gerade in der harten Auseinandersetzung um Interessen ein gemeinsames Grundverständnis von lösungsorientierter Kommunikation vorhanden sein" (Jarzebski 2023, S. 94). Hierfür müssen „Scharnierpersönlichkeiten" („Treiber") gefunden werden – aber auch ein professionelles Schnittstellenmanagement ist von Bedeutung. Auch wenn es viele Hürden zu überwinden gilt, um neue Wege bei der Lösung der Wohnungsfrage zu realisieren, deuten sich in letzter Zeit aufgrund der zugespitzten sozialen Problemlagen neue **„Allianzen der Willigen"** an, die allerdings Kreativität und Lernbereitschaft bei den Akteuren voraussetzen. Bedacht werden muss zudem, dass in die Besonderheiten der jeweiligen Organisationen und ihrem „Interesse an sich selbst" auch kulturelle Faktoren und gesellschaftliche Leitbilder verwoben sind, die sich gegen Wandlungsprozesse zunächst sträuben können. Wichtig ist deshalb der richtige Zeitpunkt für Innovationen, ein „window of opportunity", und dieser ist bei der neuen sozialen Frage des Wohnens näher gerückt, weil die traditionellen Lösungsmuster versagen. Nun gilt es, Gelegenheitsstrukturen zu schaffen (bspw. durch Modellprojekte), um davon zu lernen und bundesweit gemeinsame Handlungsstrategien zu entwickeln.

Wohnungsgenossenschaften haben in der Vergangenheit bewiesen, welchen Beitrag sie zur Lösung der Wohnungsfrage und des sozialen Zusammenhalts liefern und die geschilderten neuen trägerübergreifenden und sozialraumorientierten Versorgungsformen tragen dazu bei, zukunftsfähige Infrastrukturen aufzubauen. Bei der Schaffung von solchen Ermöglichungsräumen (Inseln des Gelingens) gibt es keinen one best way, auf soziale Konfigurationen und den Eigensinn der beteiligten Akteure ist Rücksicht zu nehmen. Solche **Gelingensfaktoren** sind in den einzelnen Kommunen unterschiedlich anzutreffen und deshalb müssen neben den sozioökonomischen Bedingungen und den jeweiligen Organisationslogiken immer auch die politisch-kulturelle Ebene und die Kommunikationsstrukturen vor Ort betrachtet werden. Über schlüssig erzählte „Vorwärtsgeschichten" (Vogel 2021) lassen sich dann auch Multiplikatoren für innovative Lösungen finden, zumal es in Deutschland inzwischen einen Konsens sowohl in wissenschaftlichen wie politischen Diskursen gibt, dass es weniger Wissens- denn Umsetzungsdefizite gibt. Gefragt ist deshalb: Mut zum Wandel.

Literatur

Abt, J./ Blecken, L./Bock, S./Diringer, J./Fahrenkrug, K. (Hg.), 2022: Von Beteiligung zur Koproduktion. Wege der Zusammenarbeit von Kommune und Bürgerschaft für eine zukunftsfähige kommunale Entwicklung, Wiesbaden
AWO Karlsruhe, o. J.: Gesundheit und Pflege, Karlsruhe
Bayer, K./Flieger, B./Menzel, S./Thürling, M., 2021: Bürgergenossenschaften in den neuen Ländern. Engagiert für das Gemeinwesen, Borsdorf (innova)

Blome-Drees, J./Boggild, N./Degens, P./Michels, J./Schimmele, C./Werner, J., 2015: Potenziale und Hemmnisse von unternehmerischen Aktivitäten in der Rechtsform der Genossenschaft, Düsseldorf/Köln

Blome-Drees, J./Göler von Ravensburg, N./Jungmeister, A./Schmale, I./Schulz-Nieswandt, F. (Hg.), 2023: Handbuch Genossenschaftswesen, Wiesbaden

Blome-Drees, J./Schmale, I., 2019: Genossenschaftsbanken mobilisieren regionale Ressourcen. Die VR-Bank Nordeifel eG als Netzwerkakteur der Regionalentwicklung und Initiator der Eifel DLG eG, in: Zeitschrift für das gesamte Genossenschaftswesen 69. Jhg., H.2, S. 66ff

Brocchi, D., 2018: Quartier „von unten" in: M. Grundmann (Hg.), Gesellschaft von unten, Wiesbaden, S. 157ff.

Brocchi, D., 2023: Quo vadis Quartiersentwicklung? Das Lokale im Spannungsfeld der Transformation, in: R. Kaltenbrunner/O. Schnur (Hg.), Ortsteil und Stadtquartier (Vierteljahreszeitschrift für Stadtgeschichte, Stadtsoziologie, Denkmalpflege und Stadtentwicklung), H. 4/2023, S. 319ff

Bundesverband Wir pflegen e. V., 2024: Häusliche Pflege endlich wirkungsvoll stärken. Von unnutzbaren Leistungsansprüchen zu neuer kommunaler Entlastung, Berlin

BMFSFJ (Bundesministerium für Familie, Senioren, Frauen und Jugend) (Hg.), 2016: Siebter Altenbericht. Sorge und Mitverantwortung in der Kommune – Aufbau und Sicherung zukunftsfähiger Gemeinschaften, Berlin

BVR (Bundesverband der Deutschen Volksbanken und Raiffeisenbanken), 2024: Bericht über das gesellschaftliche Engagement der Genossenschaftlichen FinanzGruppe Volksbanken und Raiffeisenbanken, Berlin

BWGV (Baden-Württembergischer Genossenschaftsverband) (Hg.), 2021: Genossenschaftlich getragene Quartiersentwicklung, Stuttgart

Christmann, G./Federwischer, T., 2019: Soziale Innovationen in Landgemeinden – wie sie entstehen und was sie begünstigt, in: Nachrichten der ARL H. 2, S. 26ff

Decker, R./Selle, K., 2021: Zuhause im Quartier? Eine Einführung, Düsseldorf

Degens, P./Lapschieß, L., 2021: Zivilgesellschaftliches Wirtschaften. Ein konzeptioneller Vorschlag, Wiesbaden

DUCAH (Digital Urban Center for Aging and Health), 2023: Länger besser leben, Berlin

Evers, A., 2017: Lokale Governance. Engagement und die Rolle der Wohlfahrtsverbände, in: F. Hoose/F. Beckmann/A.-L. Schönauer (Hg.): Fortsetzung folgt. Kontinuität und Wandel von Wirtschaft und Gesellschaft, Wiesbaden, S. 231ff

Forum Gemeinschaftliches Wohnen, 2023: Neue Wohnformen – Impulse für ein gemeinwohlorientiertes Bauen und Wohnen, Hannover

FfG (Forschungsgesellschaft für Gerontologie), 2015: Soziale Bürgergenossenschaften: Handlungsempfehlungen auf Basis der Bocholter Erfahrungen, Dortmund

Fontaine-Kretschmer, M. 2024: Eigentümerinteressen und Gemeinwohl – zwei Seiten einer Medaille, (https://www.nhw.de/magazin/artikel/vhw-fachartikel-innenstadtentwicklung)

Friedrich-Naumann-Stiftung/Assmann, D., 2024: Deutschlands Kommunen. Welche Rolle spielt lokale Verbundenheit? Ergebnisse einer aktuellen Umfrage, Potsdam-Babelsberg

Gaub, F., 2024: „Wer Angst hat, kann nicht nach vorne denken", Interview mit Florence Gaub in: Die Zeit v. 8. 2. 2024, S. 27

GdW (Hg.), 2024: Gesellschaftlichen Zusammenhalt langfristig sichern – Bezahlbares Wohnen und Transformation ermöglichen!, Berlin

Göler von Ravensburg, N., 2023: Genossenschaften im Spannungsfeld von Wirtschaft und Gesellschaft, in: J. Blome-Drees et al (Hg.), Handbuch Genossenschaftswesen, a.a.O., S. 989ff

Gottschlich, D., 2022: Transformation, in: F. Kessl/C. Reutlinger (Hg.), Sozialraum. Eine elementare Einführung, Wiesbaden, S. 679ff

Hanrath, S., 2011: Selbstbestimmung in Gemeinschaft – Wohnungs- und Sozialgenossenschaften als Zukunftsoption, in: M. Allgeier (Hg.), Solidarität, Flexibilität, Selbsthilfe: Zur Modernität der Genossenschaftsidee, a.a.O., S. 121ff

Hatzfeld, U./Weis, P., 2021: Die „neuen Innenstädte": zwischen Multifunktionalität und Gemeingut, Friedrich-Ebert-Stiftung WISO-Direkt 14/2021, Bonn

Heinelt, H./Terizakis, G., 2021: Warum sind einige Städte innovativer als andere? Eine Antwort auf der Grundlage eines interpretativen Konzepts, in: B. Egner/H. Heinelt/N.-K. Hlépas (Hg.), Bedingungen lokaler Innovationen. Zur Bedeutung von kommunikativen Mechanismen und lokalen Narrativen, Baden-Baden, S. 33ff

Heinze, R. G., 2020: Gesellschaftsgestaltung als Neujustierung von Zivilgesellschaft, Staat und Markt, Wiesbaden

Heinze, R. G./Drewing, E., 2021: Das Quartier: soziologische Annäherungen an einen schillernden Begriff, in: C. Reicher/A. Schmidt (Hg.), Handbuch Energieeffizienz im Quartier, Wiesbaden, S. 31ff

Heinze, R. G./Kurtenbach, S./Üblacker, J. (Hg.), 2019: Digitalisierung und Nachbarschaft, Baden-Baden

Heinze, R. G./Schupp, J., 2022: Grundeinkommen – Von der Vision zur schleichenden sozialstaatlichen Transformation, Wiesbaden

Heinze, R.G./Beckmann, F./Hoose, F./Schönauer, A.-L., 2017: „Ich mach' mein Ding" – Wie Subjektivierung und Digitalisierung das soziale Engagement verändern, in: Bonner Akademie für Forschung und Lehre praktischer Politik (BAPP) (Hg.): Integration vor Ort. Praxiserfahrungen aus dem Ruhrgebiet, Bonn, S. 20ff

Helbig, M., 2023: Hinter den Fassaden. Zur Ungleichverteilung von Armut, Reichtum, Bildung und Ethnie in den deutschen Städten, Discussion Paper 2023-003, Wissenschaftszentrum Berlin

Hoffmann, M., 2019: Wohnen, Leben, Arbeiten im Hunziker Areal in Zürich. Strukturen – Prozesse – Erfahrungen, Zürich

Hohendanner, C./Rocha, J./Steinke, J., 2024: Vor dem Kollaps!? Beschäftigung im sozialen Sektor, Berlin/Boston

Hombach, B./Heinze, R. G./Hüther, M. (Hg.), 2022: Auffällig unauffällig? Wahrnehmungen, Mediennutzung und politische Einstellungsmuster im Ruhrgebiet, Baden-Baden

Jansen, S. A. 2024: Nah-Versorgung, in: brandeins 19/2021, S. 96f https://www.brandeins.de/magazine/brand-eins-wirtschaftsmagazin/2024/naehe/nah-versorgung.

Jarzebski, S., 2023: Transformation erzählen: Welche Sprache braucht die Krisenbewältigung?, in: K.-R. Korte/P. Richter/A. von Schuckmann (Hg.), Regieren in der Transformationsgesellschaft. Impulse aus Sicht der Regierungsforschung, Wiesbaden, S. 89ff

Kemna, K., 2022: Auf dem Weg zum Netzwerkmanager? Institutioneller Wandel der Kommunalverwaltungen in der lokalen Pflegelandschaft in Nordrhein-Westfalen, Weinheim

Kessl, F./Reutlinger, C. (Hg.), 2022: Sozialraum. Eine elementare Einführung, Wiesbaden

Kiesswetter, O., 2023: Die Entwicklung des zweiten Förderauftrages italienischer Genossenschaften, in: J. Blome-Drees et al. (Hg.), Handbuch Genossenschaftswesen, a.a.O., S. 1071ff

Kitzmann, R., 2019: Über den Bestand hinaus: Wohnungsgenossenschaften als sozialer Akteur im Quartier!?, in: Zeitschrift für Immobilienwissenschaft und Immobilienpraxis (ZIWP), Jg. 7, Nr. 1, S. 33ff

Klie, T./Wernicke, F./Lissek, K., 2018: Daseinsvorsorge neu gedacht: Bürgergenossenschaften – gemeinwohlorientiert, demokratisch, zukunftssicher, in: GENOGRAPH H. 10/2018, S. 53f

Kluth, W., 2019: Nachhaltige Infrastrukturen als Handlungsfeld für Genossenschaften, in: R. G. Heinze,/U. Paetzel/T. Bölting (Hg.), Wasser, Wohnen, Werte, a. a. O., S. 12ff

Kluth, W., 2023: Genossenschaften und Co-Produktion in der Daseinsvorsorge der kommunalen Gewährleistungsstaatlichkeit, in: J. Blome-Drees (Hg.), Handbuch Genossenschaftswesen, a.a.O., S. 1049ff

Koch, A., 2022: Rurale Emanzipation muss lokal und eigenständig sein. Genossenschaften und eHealth-Dienste als Umsetzungsbeispiele, in: B. Belina/A. Kallert. M. Mießner/M. Naumann (Hg.) Ungleiche ländliche Räume, Bielefeld, S. 321ff

König, B., 2004. Stadtgemeinschaften: Das Potenzial der Wohnungsgenossenschaften für die soziale Stadtentwicklung. Berlin

Körber Stiftung, 2024: Engagiert euch, Boomer! Das Potenzial der Älteren für unsere Kommunen, Hamburg

Kühn, I./Kuhn, D./Tahmaz, B., 2024: Engagement im Wandel. Wie sich Formen und Orte der Zivilgesellschaft verändern – Empfehlungen für neue Förderstrategien, Essen (hg. vom Stifterverband für die Deutsche Wissenschaft)

Kurtenbach, S., 2024: Soziologie der Nachbarschaft Reflexionen und Befunde zu einer alltäglichen Selbstverständlichkeit, Frankfurt/New York

Lübbers, A, 2024: Komm, wir kaufen unsere Kneipe, in: Kommunal H. 7/8, S. 39ff

Mau, S./Lux, T./Westheuser, L., 2023: Triggerpunkte. Konsens und Konflikt in der Gegenwartsgesellschaft, Berlin

Micken, S./Moldenhauer, J./Blome-Drees, J., 2023: Commons, Commoning und Genossenschaften, in: J. Blome-Drees et al. (Hg.), Handbuch Genossenschaftswesen, a.a.O., S. 271ff

Minor: von Oswald, A:/Montero, M./Siegert, W./Pfeffer-Hoffmann, C., 2020: Herausforderung: Zusammenleben im Quartier. Vertiefungsstudie 2020 (i. A. des GdW), Berlin

Nährlich, S., 2023: Beim Thema Zivilgesellschaft fehlt dem Staat der Kompass, in: Stiftung & Sponsoring, H. 03.23, S. 6ff

Naumer (Hg.), Vermögensbildungspolitik, Wiesbaden, S. 303ff

Offe, C./Heinze, R. G., 1990: Organisierte Eigenarbeit. Das Modell Kooperationsring, Frankfurt/New York

Oswald, F./Wahl, H.-W., 2016: Alte und neue Umwelten des Alterns – Zur Bedeutung von Wohnen und Technologie für Teilhabe in der späten Lebensphase. in: Naegele, G./Olbermann, E./Kuhlmann, A. (Hg.), Teilhabe im Alter gestalten, Wiesbaden, S. 113ff

Paetzel, U., 2023: Die Emscher – Erinnerungsort und Zukunftswerkstatt, in: W. Roters/H. Gräf/H. Wollmann (Hg.), Zukunft denken und verantworten. Herausforderungen für Politik, Wissenschaft und Gesellschaft im 21. Jahrhundert, Wiesbaden (2., erw. Auflage), S. 749ff

Prytula, M./Lutz, M./Helfrich, S./Kleemann, M./Bölting, T./Katny, M./Ortiz, A., 2023: Infrastrukturen des Gemeinsamen in der gemeinwohlorientierten Quartiersentwicklung, Bonn (BBSR)

Rappen, H., 2022: Koproduktion kommunaler Daseinsvorsorge – Chancen und Risiken, in: J. Abt/ L. Blecken/S. Bock/J. Diringer/K. Fahrenkrug (Hg.), Von Beteiligung zur Koproduktion. Wege der Zusammenarbeit von Kommune und Bürgerschaft für eine zukunftsfähige kommunale Entwicklung, Wiesbaden, S. 269ff

Reifschneider, A./Müller, T., 2024: Empfehlungen für eine genossenschaftlich getragene Quartiersentwicklung, in: Zeitschrift für das gesamte Genossenschaftswesen 74. Jhg., H. 2, S. 124ff

Reicher, C. et al, 2024: Gemeinsam Wirken. Impulse für die Zusammenarbeit zwischen Kommunen und Immobilienwirtschaft, Aachen

Reutlinger, C./Stiehler, S./Lingg, E. (Hg.), 2017: Soziale Nachbarschaften. Geschichte, Grundlagen, Perspektiven, Wiesbaden

Reutlinger, C./Lingg, E., 2021: Soziale Räumlichkeit des Wohnens, in: F. Eckardt/S. Meier (Hg.), Handbuch Wohnsoziologie, a.a.O., S. 157ff

Rothgang, H./Kalwitzki, T., 2019: Alternative Ausgestaltung der Pflegeversicherung – Abbau der Sektorengrenzen und bedarfsgerechte Leistungsstruktur, Universität Bremen/ Initiative Pro-Pflegereform (Gutachten)

Rothgang, H./Müller, R., 2021: BARMER Pflegereport 2021. Wirkungen der Pflegereformen und Zukunftstrends, Berlin

Sabel, C.F., 2012: Individualised service provision and the new welfare state: Are there lessons from Northern Europe for developing countries?, in: de Mello, L./Dutz, M.A. (Eds.), Promoting Inclusive Growth, Challenges and Policies, OECD Publishing, S. 75ff

Sabel, C.F./Zeitlin, J./Quack, S., 2017: Capacitating Services and the Bottom-Up Approach to Social Investment, in: Hemerijck, A. (Ed.), The Uses of Social Investment, Oxford, S. 140ff

Schneidewind, U., 2024: Gemeinwohlorientierte Innenstadtentwicklung, in: vhw (Hg.), Forum Wohnen und Stadtentwicklung H. 5/2024, S. 237ff

Schnur, O., 2021: Wohnen in (der) Nachbarschaft, in: F. Eckardt/S. Meier (Hg.), Handbuch Wohnsoziologie, a.a.O., S. 233ff

Schubert, H. (Hg.), 2019: Integrierte Sozialplanung für die Versorgung im Alter. Grundlagen, Bausteine, Praxisbeispiele, Wiesbaden

Schubert, P./Tahmaz, B./Krimmer, H., 2023: Zivilgesellschaft in Krisenzeiten: Politisch aktiv mit geschwächten Fundamenten, Essen

Schulz-Nieswandt, F./Köstler, U./Langenhorst, F./Marks, H., 2012: Neue Wohnformen im Alter, Stuttgart

Schulz-Nieswandt, F., 2023: Genossenschaft, Sozialraum, Daseinsvorsorge, Baden-Baden

Siebel, W., 2010: Wohnen, in: D. Henckel/K. von Kuczkowski/P. Lau/E. Pahl-Weber/ F. Stellmacher (Hg.), Planen – Bauen – Umwelt. Ein Handbuch, Wiesbaden, S. 567ff

Sittler. L., 2024: Miteinander der Generationen – Herausforderung und Chancen mit Seniorengenossenschaften, Vortrags-MS, Berlin

Storm, A. (Hg.), 2024: Pflegereport 2024 (Verf.: T. Klie), Hamburg/Freiburg

Streeck, W., 2019: Vorwort zur deutschen Ausgabe, in: Foundational Economy Collective, Die Ökonomie des Alltagslebens. Für eine neue Infrastrukturpolitik, Berlin, S. 7ff

Theurl, T., 2020: Genossenschaften und Wohneigentum, in: Aus Politik und Zeitgeschichte (APuZ), H. 41, S. 33ff

Thürling, M., 2014: Genossenschaften im Dritten Sektor: Situation, Potentiale und Grenzen. Im Spannungsverhältnis zwischen Wirtschaftlichkeit und sozialer Zielsetzung, Berlin (WZB Discussion Paper, No. SP V 2014-301)

Thürling, M./Bayer, K., 2023: Bürgergenossenschaften und Engagementförderung: Unterstützungsangebote und Vernetzungspotenziale, DSEE

Vogel, H.-J., 2021: Der ländliche Raum in der Metamorphose – Räume nicht verteidigen, sondern regionale Innovationsprozesse anstoßen und unterstützen, in: M. Junkernheinrich, M./Lorig, W.-H./Masser, K. (Hg.): Brennpunkte der Kommunalpolitik in Deutschland, Baden-Baden, S. 381ff

Vogt-Janssen, D., 2015: Von einer versäulten Versorgungsstruktur zu einem bedürfnisgerechten Sozialraum. Die kommunale Daseinsvorsorge vor neuen Aufgaben. In: B. Becher/M. Hölscher (Hg.): Wohnen und die Pflege von Senioren, Hannover, S.349ff

Walk, H., 2019: Genossenschaften als alte und neue Player, in: M. Freise/A. Zimmer (Hg.), Zivilgesellschaft und Wohlfahrtsstaat im Wandel, Wiesbaden, S. 123ff

Wössner, U. (Hg.), 2020: Sozialraumorientierung als Fachkonzept Sozialer Arbeit und Steuerungskonzept von Sozialunternehmen Grundlagen – Umsetzungserfordernisse – Praxiserfahrungen, Wiesbaden

Ausblick auf eine Neuvermessung der Wohnungsgenossenschaften

Die vorstehenden Kapitel haben deutlich gemacht, dass die Behandlung der Wohnungsfrage auch viele Einsichten über gegenwärtige soziale Problemlagen und grundlegende gesellschaftliche Wandlungsprozesse vermittelt. Die konkreten Zukunftsaussichten für Wohnungsgenossenschaften zeichnen sich deshalb durch ein komplexes Zusammenspiel gesellschaftlicher, ökologischer und wirtschaftlicher Veränderungen aus. Wohnungsgenossenschaften stehen vor der Aufgabe, sich an die dynamischen Rahmenbedingungen anzupassen und gleichzeitig ihre Grundwerte von Gemeinwohlorientierung und demokratischer Mitbestimmung zu bewahren. Die Wiederentdeckung der Genossenschaften als Organisationsform gemeinwohlorientierten Wirtschaftens hängt sicherlich mit der demokratischen Organisationsstruktur zusammen, allerdings wird auch in der Forschung auf die konkrete Auslegung des Genossenschaftsgedankens Wert gelegt. Denn in der Realität zeichnen sich auch die Wohnungsgenossenschaften durch eine Vielschichtigkeit aus. Sie stehen im **Spannungsverhältnis**, nur die Mitgliederinteressen (bspw. der Wohnungsnutzer) zu vertreten, also ein „Club" zu sein und dem Anspruch einer zivilgesellschaftlich motivierten Gemeinwohlorientierung (vgl. Degens und Lapschieß 2021 sowie Teilgabe-Team 2024). Der Gemeinwohlbezug, der die Genossenschaftsbewegung historisch auszeichnete, dürfte durch die angesprochenen neuen Formen vernetzter Versorgung im Quartier und die Kooperation mit Trägern der Wohlfahrtspflege und den Kommunen (bspw. im Feld des Wohnens im Alter) in den nächsten Jahren wieder an Bedeutung gewinnen. Trotz vielfältiger Aktivtäten fehlt allerdings eine wissenschaftlich fundierte Informationsbasis für die Schaffung und Umsetzung solch zukunftsfähiger Konzepte. Hier wäre es auch spannend, die experimentellen Erfahrungen realisierter Projekte zu evaluieren und integrierte, wirkungsorientierte Geschäftsmodelle zu entwickeln.

R. G. Heinze, D. Wilde, *Wohnungsgenossenschaften*, https://doi.org/10.1007/978-3-658-47197-2_9

Richtet man den Blick auf Wohnungsgenossenschaften als **Mitgliedsunternehmen**, dann wird es angesichts steigender Anforderungen und Erwartungen ihrer Mitglieder essenziell, neue Wege der Mitgliederbeteiligung und der nachhaltigen Bewirtschaftung zu entwickeln, um den zunehmenden Herausforderungen gerecht zu werden. Dabei stehen die Wohnungsgenossenschaften, eingebettet in die Immobilienwirtschaft, vor spezifischen Hürden: Langfristig orientierte Organisationen wie Genossenschaften sind auf stabile und verlässliche Rahmenbedingungen angewiesen. Das ständige Hin und Her der politischen Maßnahmen und der wiederholte Wandel der rechtlichen Vorgaben in den letzten Jahren, wie auch die aktuellen Unsicherheiten infolge der politischen Umbrüche in der Bundesregierung, erschweren die Planbarkeit und führen zu Instabilität in einem Bereich, der nachhaltige und verlässliche Strukturen benötigt.

Die **ökologische Dimension** stellt eine weitere zentrale Herausforderung dar, weil die Notwendigkeit zur Reduktion von Treibhausgasemissionen und die Anpassung an die Klimakrise auch den Gebäudebestand betrifft. Wohnungsgenossenschaften könnten eine Vorreiterrolle bei der Implementierung klimafreundlicher Technologien einnehmen, indem sie vermehrt auf energieeffiziente Sanierungen und erneuerbare Energien setzen. Dies erfordert jedoch nicht nur finanzielle Investitionen, sondern auch die Akzeptanz und Unterstützung der Mitglieder, deren Erwartungen an ökologisches Wohnen und Nachhaltigkeit zunehmend in den Vordergrund rücken. Die Umsetzung solcher Maßnahmen wird jedoch durch die bestehenden finanziellen und regulatorischen Rahmenbedingungen erschwert. Insbesondere die kleinen und mittleren Wohnungsgenossenschaften stehen vor der Herausforderung, die finanziellen Belastungen zu bewältigen, die mit der Erreichung anspruchsvoller Klimaschutzziele einhergehen. Ein langfristig tragfähiges Finanzierungskonzept, möglicherweise unterstützt durch staatliche Förderungen und den Abbau bürokratischer und regulatorischer Vorgaben, könnte die Umsetzung solcher Projekte erleichtern und gleichzeitig den Genossenschaften helfen, ihre Gemeinwohlorientierung auch in Zukunft aufrechtzuerhalten.

Parallel zur ökologischen Transformation müssen Wohnungsgenossenschaften auch den **demografischen Wandel** und die damit verbundenen Veränderungen der Wohnbedürfnisse berücksichtigen. Die alternde Bevölkerung sowie der Zuzug neuer sozialer Gruppen stellen die Genossenschaften vor neue Anforderungen, insbesondere hinsichtlich der Bereitstellung von barrierefreiem und altersgerechtem Wohnraum sowie der Förderung von sozialer Integration. Wohnungsgenossenschaften könnten hierbei eine Schlüsselrolle spielen, indem sie gemeinschaftliche Wohnformen und Nachbarschaftsprojekte fördern, die nicht nur den sozialen Zusammenhalt stärken, sondern auch den individuellen Wohnbedürfnissen gerecht werden. Diese Maßnahmen bieten nicht nur den Mitgliedern ein hohes Maß an

Sicherheit und Geborgenheit, sondern tragen auch zu einem stabilen und widerstandsfähigen sozialen Umfeld bei. Zudem eröffnet die Digitalisierung Potenziale für eine stärkere Mitgliederbeteiligung und effizientere Verwaltung. Digitale Kommunikations- und Abstimmungstools könnten die Transparenz und die Mitsprachemöglichkeiten der Mitglieder erhöhen, während der administrative Aufwand in den Genossenschaften gesenkt werden könnte. Diese Entwicklungen könnten eine neue Form von Partizipation ermöglichen, die insbesondere jüngere Generationen anspricht. Als Hürden stellen sich hier derzeit allerdings noch ein intransparenter bzw. unübersichtlicher Markt an digitalen Produkten sowie fehlende Ressourcen und Knowhow für eine flächendeckende Umsetzung digitaler Projekte dar.

Eine weitere zentrale Herausforderung wird die Sicherstellung von **bezahlbarem Wohnraum** sein. Angesichts steigender Bau- und Instandhaltungskosten, steigender Investitionszwänge sowie eines stark angespannten Wohnungsmarkts werden viele Genossenschaften gezwungen sein, stärker zwischen sozial Wünschenswertem und wirtschaftlich Machbarem abzuwägen. Die Einbindung der Mitglieder in diese Prozesse könnte dazu beitragen, neue Ansätze zu entwickeln, die einerseits die finanzielle Belastung der Genossenschaften verringern und andererseits den Erhalt erschwinglicher Mietpreise gewährleisten; zumindest aber Akzeptanz für den eingeschlagenen Weg zu schaffen. Eine engere Zusammenarbeit mit behördlichen Institutionen und weiteren Kooperationspartnern (wie Stadtwerken oder Bürgerenergiegenossenschaften) wird ebenfalls von Vorteil sein, um Projekte im Bereich des bezahlbaren Wohnens zu realisieren, die Energiewende voranzutreiben und gleichzeitig – trotz enger werdender Handlungsspielräume und Ressourcen – den genossenschaftlichen Prinzipien treu zu bleiben. Hier zeigt sich ein Bedarf an interdisziplinärer Forschung, die untersucht, wie solche Kooperationsmodelle für Wohnungsgenossenschaften gestaltet werden können.

Die komplexen Anforderungen an die Führung und das **Management** von Wohnungsgenossenschaften werden zunehmend als Herausforderung wahrgenommen, insbesondere im Hinblick auf die Balance zwischen der Einhaltung genossenschaftlicher Werte und der Anpassung an schwierige betriebswirtschaftliche Bedingungen. Die Entscheidungsprozesse innerhalb der Genossenschaften müssen darauf ausgelegt sein, schnell und flexibel auf Veränderungen im sozialen und ökologischen Umfeld reagieren zu können, ohne die Interessen der Mitglieder aus den Augen zu verlieren. Führungskräfte in Wohnungsgenossenschaften müssen daher nicht nur betriebswirtschaftliche, technische und rechtliche Kenntnisse besitzen, sondern auch die Fähigkeit, die Werte der Genossenschaft in die heutige Zeit zu übertragen und dabei die Mitglieder aktiv einzubinden. Ein tiefer gehendes Verständnis der Einstellungen und Erwartungen der Genossenschaftsmitglieder könnte dabei helfen, maßgeschneiderte Angebote und Lösungen zu entwickeln – auch in

Hinblick auf Kommunikation und Partizipation – die den spezifischen Anforderungen der jeweiligen Mitgliedergemeinschaft gerecht werden. Angesichts der vielfältigen und dynamischen Herausforderungen ist weiterer Forschungsbedarf angezeigt. Einerseits bedarf es einer detaillierten Untersuchung der **Erwartungen der Mitglieder** an ihre Wohnungsgenossenschaften, insbesondere zu den Themen Klimaschutz, Wohnbedürfnisse, Partizipation, Quartiersbezug und Bezahlbarkeit. Eine bessere Datenlage zu diesen Erwartungen könnte den Genossenschaften helfen, ihre Angebote und Strategien gezielt anzupassen und die Mitgliederzufriedenheit langfristig zu sichern. Andererseits sind auch die Wahrnehmungen und Einstellungen genossenschaftlicher Entscheidungsträger zu den aktuellen Herausforderungen und Entwicklungen ein wichtiger Forschungsbereich, da ihre Sichtweisen und Handlungsstrategien maßgeblich die Anpassungsfähigkeit und Innovationskraft der Genossenschaften beeinflussen. Weitere empirische Forschung könnte aufzeigen, inwieweit sich die Entscheidungsträger auf die Anforderungen einer „polykrisenhaften" Gesellschaft eingestellt haben und welche Strategien sie zur Bewältigung künftiger Herausforderungen verfolgen.

Ebenso ist die Politik gefordert, das genossenschaftliche Potenzial stärker aufzugreifen und gezielt zu fördern. Die bestehenden Wohnungsgenossenschaften in Deutschland benötigen spezifische **Unterstützung**, um die Herausforderungen im Bereich Klimaschutz, demografische Veränderung und Digitalisierung bewältigen zu können. Staatliche Maßnahmen, die auf die besonderen Bedürfnisse und Strukturen der Genossenschaften zugeschnitten sind, könnten wesentlich dazu beitragen, dass die Genossenschaften weiterhin bezahlbaren und sicheren Wohnraum bieten. Dies umfasst gezielte Förderprogramme für die energetische Sanierung, Erleichterungen bei der Entwicklung neuer Geschäftsmodelle sowie den bevorzugten Zugang zu kommunalen Bauflächen. Ein stärkeres politisches Engagement könnte nicht nur die Handlungsspielräume der Genossenschaften erweitern, sondern auch zur Erreichung gesellschaftlicher Ziele wie sozialer Integration und ökologischer Nachhaltigkeit beitragen. Für die Sicherung der Zukunftsfähigkeit des genossenschaftlichen Wohnens wird es entscheidend sein, dass die politischen und rechtlichen Rahmenbedingungen an die Anforderungen der Wohnungsgenossenschaften angepasst und stabil gehalten werden, um die dringend erforderliche Planungssicherheit für diese langfristig ausgerichteten Akteure zu gewährleisten.

Wohnungsgenossenschaften haben das Potenzial, auch in Zukunft einen stabilisierenden Beitrag zur Lösung der **Wohnkrise** und zur Förderung des sozialen Zusammenhalts zu leisten. Um diese Rolle erfolgreich auszufüllen, wird es jedoch erforderlich sein, flexibel auf gesellschaftliche und ökologische Veränderungen zu reagieren und die genossenschaftlichen Grundwerte an die Herausforderungen der neuen Zeit anzupassen. In einer zunehmend unsicheren und komplexen Umwelt wird das genossenschaftliche Modell durch seine Orientierung am Gemeinwohl und an demokratischen Prozessen einen wichtigen Platz einnehmen können, sofern es gelingt, die Erwartungen und Bedürfnisse der Mitglieder angemessen zu integrieren und die inneren Strukturen auf die aktuellen und zukünftigen Anforderungen auszurichten.

Literatur

Degens, P./Lapschieß, L., 2021: Zivilgesellschaftliches Wirtschaften. Ein konzeptioneller Vorschlag, Wiesbaden

Teilgabe-Team, 2024: Kooperatives Wirtschaften in der Zivilgesellschaft, Frankfurt/New York

Literatur

Abschlussbericht (Hg. vom Zentrum Liberale Moderne) (2021): Kommission Sicherheit im Wandel – Gesellschaftlicher Zusammenhalt in Zeiten stürmischer Veränderungen, Stuttgart/Berlin

Abt, J./ Blecken, L./Bock, S./Diringer, J./Fahrenkrug, K. (Hg.), 2022: Von Beteiligung zur Koproduktion. Wege der Zusammenarbeit von Kommune und Bürgerschaft für eine zukunftsfähige kommunale Entwicklung, Wiesbaden

Ahles, L., 2017: Konkurrenz oder Kooperation? Genossenschaften und Perspektiven der Wohlfahrtsverbände, in: I. Schmale/J. Blome-Drees (Hg.), Genossenschaft innovativ, a.a.O., S. 111ff

Allgeier, M. (Hg.), 2011: Solidarität, Flexibilität, Selbsthilfe. Zur Modernität der Genossenschaftsidee, Wiesbaden

Allmendinger, J., 2019: 2019. Eine Art Lügendetektor, Interview in: Die Zeit v. 8. Mai, S. 70

Anger, H., 2024: Der geplatzte Traum vom „schöner Wohnen", in: Handelsblatt v. 29.11. 2024

Apelt, M./Tacke, V. (Hg.), 2023: Handbuch Organisationstypen, Wiesbaden

Apitzsch, B./Ruiner, C. 2022: Genossenschaften von Solo-Selbstständigen als neue Arbeitsmarktorganisationen, in: Zeitschrift für Soziologie H. 1, S. 6ff

ARGE eV (Hg.), 2022: Wohnungsbau: Die Zukunft des Bestandes. Bauforschungsbericht Nr. 82, Kiel

ARGE eV (Hg.), 2024: Wohnungsbau 2024 in Deutschland: Kosten – Bedarf – Standards. Bauforschungsbericht Nr. 88, Kiel

Arnold, N., 2023: Genossenschaften. In: Apelt, M., Tacke, V. (eds) Handbuch Organisationstypen. Springer VS, Wiesbaden

AWO Karlsruhe, o. J.: Gesundheit und Pflege, Karlsruhe

Baiges, C./Ferreri, M./Vidal, L., 2019: International policies to promote cooperative housing, Barcelona

Balmer, I./Bernet, T., 2017: Selbstverwaltet bezahlbar wohnen? Potenziale und Herausforderungen genossenschaftlicher Wohnprojekte, in: B. Schönig et al. (Hg.), Wohnraum für alle?!, a.a.O., S. 259ff

Baringhorst, S., 2022: Digitalisierung, Gemeinsinn und zivilgesellschaftliches Engagement, in: C. Hiebaum (Hg.), Handbuch Gemeinwohl, a.a.O., S. 573ff

Baumann, K., 2023: Der Einfluss genossenschaftlicher Anbieterstrukturen auf Wohnungspreise und Qualität – Ergebnisse einer empirischen Analyse, Münster

Bayer, K./Flieger, B./Menzel, S./Thürling, M., 2021: Bürgergenossenschaften in den neuen Ländern. Engagiert für das Gemeinwesen, Borsdorf (innova)

BBSR, 2016: Wohnungsgenossenschaften als Partner der Kommunen. Bonn

BBSR (Maretzke/Hoymann/Schlömer), 2024: Raumordnungsprognose 2045. Bevölkerungsprognose, Bonn

Beckert, J., 2024: Verkaufte Zukunft. Warum der Kampf gegen den Klimawandel zu scheitern droht, Berlin

Beckmann, F./Spohr, F., 2022: Arbeitsmarkt und Arbeitsmarktpolitik. Grundlagen, Wandel, Zukunftsperspektiven, München

Bertelsmann Stiftung, 2024: Gesellschaftlicher Zusammenhalt in Deutschland 2023, Gütersloh

Beuerle, I., 2014: Wohnungsgenossenschaften im gesellschaftlichen Wandel, Berlin

Beuerle, I./Mändle, E./Mändle, M., 2005: Grundriss der Wohnungsgenossenschaften, Hamburg

Beuerle, I./Mändle, E./Mändle, M., 2022: Grundriss der Wohnungsgenossenschaften, in: M. Mändle (Hg.), Handbuch Immobilienwirtschaft, a.a.O., S. 587ff

Blokland, T., 2024: Gemeinschaft als urbane Praxis, Bielefeld

Blome-Drees, J., 2018: Genossenschaften - Zivilgesellschaft – Gemeinwohlorientierung, in: Zeitschrift für das gesamte Genossenschaftswesen 68. Jhg., H.4, S. 235ff

Blome-Drees, J., 2023: Konzeptionelle Überlegungen zu einer Besonderen Betriebswirtschaftslehre der Genossenschaften als Führungslehre, in: J. Blome-Drees et al. (Hg.), Handbuch Genossenschaftswesen, a.a.O., S. 57ff

Blome-Drees, J./Boggild, N./Degens, P./Michels, J./Schimmele, C./Werner, J., 2015: Potenziale und Hemmnisse von unternehmerischen Aktivitäten in der Rechtsform der Genossenschaft, Düsseldorf/Köln

Blome-Drees, J./Schmale, I., 2019: Genossenschaftsbanken mobilisieren regionale Ressourcen. Die VR-Bank Nordeifel eG als Netzwerkakteur der Regionalentwicklung und Initiator der Eifel DLG eG, in: Zeitschrift für das gesamte Genossenschaftswesen 69. Jhg., H.2, S. 66ff

Blome-Drees, J./Thimm, P./Wieg, A., 2023: Genossenschaftliche Geschäftsmodelle – Semantik, Morphologie und Typologie, in: Blome-Drees et al. (Hg.), Handbuch Genossenschaftswesen, a.a.O., S. 363ff

Blome-Drees, J./Göler von Ravensburg, N./Jungmeister, A./Schmale, I./Schulz-Nieswandt, F. (Hg.), 2023: Handbuch Genossenschaftswesen, Wiesbaden

Blome-Drees, J./Thimm, P., 2024: Mia san mia – Wie ein Dorf im Spessart den Bäckereibetrieb selbst in die Hand genommen hat, in: Sozialer Fortschritt, 73. Jhg., H. 10, S. 745ff

BMAS (Bundesministerium für Arbeit und Soziales) (Hg.), 2021: Lebenslagen in Deutschland. Der Sechste Armuts- und Reichtumsbericht der Bundesregierung, Berlin

BMFSFJ (Bundesministerium für Familie, Senioren, Frauen und Jugend) (Hg.), 2016: Siebter Altenbericht. Sorge und Mitverantwortung in der Kommune – Aufbau und Sicherung zukunftsfähiger Gemeinschaften, Berlin

BMJ (Bundesministerium der Justiz) (Hg.), 2024: Entwurf eines Gesetzes zur Stärkung der genossenschaftlichen Rechtsform, Berlin

BMVBW (Bundesministerium für Verkehr, Bau- und Wohnungswesen) (Hg.), 2004: Wohnungsgenossenschaften: Potenziale und Perspektiven, Berlin

BMWK (Bundesministerium für Wirtschaft und Klimaschutz) (Hg.), 2024: Gleichwertigkeitsbericht 2024, Berlin

Bölting, T./ Heinze, R. G./Schewerda, A./Vogelsang, E., 2015: Bezahlbarer Wohnraum für Starterhaushalte – Wohnen in Genossenschaften, Bochum (InWIS)

Böttiger, J.-M., 2009: MemberValue für Wohnungsgenossenschaften, Münster

Brand, T./Follmer, R./Unzicker, K., 2020: Gesellschaftlicher Zusammenhalt in Deutschland 2020. Eine Herausforderung für uns alle. Ergebnisse einer repräsentativen Bevölkerungsstudie, Gütersloh

Brocchi, D., 2018: Quartier „von unten" in: M. Grundmann (Hg.), Gesellschaft von unten, Wiesbaden, S. 157ff

Brocchi, D., 2023: Quo vadis Quartiersentwicklung? Das Lokale im Spannungsfeld der Transformation, in: R. Kaltenbrunner/O. Schnur (Hg.), Ortsteil und Stadtquartier (Vierteljahreszeitschrift für Stadtgeschichte, Stadtsoziologie, Denkmalpflege und Stadtentwicklung), H. 4/2023, S. 319ff

Bundesverband Wir pflegen e. V., 2024: Häusliche Pflege endlich wirkungsvoll stärken. Von unnutzbaren Leistungsansprüchen zu neuer kommunaler Entlastung, Berlin

BVR (Bundesverband der Deutschen Volksbanken und Raiffeisenbanken), 2024: Bericht über das gesellschaftliche Engagement der Genossenschaftlichen FinanzGruppe Volksbanken und Raiffeisenbanken, Berlin

BWGV (Baden-Württembergischer Genossenschaftsverband) (Hg.), 2021: Genossenschaftlich getragene Quartiersentwicklung, Stuttgart

Christmann, G./Federwischer, T., 2019: Soziale Innovationen in Landgemeinden – wie sie entstehen und was sie begünstigt, in: Nachrichten der ARL H. 2, S. 26ff

Decker, R./Selle, K., 2021: Zuhause im Quartier? Eine Einführung, Düsseldorf

Degens, P./Lapschieß, L., 2021: Zivilgesellschaftliches Wirtschaften. Ein konzeptioneller Vorschlag, Wiesbaden

Degens, P./Schimmele, C., 2023: Genossenschaftliche Gründungsprozesse. Anforderungen und Gestaltungsoptionen, in: J. Blome-Drees et al. (Hg.), Handbuch Genossenschaftswesen, a.a.O., S. 573ff

Deimling, H., 2021: Führung und New Work, Freiburg

Deutscher Städte und Gemeindebund/Deutsches Institut für Urbanistik (Hg.), 2020: Kommunen innovativ. Ansätze für eine zukunftsorientierte Entwicklung von Städten und Gemeinden, Berlin

DGRV (Deutscher Genossenschafts- und Raiffeisenverband), 2023 oder auch 2022(?): Zahlen und Fakten der Genossenschaften in Deutschland, Berlin

Doluschitz, R., 2021: Krisen und Engpässe – Genossenschaften als Gewinner?, in: Zeitschrift für das gesamte Genossenschaftswesen, H. 1, S. 1ff

Dörfler, A., 2021: Wohlstand durch Genossenschaften mit Purpose, Values und Impact, in: H.-J. Naumer (Hg.), Vermögensbildungspolitik, Wiesbaden, S. 303ff

DUCAH (Digital Urban Center for Aging and Health), 2023: Länger besser leben, Berlin

DZ HYP (Hg.) 2024: Wohnimmobilienmarkt Deutschland 2024 | 2025, Hamburg/Münster

Eckardt, F./Meier, S. (Hg.) 2021: Handbuch Wohnsoziologie, Wiesbaden

Egner, B./Grohs, S./Robischon, T. (Hg.), 2021: Die Rückkehr der Wohnungsfrage, Wiesbaden

Eller, E./Appel, J., 2024: Die Entwicklung von Vertrauen in Organisationen, in: M. Knoppe (Hg.) Unternehmerische Wertschöpfung neu aufstellen, Wiesbaden, S. 267ff

Elsen, S., 2017: Das innovative Potenzial genossenschaftlichen Wirtschaftens, in: I. Schmale./J. Blome-Drees, J. (Hg.), Genossenschaft innovativ, a.a.O., S. 135ff

Everding, D./Genske, D.D./Ruff, A., 2023: Energiestädte, Berlin/Heidelberg

Evers, A., 2017: Lokale Governance. Engagement und die Rolle der Wohlfahrtsverbände, in: F. Hoose/F. Beckmann/A.-L. Schönauer (Hg.): Fortsetzung folgt. Kontinuität und Wandel von Wirtschaft und Gesellschaft, Wiesbaden, S. 231ff

Expertenkommission zum Volksentscheid Vergesellschaftung großer Wohnungsunternehmen, 2023: Abschlussbericht, Berlin

FfG (Forschungsgesellschaft für Gerontologie), 2015: Soziale Bürgergenossenschaften: Handlungsempfehlungen auf Basis der Bocholter Erfahrungen, Dortmund

Fontaine- Kretschmer, M. 2024: Eigentümerinteressen und Gemeinwohl – zwei Seiten einer Medaille, (https://www.nhw.de/magazin/artikel/vhw-fachartikel-innenstadtentwicklung)

Forum Gemeinschaftliches Wohnen, 2023: Neue Wohnformen – Impulse für ein gemeinwohlorientiertes Bauen und Wohnen, Hannover

Frehner, T., 2023: Führung heute. Erfolgsfaktoren des New Leadership, Berlin/Heidelberg

Freise, M./Zimmer, A. (Hg.), 2019: Zivilgesellschaft und Wohlfahrtsstaat im Wandel, Wiesbaden

Friedrich-Naumann-Stiftung/Assmann, D., 2024: Deutschlands Kommunen. Welche Rolle spielt lokale Verbundenheit? Ergebnisse einer aktuellen Umfrage, Potsdam-Babelsberg

Gaub, F., 2024: „Wer Angst hat, kann nicht nach vorne denken", Interview mit Florence Gaub in: Die Zeit v. 8. 2. 2024, S. 27

GdW (Hg.) 2018: Wohntrends 2035. GdW Branchenbericht 7, Berlin

GdW (Hg.) 2022: Arbeitshilfe 88, Band 1, Mustersatzungen, Mustergeschäftsordnungen und Musterwahlordnung für Wohnungsgenossenschaften 2022, Berlin

GdW (Hg.) 2023: Wohnungswirtschaftliche Daten und Trends 2023/2024. Zahlen und Analysen aus der Jahresstatistik des GdW, Berlin

GdW (Hg.) 2024: GdW Stellungnahme zum Referentenentwurf eines Gesetzes zur Stärkung der genossenschaftlichen Rechtsform, Berlin

GdW (Hg.), 2024a: Gesellschaftlichen Zusammenhalt langfristig sichern – Bezahlbares Wohnen und Transformation ermöglichen!, Berlin

gif Gesellschaft für Immobilienwirtschaftliche Forschung e.V. 2024: Schlüsselfaktor S. Soziale Nachhaltigkeit in der Immobilienwirtschaft, Wiesbaden

Gottschlich, D., 2022: Transformation, in: F. Kessl/C. Reutlinger (Hg.), Sozialraum. Eine elementare Einführung, Wiesbaden, S. 679ff

Graap, T., 2024: Nachhaltiges Komplexitätsmanagement im Zeitalter der Konsequenzen. Leben in der Zeitenwende, in: M. Knoppe (Hg.), Unternehmerische Wertschöpfung neu aufstellen, Wiesbaden, S.

Grohs, S., 2018: Wohlfahrtsverbände als föderale Organisationen. Die Rolle der Mitgliedschaftslogik im Governancewandel ?, in: R. G. Heinze/J. Lange/W. Sesselmeier (Hg.), Neue Governancestrukturen in der Wohlfahrtspflege, a.a.O., S. 79ff

Grosskopf, W./Münkner, H.-H./Ringle, G. 2009: Unsere Genossenschaft. Idee – Auftrag – Leistungen, Wiesbaden

Haffner, M./Brunner, D., 2014: German cooperatives: property right hybrids with strong tenant security, TU Delft, OTB Working papers 2014-07

Hagelüken, A., 2023: Schock-Zeiten. Wie Deutschland den wirtschaftlichen Abstieg verhindert, München

Haimann, R. 2023: Auf der Suche nach dem S, in: Immobilienwirtschaft H. 05/2023, S. 86ff

Hanrath, S., 2011: Selbstbestimmung in Gemeinschaft – Wohnungs- und Sozialgenossenschaften als Zukunftsoption, in: M. Allgeier (Hg.), Solidarität, Flexibilität, Selbsthilfe: Zur Modernität der Genossenschaftsidee, a.a.O., S. 121ff

Hatzfeld, U./Weis, P., 2021: Die „neuen Innenstädte": zwischen Multifunktionalität und Gemeingut, Friedrich-Ebert-Stiftung WISO-Direkt 14/2021, Bonn

Häußermann, H./Läpple, D./Siebel, W., 2008: Stadtpolitik, Frankfurt/M.

Häußermann, H./Siebel, W., 2020: Städte, Gemeinden und Urbanisierung, in: H. Joas/S. Mau (Hg.), Lehrbuch der Soziologie, Frankfurt/M. (4. Aufl.), S. 789ff

Heinelt, H./Terizakis, G., 2021: Warum sind einige Städte innovativer als andere? Eine Ant-wort auf der Grundlage eines interpretativen Konzepts, in: B. Egner/H. Heinelt/N.-K. Hlépas (Hg.), Bedingungen lokaler Innovationen. Zur Bedeutung von kommunikativen Mechanismen und lokalen Narrativen, Baden-Baden, S. 33ff

Heinze, R. G., 2020: Gesellschaftsgestaltung als Neujustierung von Zivilgesellschaft, Staat und Markt, Wiesbaden

Heinze, R. G./Drewing, E., 2021: Das Quartier: soziologische Annäherungen an einen schillernden Begriff, in: C. Reicher/A. Schmidt (Hg.), Handbuch Energieeffizienz im Quartier, Wiesbaden, S. 31ff

Heinze, R. G./Paetzel, U./Bölting, T. (Hg.), 2019: Wasser, Wohnen, Werte. Genossenschaften stiften Mehrwert, Essen/Bochum

Heinze, R. G./Kurtenbach, S./Üblacker, J. (Hg.), 2019: Digitalisierung und Nachbarschaft, Baden-Baden

Heinze, R. G./Lange, J./Sesselmeier, W. (Hg.), 2018: Neue Governancestrukturen in der Wohlfahrtspflege, Baden-Baden

Heinze, R. G./Schupp, J., 2022: Grundeinkommen – Von der Vision zur schleichenden sozialstaatlichen Transformation, Wiesbaden

Heinze, R. G./Schupp, J., 2024: Klimasozialpolitik als Pfeiler der Nachhaltigkeitswende, in: Sozialer Fortschritt H. 6/7 (73. Jhg.), S. 443ff

Heinze, R.G./Beckmann, F./Hoose, F./Schönauer, A.-L., 2017: „Ich mach' mein Ding" – Wie Subjektivierung und Digitalisierung das soziale Engagement verändern, in: Bonner Akademie für Forschung und Lehre praktischer Politik (BAPP) (Hg.): Integration vor Ort. Praxiserfahrungen aus dem Ruhrgebiet, Bonn, S. 20ff

Helbig, M., 2023: Hinter den Fassaden. Zur Ungleichverteilung von Armut, Reichtum, Bildung und Ethnie in den deutschen Städten, Discussion Paper 2023-003, Wissenschaftszentrum Berlin

Helmold, M., 2022: Leadership. Agile, virtuelle und globale Führungskonzepte in Zeiten von neuen Megatrends, Wiesbaden

Hiebaum, C. (Hg.), 2022: Handbuch Gemeinwohl, Wiesbaden

Hiller, N./Lerbs, O., 2022: Generation Miete. Wohnungspolitik, Wohneigentum und Städtebau im Spannungsverhältnis, in: APuZ 51-52/2022, S. 17ff

Hoffmann, M., 2019: Wohnen, Leben, Arbeiten im Hunziker Areal in Zürich. Strukturen – Prozesse – Erfahrungen, Zürich

Hoffmann, E./Lozano Alcántara, A./Romeo Gordo, L., 2021: „My home is my castle": Verbundenheit mit der eigenen Wohnung im Alter, in: Statistisches Bundesamt et al. (Hg.), Datenreport 2021, Bonn, S. 88ff

Hohendanner, C./Rocha, J./Steinke, J., 2024: Vor dem Kollaps!? Beschäftigung im sozialen Sektor, Berlin/Boston

Holm, A./Sprengard, C., 2024: Auswirkungen der Marktpreisbildung für CO2 des Brennstoffemissionshandelsgesetz (BEHG) und europäischen Emissionshandels für Brennstoffe (EU-ETS 2) ab 2027 auf Gebäudeeigentümer und Mieter, München

Hölzl, C./Nuisll, H., 2022: Marktferne Eigentumsmodelle. Potenziale und Grenzen gemeinwohlorientierter Immobilienentwicklung, in: APuZ 51-52/2022, S. 36ff

Hombach, B./Heinze, R. G./Hüther, M. (Hg.), 2022: Auffällig unauffällig? Wahrnehmungen,
Mediennutzung und politische Einstellungsmuster im Ruhrgebiet, Baden-Baden

Howaldt, J./Kreibich, M./Streicher, J./Thiem, C., 2022: Einleitung: Zukunft gestalten mit
Sozialen Innovationen. Neue Herausforderungen für Politik, Gesellschaft und Wissen-
schaft, , in: J. Howaldt/M. Kreibich/J. Streicher/C. Thiem (Hg.), Zukunft gestalten mit
Sozialen Innovationen, Frankfurt/New York, S.9ff

Hugentobler, V./Seifert, A., 2024: Wohnen und Nachbarschaft im Alter. Age Report V, Zü-
rich/Genf

Huxhold, O./Tesch-Römer, C., 2021: Einsamkeit steigt in der Corona-Pandemie bei Menschen im mittleren und hohen Erwachsenenalter gleichermaßen deutlich, in: dza aktuell –
deutscher alterssurvey H. 4/2021, S. 1ff

InWIS/Schäfer et al, 2016: Wohnungsgenossenschaften als Partner der Kommunen (Hg.
BBSR), Bonn

Huxhold, O./Engstler, H./Hoffmann, E., 2019: Entwicklung der Einsamkeit bei Menschen
im Alter von 45 bis 84 Jahren im Zeitraum von 2008 bis 2017, DZA Fact Sheet

Jaeger-Erben, M./Rückert-John, J./Schäfer, M. (Hg.), 2017: Soziale Innovationen für nachhaltigen Konsum, Wiesbaden

Jann, W., 2022: Legitimität, Wohlfahrtsstaat und Verwaltung, in: M. Nonhoff/S. Haunss/T. Klenk/
T. Pritzlaff-Scheele (Hg.), Gesellschaft und Politik verstehen. Frank Nullmeier zum 65. Geburtstag,
Frankfurt a.M., S. 529ff

Jansen, S. A., 2021: Wie bauen wir gesunde Städte?, in: brandeins H. 10/2021, S. 96f

Jarzebski, S., 2020: Erzählte Politik. Politische Narrative im Bundestagswahlkampf,
Wiesbaden

Jarzebski, S., 2023: Transformation erzählen: Welche Sprache braucht die Krisenbewältigung?, in: K.-R. Korte/P. Richter/A. von Schuckmann (Hg.), Regieren in der
Transformationsgesellschaft. Impulse aus Sicht der Regierungsforschung, Wiesbaden, S. 89ff

Jung, H. 2006: Allgemeine Betriebswirtschaftslehre, Berlin (10. überarb. Auflage)

Kaiser, P./Balk, A./Schaffhauser-Linzatti, M, 2023: Plattformgenossenschaften: Konzeption
und Diskurs im Kontext der Plattformökonomie, in: Zeitschrift für das gesamte Genossenschaftswesen, H. 1, S. 14ff

Kamis, A., 2019: Digitalisierung in der Wohnungs- und Immobilienwirtschaft, Freiburg

Kamis, A., 2024: Grüne Visionen, graue Realitäten: Die Realität der Klimaneutralität in der
(kommunalen) Wohnungswirtschaft und ihre Hürden unter dem Druck der kommunalen
Haushalte, die immobilienanalyse, Ausgabe 33, Mai 2024, Bochum

Kamis, A., 2024a: Digitalisierung in der Immobilienwirtschaft, 2. Aufl., Freiburg

Kamphausen, G. (Hg.), 2022: Genossenschaften in Vergangenheit, Gegenwart und Zukunft,
Weilerswist

Kaudela-Baum, S./Meldau, S./Brasser, M. (Hg.) 2022: Leadership und People Management.
Springer Gabler, Wiesbaden

Kemna, K., 2022: Auf dem Weg zum Netzwerkmanager? Institutioneller Wandel der
Kommunalverwaltungen in der lokalen Pflegelandschaft in Nordrhein-Westfalen,
Weinheim

Kessl, F./Reutlinger, C. (Hg.), 2022: Sozialraum. Eine elementare Einführung, Wiesbaden

Keßler, J., 2016: Kompetenzabgrenzung und Kompetenzkonflikte im Genossenschaftsrecht, Düsseldorf

Kholodilin, K. A./Baake, P., 2024: Mietbelastung in Deutschland: In den letzten Jahren nicht gestiegen, aber ungleich verteilt, in: DIW-Wochenbericht 41, S. 267ff

Kiesswetter, O., 2023: Die Entwicklung des zweiten Förderauftrages italienischer Genossenschaften, in: J. Blome-Drees et al. (Hg.), Handbuch Genossenschaftswesen, a.a.O., S. 1071ff

Kitzmann, R., 2019: Über den Bestand hinaus: Wohnungsgenossenschaften als sozialer Akteur im Quartier!?, in: Zeitschrift für Immobilienwissenschaft und Immobilienpraxis (ZIWP), Jg. 7, Nr. 1, S. 33ff

Klenk, T., 2024: Soziale Innovationen gestern und heute: Genossenschaften und Wohlfahrtsverbände, in: Fokus Soziale Innovationen gestern, heute und morgen (Nachrichten für Engagierte der Stiftung Aktive Bürgerschaft/Ausgabe 260 v. Oktober 2024)

Klie, T./Wernicke, F./Lissek, K., 2018: Daseinsvorsorge neu gedacht: Bürgergenossenschaften – gemeinwohlorientiert, demokratisch, zukunftssicher, in: GENOGRAPH H. 10/2018, S. 53f

Kluth, W., 2017: Die Infrastrukturgenossenschaft: Begriff und Systematik sowie ihre Bedeutung als Aktivierungs- und Gestaltungsinstrument, in: ders. (Hg.), Infrastrukturgenossenschaften, a.a.O., S. 9ff

Kluth, W. (Hg.), 2017: Infrastrukturgenossenschaften, Halle an der Saale: Universitätsverlag, Halle-Wittenberg

Kluth, W., 2019: Nachhaltige Infrastrukturen als Handlungsfeld für Genossenschaften, in: R. G. Heinze,/U. Paetzel/T. Bölting (Hg.), Wasser, Wohnen, Werte, a. a. O., S. 12ff

Kluth, W., 2022: Der Förderzweck von Genossenschaften im Spannungsfeld von Gruppenwohl und Gemeinwohl., in: npoR H. 4, S. 194ff

Kluth, W., 2023: Genossenschaften und Co-Produktion in der Daseinsvorsorge der kommunalen Gewährleistungsstaatlichkeit, in: J. Blome-Drees (Hg.), Handbuch Genossenschaftswesen, a.a.O., S. 1049ff

Kluth, W./Wöhlert, M., 2020: Rolle und Beitrag von Wohnungsgenossenschaften zur Wohnraumsicherung in Stadt und Land, IWE GK Policy Paper 1/20, Halle-Wittenberg

Koalitionsvertrag zwischen SPD, BÜNDNIS 90-DIE GRÜNEN/FDP, 2021: Mehr Fortschritt wagen, Berlin

Koch, A., 2022: Rurale Emanzipation muss lokal und eigenständig sein. Genossenschaften und eHealth-Dienste als Umsetzungsbeispiele, in: B. Belina/A. Kallert. M. Mießner/ M. Naumann (Hg.) Ungleiche ländliche Räume, Bielefeld, S. 321ff

König, B., 2004. Stadtgemeinschaften: Das Potenzial der Wohnungsgenossenschaften für die soziale Stadtentwicklung. Berlin

Körber Stiftung, 2024: Engagiert euch, Boomer! Das Potenzial der Älteren für unsere Kommunen, Hamburg

Korte, K.-R., 2024: Wählermärkte, Frankfurt/New York

KPMG (Hg.), 2024: Road to Disruption. Studie zur Innovationsfähigkeit und zu Innovationsstrategien der Immobilienwirtschaft, Frankfurt/M.

Krapp, 2022: Wohnungspolitische Instrumente ohne Wirkung?, in: APuZ 51-52/2022, S. 10ff

Krieger, S./Kortmann, K./Kott, K./Schöneich, C., 2021: Wohnen, in: Statistisches Bundesamt et al. (Hg.), Datenreport 2021, a.a.O., S. 259ff

Kühl, R./Höhler, J., 2023. Strategisches Management von Genossenschaften, in: J. Blome-Drees et al. (eds) Handbuch Genossenschaftswesen, a.a.O., S. 435ff

Küper, L./Altenbernd, J., 2023: Was macht einen attraktiven Arbeitgeber in der Wohnungswirtschaft aus? Ergebnisse der bundesweiten EBZ-Studie 2023, Bochum

Kühn, I./Kuhn, D./Tahmaz, B., 2024: Engagement im Wandel. Wie sich Formen und Orte der Zivilgesellschaft verändern – Empfehlungen für neue Förderstrategien, Essen (hg. vom Stifterverband für die Deutsche Wissenschaft)

Kurtenbach, S., 2024: Soziologie der Nachbarschaft Reflexionen und Befunde zu einer alltäglichen Selbstverständlichkeit, Frankfurt/New York

Landtag Nordrhein-Westfalen (Hg.), 2022: Einsamkeit. Bekämpfung sozialer Isolation in Nordrhein-Westfalen und der daraus resultierenden physischen und psychischen Folgen auf die Gesundheit. Abschlussbericht der Enquetekommission IV Einsamkeit und Soziale Isolation, Düsseldorf

Lang, R./Novy, A., 2014: Cooperative Housing and Social Cohesion: The Role of Linking Social Capital, in: European Planning Studies, H. 8, S. 1744ff

Lipej, B. /Torel, G., 2018: Housing cooperatives as an opportunity for solving the housing issue, in: International Journal of Real Estate and Land Planning, Vol. 1, S. 225ff

Löhr, D., 2022: Bezahlbares Wohnen. Der steinige Weg über das kommunale Bodeneigentum, in: APuZ 51-52/22, S. 43ff

Lübbers, A, 2024: Komm, wir kaufen unsere Kneipe, in: Kommunal H. 7/8, S. 39ff

Mau, S./Lux, T./Westheuser, L., 2023: Triggerpunkte. Konsens und Konflikt in der Gegenwartsgesellschaft, Berlin

Mändle, M., 2005: Grundriss der Wohnungsgenossenschaften, Hamburg

Mändle, M. (Hg.), 2022: Handbuch Immobilienwirtschaft, Freiburg/München/Stuttgart (2. Aufl.)

Manow, P., 2020: (Ent)Demokratisierung der Demokratie, Berlin

Mau, S./Westheuser, L./Lux, T., 2023: Triggerpunkte. Konsens und Konflikt in der Gegenwartsgesellschaft. Berlin

Martens, H., 2012: Durch Selbsthilfe die Lebenssituation verbessern, in: Die Wohnungswirtschaft H. 2/2012, S. 46

Menges, R./Thiede, M., 2023: Die Ökonomie des Gemeinwohls. Vom Nutzen des Individuums zum Wohl der Gesellschaft, Wiesbaden

Merkel, W., 2024: Wie resilient ist unsere Demokratie?, in: Aus Politik und Zeitgeschichte (APuZ) H. 27/2024, S. 18ff

Meyer, H., 2024: Klimaziele für sozial orientierte Wohnungsunternehmen außer Reichweite, Diskussionspapier Deutscher Verband für Wohnungswesen, Städtebau und Raumordnung e V, Berlin

Metzger, J., 2015: Genossenschaften als Alternative zur Gentrifizierung? RaumPlanung 179(3): 28–33

Metzger, J. 2016: Gemeinschaftliches Wohnen: Ansatz zur Lösung der Wohnungsfrage? In: Nachrichten der ARL 46(1), S. 18ff

Metzger, J., 2021: Genossenschaftliches Wohnen, in: F. Eckardt/S. Meier (Hg.), Handbuch Wohnsoziologie, a.a.O., S. 521ff

Metzger, J., 2021a: Genossenschaften und die Wohnungsfrage. Konflikte im Feld der Sozialen Wohnungswirtschaft, Münster

Metzger, J., 2023: Soziale Bewegungen und Selbstorganisation im Wohnungsbau, in: Forschungsjournal Soziale Bewegungen H. 1 (36. Jhg.), S. 49ff

Meuth, M./Reutlinger, C. (Hg.), 2023: Entmietet und verdrängt. Wie Mieter*innen ihren Wohnungsverlust erleben, Bielefeld

Micken, S., 2023: Soziologie und Genossenschaftswesen, in: J. Blome-Drees et al. (Hg.), Handbuch Genossenschaftswesen, a.a.O., S. 111ff

Micken, S./Moldenhauer, J./Blome-Drees, J., 2023: Commons, Commoning und Genossenschaften, in: J. Blome-Drees et al. (Hg.), Handbuch Genossenschaftswesen, a.a.O., S. 271ff

Mienert, B.; 2022: Dezentrale autonome Organisationen (DAOs) und Gesellschaftsrecht. Zum Spannungsverhältnis Blockchain-basierter und juristischer Regeln, Tübingen

Minor: von Oswald, A:/Montero, M./Siegert, W./Pfeffer-Hoffmann, C., 2020: Herausforderung: Zusammenleben im Quartier. Vertiefungsstudie 2020 (i. A. des GdW), Berlin

Münkler, H., 2010: Regierungsversagen, Staatsversagen und die Krise der Demokratie, in: Berliner Republik H. 5/2010, S. 48ff

Nagel, E., 2022: Wandel gestalten, in: S. Kaudela-Baum/S. Meldau/M. Brasser, M. (eds) Leadership und People Management, Wiesbaden, S. 403ff

Nährlich, S., 2023: Beim Thema Zivilgesellschaft fehlt dem Staat der Kompass, in: Stiftung & Sponsoring H. 03.23, S. 6ff

Naumer (Hg.), Vermögensbildungspolitik, Wiesbaden, S. 303ff

Netzwerk Daseinsvorsorge, 2022: Bürgergenossenschaften im Bereich der kommunalen Daseinsvorsorge (Factsheet), Hochschule Neubrandenburg (www.regionale-daseinsvorsorge.de)

Neu, C./Küpper, B./Luhmann, M. 2023: Extrem einsam? Die demokratische Relevanz von Einsamkeitserfahrungen unter Jugendlichen in Deutschland, Berlin

Niermann, O./Schnur, O./Drilling, M., 2014: Das Quartier im Kontext von Lebenswelt und Wohnungswirtschaft – eine Einführung, in: O. Schnur/M. Drilling/O. Niermann (Hg.), Zwischen Lebenswelt und Renditeobjekt, a.a.O., S. 11ff

NRW.Bank, 2023: Die Wohnungsmärkte in Nordrhein-Westfalen – Ergebnisse aus der Wohnungsmarktbeobachtung

Nussbaum, J. 2022: Beidhändig führen, in: Kaudela-Baum et al. (eds) Leadership und People Management . Springer Gabler, Wiesbaden

Offe, C./Heinze, R. G., 1990: Organisierte Eigenarbeit. Das Modell Kooperationsring, Frankfurt/New York

Oswald, F./Wahl, H.-W., 2016: Alte und neue Umwelten des Alterns – Zur Bedeutung von Wohnen und Technologie für Teilhabe in der späten Lebensphase. in: Naegele, G./Olbermann, E./Kuhlmann, A. (Hg.), Teilhabe im Alter gestalten, Wiesbaden, S. 113ff

Ott, E./Landsberg, G., 2018: Vorwort, in: Deutscher Städte- und Gemeindebund/Deutscher Genossenschafts- und Raiffeisenverband (Hg.), Genossenschaften und Kommunen. Erfolgreiche Partnerschaften, Berlin, S. 3

Paetzel, U., 2023: Die Emscher – Erinnerungsort und Zukunftswerkstatt, in: W. Roters/H. Gräf/H. Wollmann (Hg.), Zukunft denken und verantworten. Herausforderungen für Politik, Wissenschaft und Gesellschaft im 21. Jahrhundert, Wiesbaden (2., erw. Auflage), S. 749ff

Paetzel, U./Knickmeier, A., 2023: Zusammen ist man weniger allein, in: FAZ v. 11.04. 2023

Pfatteicher, P. A. C./McCarthy, O./Power, C., 2024: Housing Co.operatives in Germany: 160 Years of Evolution and Resilience, in: Journal of Co-operative Studies Vol 57, No.1, S. 39ff

Philipps, R., 2014: Möglichkeiten und Grenzen zur Stärkung der genossenschaftlichen Unternehmensform, WISO direkt, Bonn (FES)

Picker, C., 2019: Genossenschaftsidee und Governance, Tübingen

Picker, C., 2023: Cooperative Governance, in: J. Blome-Drees et al. (eds), Handbuch Genossenschaftswesen, a.a.O., S. 679–705

Piorkowsky, M.-B., 2023: Hybride ökonomische Akteure und Organisationen, Wiesbaden

Potz, P./Scheffler, N., 2024: Einsamkeitsrelevante Akteure und Gelegenheitsstrukturen im Quartier, Arbeitspapier Wüstenrot Stiftung/Urban Expert

Preuß, R., 2022: Wohnungspolitik. Ein Modell mit Zukunft gegen die Wohnungsnot, in: Süddeutsche Zeitung v. 5.10. 2022

Przeworski, A., 2020: Krisen der Demokratie, Berlin

Pries, L., 2019: Die Genossenschaftsidee im Institutionengeflecht des 21. Jahrhunderts, in: Heinze, R. G./Paetzel, U./Bölting, T. (Hg.), Wasser, Wohnen, Werte, a.a.O., S. 84ff

Pries, L., 2021: Verstehende Kooperation. Herausforderungen für Soziologie und Evolutionsforschung im Anthropozän, Frankfurt/M.

Prytula, M./Lutz, M./Helfrich, S./Kleemann, M./Bölting, T./Katny, M./Ortiz, A., 2023: Infrastrukturen des Gemeinsamen in der gemeinwohlorientierten Quartiersentwicklung, Bonn (BBSR)

Rappen, H., 2022: Koproduktion kommunaler Daseinsvorsorge – Chancen und Risiken, in: J. Abt/ L. Blecken/S. Bock/J. Diringer/K. Fahrenkrug (Hg.), Von Beteiligung zur Koproduktion. Wege der Zusammenarbeit von Kommune und Bürgerschaft für eine zukunftsfähige kommunale Entwicklung, Wiesbaden, S. 269ff

Ravensburg, N. G. von, 2020: Genossenschaften im Spannungsfeld von Wirtschaft und Gesellschaft, in: J. Blome-Drees et al. (Hg.), Handbuch Genossenschaftswesen, a.a.O., S. 2ff

Reckwitz, A., 2017: Die Gesellschaft der Singularitäten, Berlin

Reckwitz, A., 2019: Das Ende der Illusionen. Politik, Ökonomie und Kultur in der Spätmoderne, Berlin

Reckwitz, A., 2024: Verlust. Ein Grundproblem der Moderne, Berlin

Reichel, R., 2022: Gemeinwohlorientierung als Erweiterung des genossenschaftlichen Geschäftsmodells? Einige theoretische Überlegungen, in: Zeitschrift für das gesamte Genossenschaftswesen, Band 72, Heft 3, S. 177ff

Reicher, C., 2013: Das (Stadt)Quartier, Vom Umgang mit dem gebauten Raum und seinen dynamischen Parametern, in: V. Deffner/U. Meisel (Hg.), „StadtQuartiere". Sozialwissenschaftliche, ökonomische und städtebaulich-architektonische Perspektiven, Essen, S. 197ff

Reicher, C./Tietz, J. (Hg.), 2022: Atmende Städte. Zukunftschancen für Stadt und Land mit und nach Corona, Wiesbaden

Reicher, C. et al, 2024: Gemeinsam Wirken. Impulse für die Zusammenarbeit zwischen Kommunen und Immobilienwirtschaft, Aachen

Reifschneider, A./Müller, T., 2024: Empfehlungen für eine genossenschaftlich getragene Quartiersentwicklung, in: Zeitschrift für das gesamte Genossenschaftswesen 74. Jhg., H. 2, S. 124ff

Reyes, A./Novoa, A.M./Borrell, C./Carrere, J./Pérez, K./Gamboa, C./Daví, L./Fernández, A., 2022: Living Together for a Better Life: The Impact of Cooperative Housing on Health and Quality of Life. Buildings 2022, 12, 2099. https://doi.org/10.3390/buildings12122099

Rheingold Institut, 2021: Psychologische Grundlagenstudie zum Stimmungs- und Zukunftsbild in Deutschland, Köln (Forschungsbericht)

Ringle, G., 2021: Genossenschaften und Nachhaltigkeit, Wismarer Diskussionspapiere (No. 02/2021), Hochschule Wismar

Ringle, G., 2023: Genossenschaftliches Management als „Mitglieder-Fördermanagement", in: J. Blome-Drees et al. (Hg.), Handbuch Genossenschaftswesen, a.a.O., S. 411ff

Rink, D., 2021: Politik des Wohnens, in: F. Eckardt/S. Meier (Hg.), Handbuch Wohnsoziologie, a.a.O., S. 79ff

Reutlinger, C./Stiehler, S./Lingg, E. (Hg.), 2017: Soziale Nachbarschaften. Geschichte, Grundlagen, Perspektiven, Wiesbaden

Reutlinger, C./Lingg, E., 2021: Soziale Räumlichkeit des Wohnens, in: F. Eckardt/S. Meier (Hg.), Handbuch Wohnsoziologie, a.a.O., S. 157ff

Romeo Gordo, L./Grabka, M. M./Lozano Alcantara, A. L./Engstler, H./Vogel, C., 2019: Immer mehr ältere Haushalte sind von steigenden Wohnkosten schwer belastet, DIW-Wochenbericht 27/2019, Berlin, S. 467ff

Rosanvallon, P., 2017: Die Gegen-Demokratie. Politik im Zeitalter des Misstrauens, Hamburg

Rothgang, H./Kalwitzki, T., 2019: Alternative Ausgestaltung der Pflegeversicherung – Abbau der Sektorengrenzen und bedarfsgerechte Leistungsstruktur, Universität Bremen/ Initiative Pro-Pflegereform (Gutachten)

Rothgang, H./Müller, R., 2021: BARMER Pflegereport 2021. Wirkungen der Pflegereformen und Zukunftstrends, Berlin

Sabel, C.F., 2012: Individualised service provision and the new welfare state: Are there lessons from Northern Europe for developing countries?, in: de Mello, L./Dutz, M.A. (Eds.), Promoting Inclusive Growth, Challenges and Policies, OECD Publishing, S. 75ff

Sabel, C.F./Zeitlin, J./Quack, S., 2017: Capacitating Services and the Bottom-Up Approach to Social Investment, in: Hemerijck, A. (Ed.), The Uses of Social Investment, Oxford, S. 140ff

Sagner, P./Stockhausen, M./Voigtländer, M., 2020: Wohnen – die neue soziale Frage?, Köln (IW-Analysen 136)

Schäfer, V./Vogt, B./Wink, T./Zimmermann, Y., 2021: Kennzeichen und Potentiale genossenschaftlicher Führung. Ergebnisse empirischer Erhebungen in Genossenschaftsbanken und Unternehmen mit kooperativ-genossenschaftlichem Hintergrund, Berlin

Schede, C./Schuldt, J.F. 2021: Die Einbeziehung der Genossenschaften in das von „Deutsche Wohnen & Co. enteignen" geforderte Vergesellschaftungsgesetz, Berlin

Schipper, S./Vollmer, L. (Hg.), 2020: Wohnungsforschung. Ein Reader, Bielefeld

Schlennstedt, A./Schlennstedt, J. 2022: 111 Dinge die man über die Freie Scholle wissen muss, Bielefeld

Schlüter, T./Philipp, M./Roth, S. 2023: Handbuch Wohnungsgenossenschaften. Genossenschaftsrecht für die Praxis. 3. Aufl. Haufe, Freiburg

Schmale, I., 2017: Sozialgenossenschaften: eine wieder entdeckte Rechts- und Wirtschaftsform in der Sozialwirtschaft, in: I. Schmale/J. Blome-Drees (Hg.), Genossenschaft innovativ, a.a.O., S. 11ff

Schmale, I., 2023a: Partizipation in Genossenschaften und Aspekte der Führung, in: J. Blome-Drees et al. (Hg.), Handbuch Genossenschaftswesen, a.a.O., S. 557ff

Schmale, I., 2023b: Nachhaltigkeit von und durch Genossenschaften, in: J. Blome-Drees et al. (Hg.), Handbuch Genossenschaftswesen, a.a.O., S. 1099ff

Schmale, I./Blome-Drees, J. (Hg.), 2017: Genossenschaft innovativ. Genossenschaften als neue Organisationsform in der Sozialwirtschaft, Wiesbaden

Schmid, J., 2018: Schwankende Riesen? Riesige Schwankungen? Die unklare Stellung der Wohlfahrtsverbände im deutschen Modell, in: Heinze, R.G./Lange, J./Sesselmeier, W. (Hg.), Neue Governancestrukturen in der Wohlfahrtspflege, a.a.O., S. 39ff

Schneidewind, U., 2023: Bürokratiereform durch „Inseln des Gelingens"?, in: Kulturpolitische Mitteilungen H. /2023, H. 182, S. 49ff

Schneidewind, U., 2024: Gemeinwohlorientierte Innenstadtentwicklung, in: vhw (Hg.), Forum Wohnen und Stadtentwicklung H. 5/2024, S. 237ff

Schnur, O., 2021: Wohnen in (der) Nachbarschaft, in: F. Eckardt/S. Meier (Hg.), Handbuch Wohnsoziologie, a.a.O., S. 233ff

Schnur, O., 2023: Relevant, talentiert, komplex in: R. Kaltenbrunner/O. Schnur (Hg.), Ortsteil und Stadtquartier (Vierteljahreszeitschrift für Stadtgeschichte, Stadtsoziologie, Denkmalpflege und Stadtentwicklung), H. 4/2023, S. 293ff

Schnur, O./Drilling, M./Niermann, O. (Hg.), 2014: Zwischen Lebenswelt und Renditeobjekt. Quartiere als Wohn- und Investitionsorte, Wiesbaden

Schobin, J./Haefner, G./Eulert, M., 2021: Gesellschaftlicher Wandel und Einsamkeit. Gutachten für die Enquete-Kommission „Einsamkeit" des Landtages NRW, Düsseldorf

Schröder, C./Walk, H. (Hg.), 2014: Genossenschaften und Klimaschutz, Wiesbaden

Schubert, H. (Hg.), 2019: Integrierte Sozialplanung für die Versorgung im Alter. Grundlagen, Bausteine, Praxisbeispiele, Wiesbaden

Schubert, H., 2023: Alle reden vom Quartier, aber es fehlen Instrumente, in: RaumPlanung H. 1/2023, S. 55ff

Schubert, P./Tahmaz, B./Krimmer, H., 2023: Zivilgesellschaft in Krisenzeiten: Politisch aktiv mit geschwächten Fundamenten, Essen

Schulz-Nieswandt, F., 2017: Genossenschaftliche Selbsthilfe in anthropologischer Perspektive, in: I. Schmale/J. Blome-Drees (Hg.), Genossenschaft innovativ, a.a.O., S. 345ff

Schulz-Nieswandt, F., 2023: Genossenschaft, Sozialraum, Daseinsvorsorge, Baden-Baden

Schulz-Nieswandt, F., 2023a: Morphologie und Kulturgeschichte. Was sind Genossenschaften und wie erforscht man sie?, in: Blome-Drees et al. (Hg.), Handbuch Genossenschaftswesen, a.a.O., S. 9ff

Schulz-Nieswandt, F., 2023b: Genossenschaften: Ausblick auf die Zukunft, in: Blome-Drees et al. (Hg.), Handbuch Genossenschaftswesen, a.a.O., S. 1123ff

Schulz-Nieswandt, F./Köstler, U./Langenhorst, F./Marks, H., 2012: Neue Wohnformen im Alter, Stuttgart

Schwegmann/Schreinemacher, 2023: Interview: „Wohnraum ist kein Finanzprojekt", in: NBank (Hg.), Zeit umzudenken. Kostentreibern begegnen, Wohnen bezahlbar halten, Hannover, S. 46f

Selk, V., 2024: Demokratische Malaise, in: Aus Politik und Zeitgeschichte (APuZ) H. 27/2024, S. 12ff

Siebel, W., 2010: Wohnen, in: D. Henckel/K. von Kuczkowski/P. Lau/E. Pahl-Weber/ F. Stellmacher (Hg.), Planen – Bauen – Umwelt. Ein Handbuch, Wiesbaden, S. 567ff

Sittler. L., 2024: Miteinander der Generationen – Herausforderung und Chancen mit Seniorengenossenschaften, Vortrags-MS, Berlin

Spannagel, D./Brülle, J., 2024: Ungleiche Teilhabe: Marginalisierte Arme - Verunsicherte Mitte. WSI-Verteilungsbericht 2024, Düsseldorf (WSI-Report 98/November 2024)

Spellerberg, A. (Hg.), 2018: Neue Wohnformen – gemeinschaftlich und genossenschaftlich. Erfolgsfaktoren im Entstehungsprozess gemeinschaftlichen Wohnens, Wiesbaden

SPD/Bündnis 90/Die Grünen/FDP (Hg.) 2021: Mehr Fortschritt wagen. Bündnis für Freiheit, Gerechtigkeit und Nachhaltigkeit. Koalitionsvertrag 2021-2025, Berlin

Stappel, M., 2023: Die deutschen Genossenschaften 2023. Entwicklungen – Meinungen – Zahlen, Wiesbaden

Stappel, M., 2024: Die deutschen Genossenschaften 2023. Entwicklungen – Meinungen – Zahlen, Wiesbaden

Statistisches Bundesamt (Destatis)/Wissenschaftszentrum Berlin für Sozialforschung (WZB)/Bundesinstitut für Bevölkerungsforschung (BiB), 2021: Datenreport 2021. Ein Sozialbericht für die Bundesrepublik Deutschland, Bonn (bpb)

Statistisches Bundesamt (Destatis)/Wissenschaftszentrum Berlin für Sozialforschung (WZB)/Bundesinstitut für Bevölkerungsforschung (BiB), 2024: Sozialbericht 2024. Ein Datenreport für Deutschland, Bonn (bpb)

Stattbau, 2024: 15 Jahre Netzwerkagentur Generationenwohnen – Eine Zwischenbilanz des Gemeinschaftlichen Wohnens in Berlin, Berlin

Stielike, J. M., 2018: Sozialstaatliche Verpflichtungen und raumordnerische Möglichkeiten zur Sicherung der Daseinsvorsorge, Baden-Baden

Stohr, D./Spies, S./Müller, L./Fries, J. L., 2024: Transformation der Bau- und Immobilienbranche Wie decken wir den Fachkräftebedarf von morgen mit den Fachkräften von heute?, FES diskurs, Berlin

Storm, A. (Hg.), 2024: Pflegereport 2024 (Verf.: T. Klie), Hamburg/Freiburg

Streeck, W., 2019: Vorwort zur deutschen Ausgabe, in: Foundational Economy Collective, Die Ökonomie des Alltagslebens. Für eine neue Infrastrukturpolitik, Berlin, S. 7ff

Strünck, C., 2014: Gibt es ein Recht auf Gemeinwohl?, Wiesbaden

SVR (Sachverständigenrat zur Begutachtung der gesamtwirtschaftlichen Entwicklung), 2023: Wachstumsschwäche überwinden – in die Zukunft investieren. Jahresgutachten 2023/2024, Wiesbaden

SVR (Sachverständigenrat zur Begutachtung der gesamtwirtschaftlichen Entwicklung), 2024: Versäumnisse angehen, entschlossen modernisieren, Jahresgutachten 2024/2025, Wiesbaden

Teilgabe-Team, 2024: Kooperatives Wirtschaften in der Zivilgesellschaft, Frankfurt/ New York

Thäter, L./Gegenhuber, T., 2020: Plattformgenossenschaften: mehr Mitbestimmung durch die digitale Renaissance einer alten Idee?, in: V. Bader/S. Kaiser (Hg.), Datafizierung und Neue Arbeitsweisen – Herausforderungen, Chancen und Zukunftsvisionen für Mitbestimmung und Personalmanagement, Wiesbaden

Theurl, T., 2012: Bekannt und zeitgemäß. Genossenschaftliche Internehmen haben in der Bevölkerung ein ausgesprochen positives Image, in: Süddeutsche Zeitung v. 5.3. 2012

Theurl, T., 2012a: Ökonomische Dimensionen und gesellschaftliche Werte, in: Bankspiegel H. 1/2012, S. 13ff

Theurl, T., 2013: Gesellschaftliche Verantwortung von Genossenschaften durch Member Value-Strategien, in: Zeitschrift für das gesamte Genossenschaftswesen, H. 2, S. 81ff

Theurl, T., 2017: Genossenschaftliche Mitgliedschaft und Member Value als Konzepte für die Zukunft; in: Zeitschrift für das gesamte Genossenschaftswesen, H. 1, S.136ff

Theurl, T., 2020: Genossenschaften und Wohneigentum, in: Aus Politik und Zeitgeschichte (APuZ), H. 41, S. 33ff

Theurl, T., 2023: Wohnungsgenossenschaften in herausfordernden Zeiten, in: Wirtschaftsdienst H. 1/2023, S. 12ff

Theurl, T./Wendler, C. , 2011: Was weiß Deutschland über Genossenschaften?, Aachen

Teichler, N./Gerlitz, J-Y./Cornesse, C./ilger, C./Groh-Samberg, O./Lengfeld, H./Nissen, E./ Reinecke, J./Skolarski, S./Traunmüller, R./Verneuer-Emre, L., 2023: Entkoppelte Lebenswelten? Soziale Beziehungen und gesellschaftlicher Zusammenhalt in Deutschland. Erster Zusammenhaltsbericht des FGZ, Bremen

Thürling, M., 2014: Genossenschaften im Dritten Sektor: Situation, Potentiale und Grenzen. Im Spannungsverhältnis zwischen Wirtschaftlichkeit und sozialer Zielsetzung, Berlin (WZB Discussion Paper, No. SP V 2014-301)

Thürling, M./Bayer, K., 2023: Bürgergenossenschaften und Engagementförderung: Unterstützungsangebote und Vernetzungspotenziale, DSEE

Tormey, S., 2015: Vom Ende der repräsentativen Politik. Hamburg

Treeck, T. van, 2021: Resilienz: Für ein neues Leitbild der Wirtschaftspolitik in Zeiten der allgemeinen Verunsicherung, in: M. Florack/K.-R. Korte/J. Schwanholz (Hg.), Coronakratie. Demokratisches Regieren in Ausnahmezeiten, Frankfurt/M., S. 205ff

Vahland, K., 2023: Im Land der Mieter, in: Süddeutsche Zeitung v. 31.05.2023

Verbändebündnis „Soziales Wohnen"/Pestel Institut/AG für zeitgemäßes Bauen, 2023: Bauen und Wohnen in der Krise. Aktuelle Entwicklungen und Rückwirkungen auf Wohnungsbau und Wohnungsmärkte, Hannover

Verbändebündnis „Soziales Wohnen"/Pestel Institut, 2024: Bauen und Wohnen 2024 in Deutschland, Hannover

Vogel, H.-J., 2021: Der ländliche Raum in der Metamorphose – Räume nicht verteidigen, sondern regionale Innovationsprozesse anstoßen und unterstützen, in: M. Junkernheinrich, M./Lorig, W.-H./Masser, K. (Hg.): Brennpunkte der Kommunalpolitik in Deutschland, Baden-Baden, S. 381ff

Vogt-Janssen, D., 2015: Von einer versäulten Versorgungsstruktur zu einem bedürfnisgerechten Sozialraum. Die kommunale Daseinsvorsorge vor neuen Aufgaben. In: B. Becher/M. Hölscher (Hg.): Wohnen und die Pflege von Senioren, Hannover, S.349ff

Vornholz, G., 2021: Digitalisierung der Immobilienwirtschaft, Berlin (2. Aufl.), Berlin/Boston

Vornholz, G. 2024: ImmobilienResearch Vornholz GmbH, Band 7: Wohnungsbestand in Deutschland, Lüdinghausen

Walk, H., 2019: Genossenschaften als alte und neue Player, in: M. Freise/A. Zimmer (Hg.), Zivilgesellschaft und Wohlfahrtsstaat im Wandel, Wiesbaden, S. 123ff

Weyer, J., 2019: Die Echtzeitgesellschaft. Wie smarte Technik unser Leben steuert, Frankfurt/M.

Wietschorke, J., 2022: Wien ist anders?, In: APuZ 51-52/2022, S. 49ff

Wilde, D., 2014: Soziale Dienste in Wohnungsgenossenschaften. Eine qualitative Analyse der Sichtweisen und Handlungsstrategien des genossenschaftlichen Managements, Göttingen

Willke, H., 2020: Die Krise der politischen Steuerung (Gespräch mit Josef Oberneder), in: P. Reinbacher/J. Oberneder/A. Wesenauer (Hg.), Warum Komplexität nützlich ist. Auf der Suche nach Antworten mit Helmut Willke, Wiesbaden, S. 215ff

Wössner, U. (Hg.), 2020: Sozialraumorientierung als Fachkonzept Sozialer Arbeit und Steuerungskonzept von Sozialunternehmen Grundlagen – Umsetzungserfordernisse – Praxiserfahrungen, Wiesbaden

Wrede, M., 2023: Social Benefits of Cooperatives An Economis Perspective, in: Zeitschrift für das gesamte Genossenschaftswesen, H. 4, S.232ff

Wrede, M., 2024: Housing Cooperatives, Housing Affordability, and Rent Control, in: CE-Sifo Working Papers, 11452, October 2024, Munich

Wright, E.O., 2017: Reale Utopien. Wege aus dem Kapitalismus, Berlin

Zentrum Liberale Moderne, 2021: Kommission Sicherheit im Wandel – Gesellschaftlicher Zusammenhalt in Zeiten stürmischer Veränderungen, Stuttgart/Berlin (Abschlussbericht) (https://www.bwstiftung.de/fileadmin/bw-stiftung/Publikationen/Gesellschaft_und_Kultur/G_K_Sicherheit_im_Wandel.pdf)

ZIA e.V. (Hg.), 2024: Immobilienwirtschaft 2035 + 2050. Szenario-Studie über die Zukünfte der deutschen Bau- und Immobilienwirtschaft Zwischen Erbe und Innovation: Die Bau- und Immobilienwirtschaft im Wandel, Berlin

Zilles, J./Drewing, E./Janik, J. (Hg.), 2022: Umkämpfte Zukunft. Zum Verhältnis von Nachhaltigkeit, Demokratie und Konflikt, Bielefeld

Zimmer, A., 2014: Money makes the world go round! Ökonomisierung und die Folgen für NPOs, in: A. Zimmer/R. Simsa (Hg.), Forschung zu Zivilgesellschaft, NPOs und Engagement, a.a.O., S. 163ff

Zimmer, A./Priller, E., 2023: Genossenschaften als Teil des Dritten Sektors, in: J. Blome-Drees et al. (Hg.), Handbuch Genossenschaftswesen, a.a.O., S. 1025ff

Zimmer, A./Simsa, R. (Hg.), 2014: Forschung zu Zivilgesellschaft, NPOs und Engagement, Wiesbaden

Zimmermann, Y./Schäfer, V., 2020: Potenziale einer genossenschaftlichen Leadership; in: bm bank und markt, Zeitschrift für Banking, 12/2020, S. 2–3

The manufacturer's authorised representative in the EU is Springer
Nature Customer Service Centre GmbH, Europaplatz 3, 69115 Heidelberg,
Germany. If you have any concerns regarding our products, please
contact ProductSafety@springernature.com

Printed and bound by CPI Group (UK) Ltd, Croydon, CR0 4YY
24/04/2026
02096365-0001